デーヴィッド・アイク

本多繁邦［訳］

今知っておくべき重大なはかりごと ③

あなたを呪縛から自由にする全て

今知っておくべき重大なはかりごと

第③巻　あなたを呪縛《じゅばく》から自由にする全て

〈ビッグ・ブラザー〉専制独裁支配の苛酷《かこく》な監視・管理の「ハンガー・ゲーム社会」では、安全無害無意味無毒なニュートラル言語「ニュースピーク」による巧言令色以外は認められない。生身の言語「オールドスピーク」での本音発露・真実暴露は一切許されない。そんな不自由・束縛体制を招来させぬため、本書第③巻でのデーヴィッド・アイクは、当局への一切の斟酌《しんしゃく》・忖度《そんたく》なく、果敢に縦横無尽に、歯に衣《きぬ》着せず、辛辣《しんらつ》呵責《かしゃく》な「オールドスピーク＝真実暴露」をラディカルに展開する!!乞《こ》うご期待!!

今知っておくべき重大なはかりごと【各巻の構成】

第①巻　これまで決して語られなかった全て　**(2019年11月刊)**

「物理的」な世界は幻想だ。〈無限の認識《アウェアネス》〉から切り離された人類は、電気的なシミュレーション宇宙でプログラミングされた〈幻の自己〉を生きている。身近なシンボルの、宗教の、先端科学の正体を暴け!!

献辞／デーヴィッド・アイクの著書とDVD／「現在」までの道のり——序に代えて／第1章　知っておかなければならない最大のこと／第2章　反転／第3章　ログイン、ログアウト／第4章　一大プログラム

第②巻　あなたの世界の見方を拡張する全て　**(2019年12月刊)**

人類の「文明」は地球外生物が創った！〈新たなプシケ〉の〈エリート〉支配を支える教育、宗教というプログラミング・洗脳マシン。メディアを握る〈クモの巣《ザ・ウェッブ》〉はすべての情報をハイジャックしている!!

第5章　アルコーンの到来／第6章　ソフトウェア・エリート／第7章　マインドコントロールと変身《シェイプシフト》する「王族」／第8章　呪縛《じゅばく》にかける／第9章　呪縛《じゅばく》を維持する

第③巻　あなたを呪縛《じゅばく》から自由にする全て　（2020年3月刊）

「政治的公正」による分断支配で格差と憎悪の「ハンガー・ゲーム社会」がやって来る！「進歩主義」の嘘《うそ》、EUの嘘、民主的選挙の嘘を見破り、破壊と恐怖をもたらす世界軍の侵略にFuck《ファック》 Off《オフ》を喰《く》らわせろ!!

第10章　呪縛《じゅばく》を強化する／第11章　真実への恐怖／第12章　あなたの目の前で／第13章　戦争、戦争、戦争――われらの愛するもの

第④巻　世界を作り変える嘘《うそ》の全てを暴く　（2020年4月刊行予定）

サイコパス《精神病質者》が推し進めるテロと戦争、移民排斥とイスラムによる「征服」、地球温暖化という壮大なペテン。スマートテクノロジーとAIで合成人間となった人類はついにアルコーンに同化するのか!?　今こそ知覚を変えるとき、愛こそが究極の力だ!!

第14章　口に出せないことを言う／第15章　暑いのは気候？　それともわたし？／第16章　同化／第17章　合成人間／第18章　自由という知覚／あとがき／参考文献

第10章 呪縛《じゅばく》を強化する

第11章　真実への恐怖

第12章 あなたの目の前で

第13章 戦争、戦争、戦争――われらの愛するもの

＊本文中の［ ］括弧は訳者注です。

カバーデザイン　三瓶可南子
校正　広瀬泉
編集協力　守屋汎
本文仮名書体　蒼穹仮名（キャップス）

第10章

呪縛《じゅばく》を強化する

自由だと勘違いしている者ほど絶望的な隷属状態にある者はいない。

——ヨハン・ヴォルフガング・フォン・ゲーテ

おすすめ解毒法「失せろ！」 実はNON反体制、NONリベラル

Fuck off! 進歩主義——PC《政治的公正》狂信者にも同上

知覚騙《ちかくだま》しを行うには、異なる見解や視点の抑圧が必要だ。政治的公正《ポリティカル・コレクトネス》（PC）と呼ばれる心理戦争が登場したことで、それは以前にもまして深まっている。

わたしは誇張して「心理戦争」という言葉を使っているわけではない。「心理戦争」の定義は「肉体的に傷つけることなく、影響を与えたい人びとに懸念や不安を引き起こす活動を利用すること」だ。そう、この通り、決して誇張ではないのだ。心理戦争とは、PCの心理的ファシズムが、ほかの意見や見解を排除することによって知覚をプログラミング《設計》することであり、恐怖と脅迫を用いて反対者を黙らせることを意味している。これにはおすすめの解毒法があって、個人的な経験から、効くことはわかっている。PCの狂信者がある意見に対するあなたの権利を黙らせようとしたら、こう言うのだ——Fuck off！《ファック オフ》（失せろ！）そうすれば、あなたの存在を通して自由の周波数が高まり、脅迫による感情的影響を手早く処理できるだろう。さあ、もう一度試してみよう。「失せろ！」もう一度。「失せろ！」なかなかいい感じだ（図408）。

さあ、これで完全な狂気に対処するための治療法は確立した（ただし、完全な狂気自体は拡張した意識が欠落しているから、治療法はない）。わたしは沈黙するつもりはないが、読者も自分でできることはしてほしい。政治的公正は、〈エリート〉が、標的とした集団を黙らせるためのツール

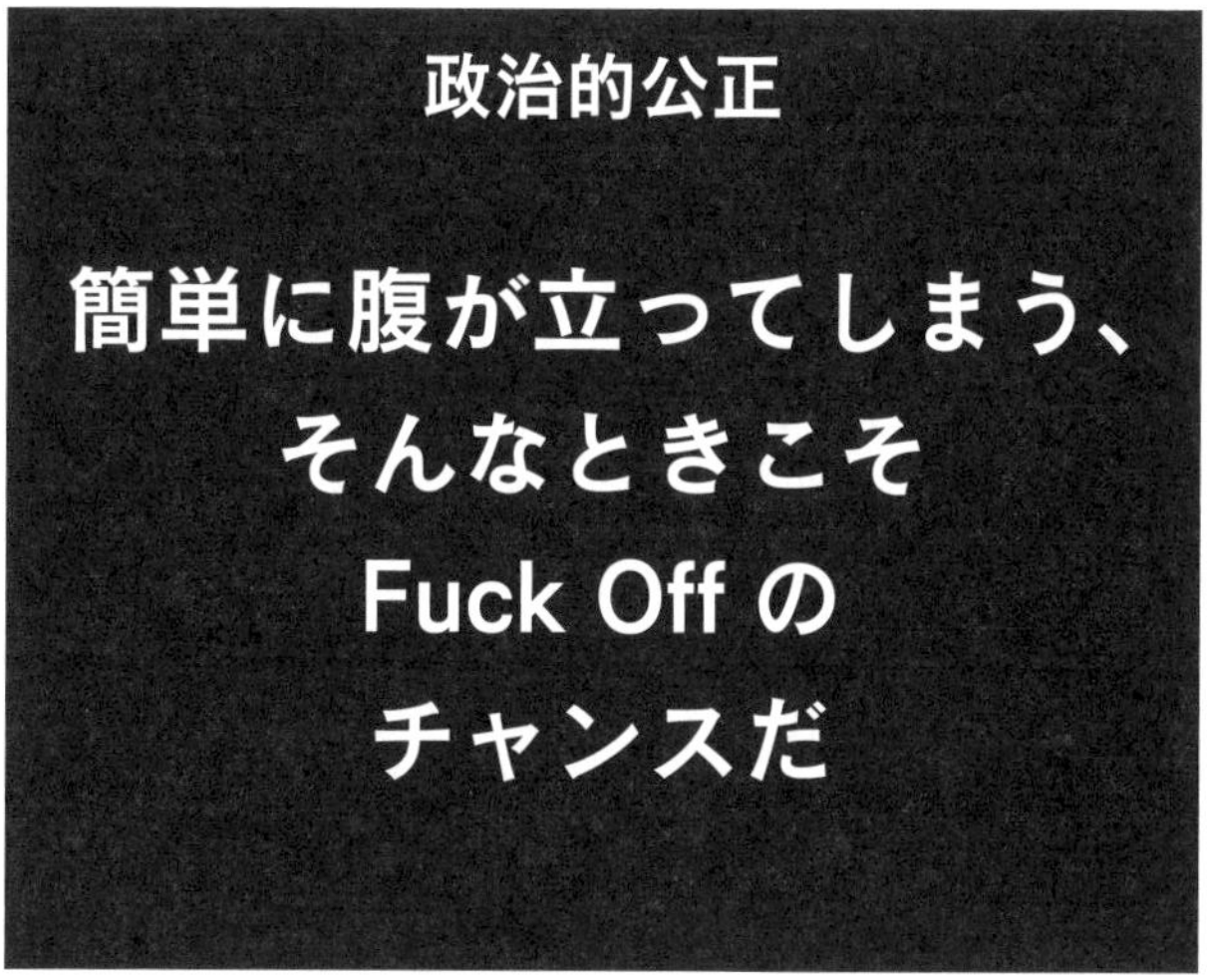
政治的公正
簡単に腹が立ってしまう、
そんなときこそ
Fuck Off の
チャンスだ

図408：政治的公正（PC）の解毒法。

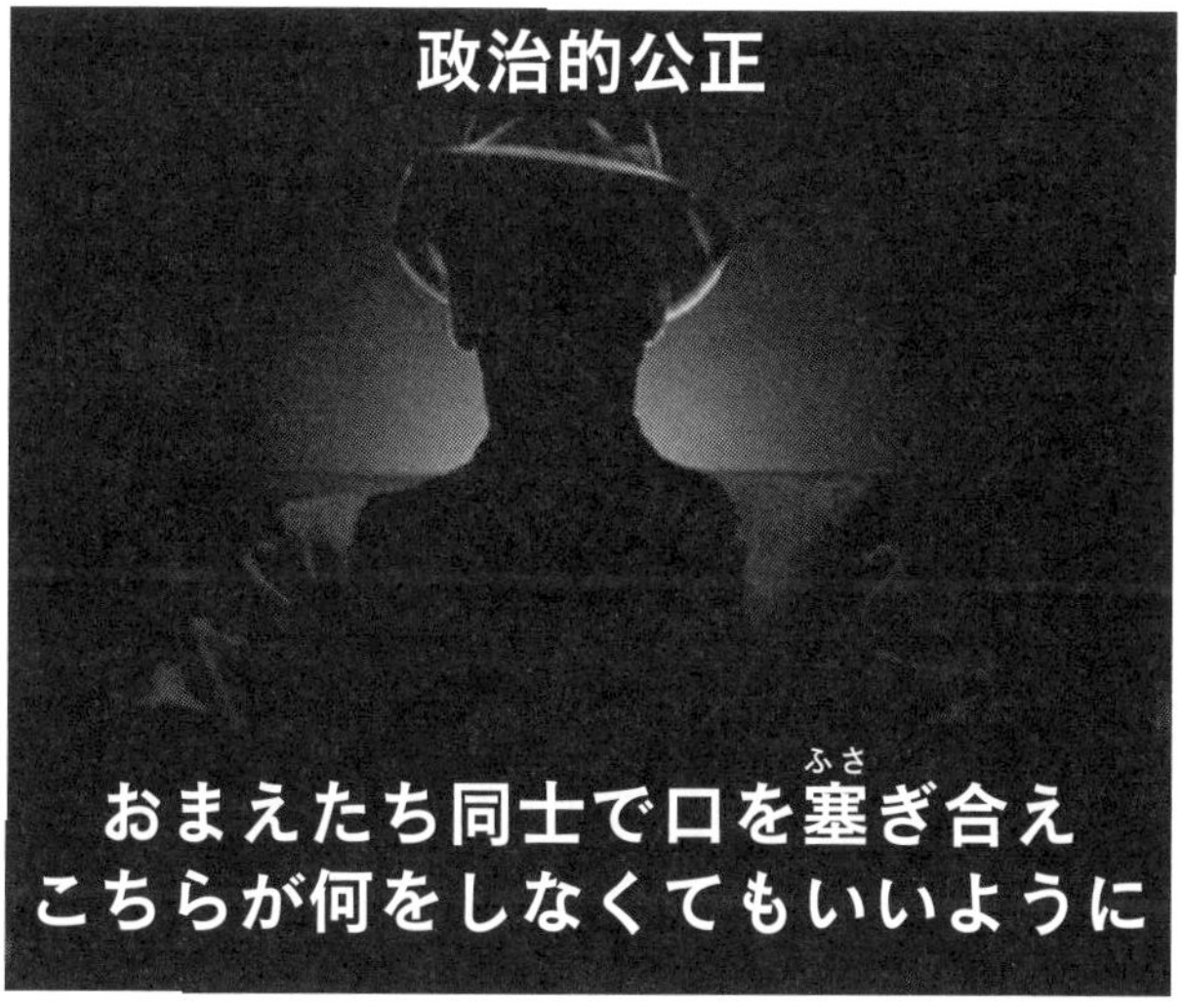
政治的公正
おまえたち同士で口を塞《ふさ》ぎ合え
こちらが何をしなくてもいいように

図409：ヒツジがヒツジを取り締まれば羊飼いは要らない。

だ。自己検閲させれば手間を省くことができる（図４０９）。ＰＣの駒《こま》と突撃隊員はほとんどが「進歩主義者」（という名の後退主義者）だから、躁《そう》病《びょう》的な顔の表情や途方もない独善、露骨な表現ですぐにそれとわかる。暗がりでも見えるように松明《たいまつ》を持っているが、自分は自分のケツの穴に住んでいる。

「進歩主義」とは、自己中心的で自己陶酔的な心理、感情の状態のことで、極端なまでに真実を攻撃し、反転させてしまう。進歩主義者は自分のことを（ａ）反体制派であり、（ｂ）リベラルだと考えているが、実際はそのどちらでもない。進歩主義者は新たな体制派だ。彼らは社会工学のネットワークにとって重要な存在で、政治的公正を煽動《せんどう》して大衆を操作し、自己検閲させようとしている。進歩主義はリベラルだという主張は、以下の定義によって砕け散る。

進歩主義　特に政治的問題において、現状維持を望むことに反対し、進歩、変化、向上あるいは改革を望ましいとすること、あるいは主唱すること。

リベラル　最大限可能な個人的自由とりわけ市民的自由が法によって保障され、政府の保護によって確保されるという概念を望ましいとすること、あるいはそれに従うこと。行動の自由とりわけ個人の信条や表現の問題に関して行動の自由をよしとすること、あるいは許容すること。

「進歩主義」の定義のどこにも「リベラル」という言葉は出てこないし、何が進歩、変化、向上、改革を構成するかの感覚はまったく主観的なものだ。この定義はドイツでのナチスの行動にも当てはまる。彼らはその行動を進歩あるいは変化、向上、改革と見ていたはずだ。リベラルの定義はPC進歩主義でないものばかりだ。最大限可能な個人の自由、政府が保障する市民的自由、特に個人の信条や表現の問題に関しての「行動の自由」の支持——これは「進歩主義者」が破壊しようとしているものにほかならない。つまり、彼らは「リベラル」から最も遠いところにいるのである。しかし、この紛《まぎ》れもない事実が彼らにはわからない。さっき挙げた途方もない独善のせいだ。「進歩主義」に向かうこの分野の全体を理解することはとても重要だ。

「極右」は危険だと聞かされる一方で、世界規模の専制政治を導入するための乗り物が「進歩主義」と呼ばれている。もし自由を取り除き、行動や知覚を操作している事実を隠したいなら、片手を高く上げ、脚をまっすぐ伸ばして通りを練り歩く、口ひげを生やした男など使ってはいけない。それではあまりに見え見えで、必ず誰かに気づかれてしまう。そうではなく、自分のことを「気遣《きづか》いのできる」「思いやりがある」「いい奴《やつ》」に見せられる男を使うことだ。棍棒《こんぼう》を持っていてもニンジンに見せるのだ。

そのいい例がカナダ政府の導入したアプリで、これは「優れた行動」をした者にポイントを付与するようになっている。このアプリは「ニンジンの報酬」と呼ばれ、カナダ政府の勧《すす》めるライフスタイルに従えば、市民は食べ物や映画、飛行機などが値引きされるポイントがもらえる。中国の専制政治はもっと極端なことをしている。つまりこれは、行動の操作をしたいときに世界的に行われているやり方なのだ。

『赤ずきん』に出てくるオオカミが優しいおばあさんに扮《ふん》したのを思い出してほしい。「進歩主義」の国家が、自分たちの言う通りに行動したからご褒美をあげようと言ってきたときは、大きな耳と大きな目、大きな歯がないかを確認することだ。そういうものはいつも、おばあさんの帽子の下に隠れているのだから。

ここからあとの「進歩主義者」は、定義にある本物のリベラルの左派や中道派の人びとではなく、リベラルを嫌悪しながら進歩主義者を自称する者を指して使っていく。〈郵便切手《ちつぽけ&金太郎飴》のコンセンサス〉は、不変の知覚という恒常的な状態ではなく、アルコーンのアジェンダ《実現目標》が進行するのに合わせて変わる、流動的なものだ。ファシストの専制政治や共産主義の専制政治は、ある時代ないしある国では最も効果的な支配形態かもしれないが、現在の選択的専制政治は「進歩主義」と呼ばれている。とはいえ、どの段階でもゴールはすべて同じで、五感の現実のファイアウォール《防遮壁》内に知覚を捕らえておくことだ。ほかはすべて瑣末《さまつ》なことで、どの方法が最も効果的かという話になる。

ある「時代」の人びとに都合よく信じさせたことが、ほかの「時代」にも最も効果的とは限らない。たとえばオサマ・ビン・ラディンは、１９８０年代にはいい奴だというのが〈郵便切手のコンセンサス〉で、ムジャヒディーン（自由の闘士）を使い、アフガニスタンで繰りひろげられたアメリカの対ソ連秘密戦争の最前線に立っていた。しかし２００１年にアメリカが直接アフガニスタンに侵攻する口実が必要になると、途端に、悪い奴だというのが〈郵便切手のコンセンサス〉になった。アメリカは、自分たちが侵攻するのはビン・ラディンを見つけ出し、彼を守るタリバンを除去するためだと主張したが、当時わたしが書いたように、彼らには初めから撤退する考えなどなかった。あれからずいぶん経ったが、米軍とNATO軍は今もアフガニスタンにとどまり、さらに兵士の増員を求めている。

今度の口実は新たな流行語となった「安定化」だ。普及する〈郵便切手のコンセンサス〉の支配的な性質や作用《スピン》がどうであれ、アジェンダにとっては、大多数の人びと――とりわけ知覚に影響を受けている人びと――がこれらの出来事を完全に信じることが重要なのだ。人びとに、自分たちは「正しい」と信じさせなければならない。自分たちは正しいと信じ、その正しさゆえに高いモラルを維持させる。そのことが独善的な傲慢《ごうまん》さをもたらし、そこから、わたしは正しいのだから、わたしと違うことを信じている者は当然間違っているに決まっている、したがってそこには意味も重要性もない、という態度につながっていく。この考え方は、不信心者とその見解を抑圧することを正当化し、ときには暴力にまで発展する（図410）。

完璧《かんぺき》な「進歩主義」の例が、第②巻9章382頁で述べた読者の「異常な現実知覚」を理由とする『デイリーメール』紙発行禁止の要求だ。ここでの異常とは、単に「わたしが正しい」と考える者から見た正常と異なる、ということにすぎない。政治的公正を、同じ青写真に向けて活動している宗教と考えれば、この「不信心者」という語がぴったり当てはまる。キリスト教の異端審問で宗教的正統に疑問を投げかけることと、ＰＣ異端審問で政治的公正に疑問を投げかけることは同じだ。「反ＰＣ」は新たな神への冒瀆《ぼうとく》となる。時代によって呼び名が違うだけで、〈プログラム《実行計画》〉は変わらない。ＰＣの狂信者は装いを変えた宗教的狂信者だ。しかし、彼らはなぜ、あれほど自分たちは「正しい」と思えるのだろうか？

ＰＣ《言語的ファシズム》への途上——「オールドスピーク《活き活きした言語》」から「ニュースピーク《無意味でニュートラルな言語》」へ

政治的公正（ＰＣ）は、世界中の政府省庁や部局、教育機関に組織的に広められた。そうした基地から、いわゆる「ヘイト《憎悪》法」や言葉の取り締まり、主流メディアを通じて、人間社会を攻撃できるようになった。数十年前、社会工学のフランクフルト学派が夢見ていたもののひとつが、人種差別攻撃の創造だった。政治的公正は言葉を乗っ取ってしまった。人びとは「間違ったこと（最近ではほぼすべてのこと）を口にする」のを恐れるようになった。

マインドコントロールされた「進歩主義者」の用心棒で構成される精神異常者の軍団がつくり出され、松明《たいまつ》を手に、つねにパトロールするようになった。

ジョージ・オーウェルは１９４８年に出版された予言的叙事詩『１９８４年』で政治的公正について描写し、それを「ニュースピーク」と呼んだ。その定義は「思想の自由を制限するとともに、自由や自己表現、個性、平和など、体制に脅威をもたらす概念［の使用］を規制するツールとして

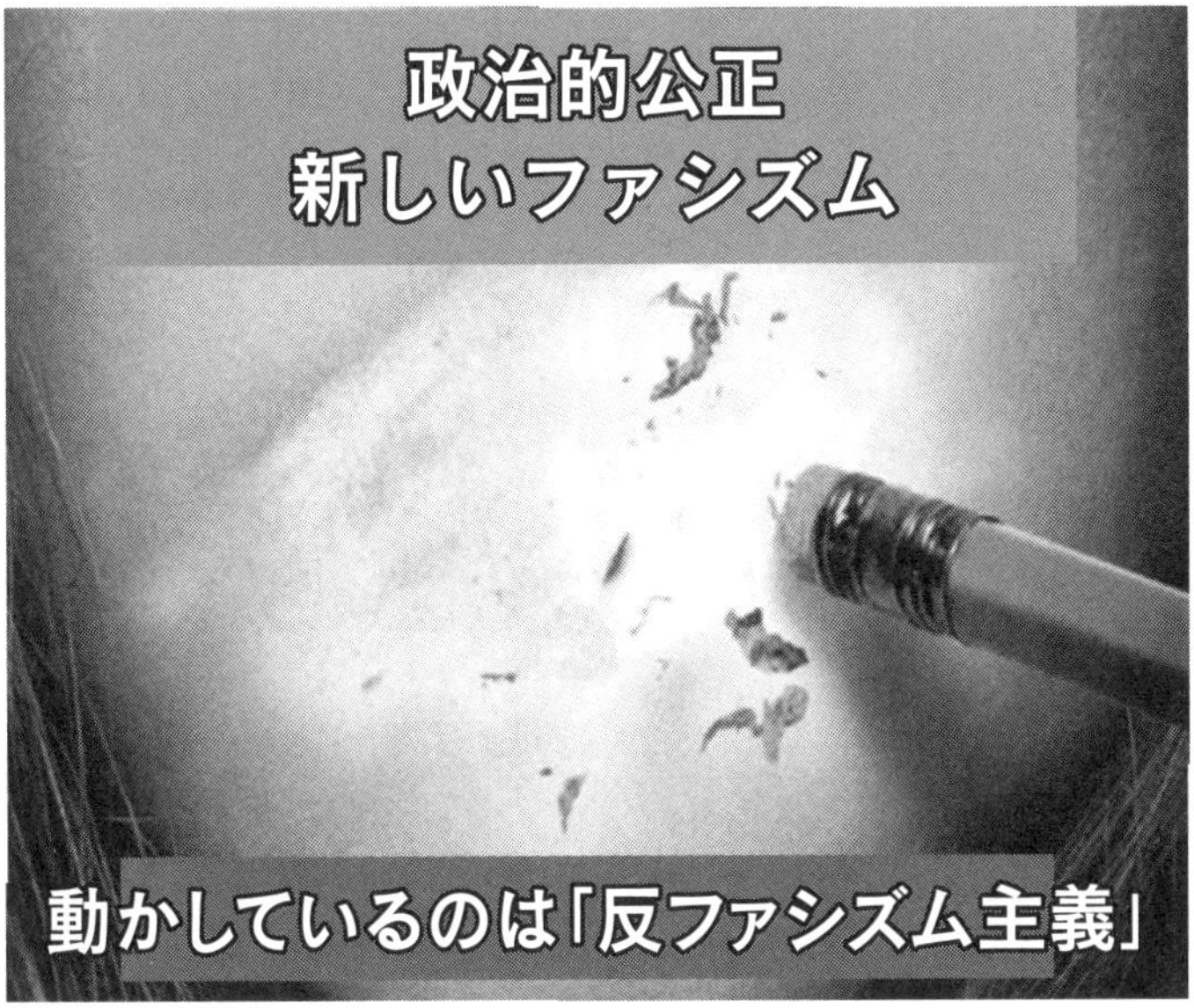

図410：ステロイド漬けの自己欺瞞《じこぎまん》。

図411：そう、たしかに言っていた。

の管理された言語」というもので、いわば政治的公正の完成版だ。

「ニュースピーク」はオーウェルが事実に即して書いた小説に登場する言語で、それまで使用されていた「オールドスピーク」に取って代わっている。オールドスピークでは、単語を無限に用いて詳細な概念を表現し、知覚や意見を正確に反映させることができた。しかしニュースピークは、詳細を説明する単語を消し去り、誰も嫌な気にさせることのない、無意味でニュートラル《無毒》な単語に置き換えた（図411）。

生《活》き生《活》きとした意見や考え方、見解を表現する手段はなくなった。これを読めば、政治的公正という言語が活力のない、死んだ言葉だということが、すぐにわかるだろう。わたしたちの意識は言葉で考える。だから、政治的公正によってオールドスピークがなくなってニュースピークになったら、あとの世代は詳細を話すための言葉だけでなく、詳細に考えるための言葉までも否定されることになる。今では girl, boy, mum, dad といった簡単な単語も禁止されようとしている。作家P・D・ジェイムスの結論は正しい。「政治的公正は一種の言語的ファシズム《言葉狩り》だと思う。ファシズムと闘ったわたしの世代は、そう考えるだけでも背筋が寒くなる」

オーウェルが書いたのは20世紀前半の〈ビッグ・ブラザー《独裁的支配》〉だったが、今日のPC文化は、人間の知覚と行動を乗っ取って反対派を黙らせる手段として、早くから陰で計画されていたものだ。1920年代（PCの概念はもっと昔に遡《さかのぼ》るが）を煽動したのは、新マルクス主義のロスチャイルドとシオニストからなるフランクフルト学派の社会工学者だった。のちに彼らはアメリカに精神操作者を配置し、カリフォルニアの大学キャンパスに潜入させて、やがて全米に拡大させていった。そこから出現したのが政治的公正であり、それがやがてヨーロッパへ、そしてその向こうの世界へと輸出されていったのだ。

学生の知覚を握ることが重要視されたのは、彼らこそが未来の政策決定者であり、知覚的影響を及ぼす存在になるからだった。学生をつかめば社会をつかめる。そしてなんと、実際につかまれてしまった。もちろん全員ではない。戯言《ざれごと》の正体を見破って、それに従わない学生や若者もまだいる。だが、これほどまでにプログラミング《設計》された狂信ぶりが、同じようにプログラミングされた大学研究者（称賛すべき例外はあるが）の支持を受ける中、彼らの日々の試練は大変なものに違いない。

進歩主義の学生は本書でわたしが述べる内容に愕然《がくぜん》とするかもしれない。だがそれ以外の、自身の精神を保持している多くの学生は、自分の考えにもひとつは舞台があるのだと、喜んでくれるだろう。アメリカの保守派作家ウィリアム・S・リンドは、わたしとして同意できないことも多々あるが、政治的公正とその起源については優れた批評をいくつものしている。

政治的公正の全体主義的性質がどこよりもはっきりと表れているのは大学のキャンパスで、その多くは現在、ツタで隠された小さな北朝鮮となっている。そこでは、ジェンダーフェミニスト、ホモセクシャルの権利を訴える活動家、あるいは黒人やヒスパニックの地元集団、聖人とされる「被害者」集団がＰＣを軸に活動し、彼らが引いた一線を大胆にも越えた学生や教授は、たちまち司法トラブルに巻き込まれる。大学という小さな法体系の中で、彼らは正式な告訴——それも専断不公平な手続き——と刑罰に直面する。これは、政治的公正が国家全体について意図している未来を覗《のぞ》いたような光景である。……

……政治的公正という文化的マルクス主義では　特定のグループ——フェミニストの女性（フェミニストの女性のみ。フェミニストでない女性は存在しないとみなされる）、黒人、ヒスパニック、ホモセクシャル——が善となる。これらのグループは「被害者」と決まっていて、そのためどんな振る舞いをしようとも自動的に「善」となる。同様に、白人は自動的に悪と決まっている。したがって、経済学でのマルクス主義におけるブルジョワジーに相当する。

最後の部分は、アメリカの「ラディカル・フェミニスト」ロビン・モーガンの引用を捉《とら》えたものだ。「男性憎悪はれっきとした、実行可能な政治活動だと思う。抑圧された者には階級として迫害者階級を憎悪する権利があるからだ」。憎悪こそが何かに対応するための方法だと信じる者にはまったく論理がないし、そういう連中は昔からいる。仮にこれがフェミニズムの本質だとしたら、フェミニズムの主唱者や過激派が叫び声を上げるのを目にしたとき、そこにはエストロゲン《女性ホルモン》ではなくテストステロン《男性ホルモン》の特徴が見てとれるのではないだろうか。

事の本質は、女性に男性と同等の自己表現が許されていないとか、女性でなくてはできない社会貢献が正当に認められていないとかということではなく、女性と男性を同じにしようとするところにある。なぜ〈エリート〉がそうしたがっているかはあとで説明しよう。これは映画プロデューサーのアーロン・ルッソが明らかにしたことで、以前の本にも書いたことだが、実業家のニック・ロックフェラーによれば、ロックフェラー一族がフェミニズムと女性解放運動に資金提供して組織をつくらせたのは、国家が子どもをできるだけ低年齢のうちに管理して「思考法を吹き込む」ことで、家庭という単位を破壊するためだった。

ＰＣ操作に関するウィリアム・Ｓ・リンドの論説が掲載されたのは２０００年2月5日だったが、今は状況がはるかに悪化し、際限なく過激化して広がっている。それ以降に加えられた被害者グループには、トランスジェンダー《身体と心の性が不一致》問題の推進派などがあるが、わたしがこの一文を書き終える頃には、さらに三つか四つはグループが増えているだろう。ああ、たしかに増えている。

ＬＧＢＴ（レズビアン、ゲイ、バイセクシャル、トランスジェンダー）が登場した。え？　これでは短すぎるって？　わかった、それならＬＧＢＴＱ（レズビアン、ゲイ、バイセクシャル、トランスジェンダー、クイア）でどうだ［queerは、異性愛以外のさまざまな形のセクシャリティ《性のあり方》を一括《くく》りにした言葉］。まだ短いって？　えい、しょうがない、じゃあＬＧＢＴＩＱ（レズビアン、ゲイ、バイセクシャル、トランスジェンダー、インターセックス、クイア）だ［intersexは、女性と男性の中間の性的特徴を持つ人の意］。

急いでいる場合は「ＬＧＢＴ＋」にして、ジェンダー《性差》とセクシャリティ《性のあり方》の全範囲を含めれば短く済ませられるだろう。あるいはわたしみたいに「KUDARANAI」の一言で済ませるのもいいだろう。別にこれで言葉のリズムが整うわけではないが、正確にはなる（それより、こんなバカバカしいことはやめる方がずっといいのだが）。

政治的公正は必ず被害者をつくり出す。被害者がいなければ、特定可能な抑圧者がいなくなるからだ。被害者はＰＣの基軸通貨、すべての迫害者はここで合意されて標的にされる。あるライターが言ったように「根底には、取り乱して赤ん坊のように泣き叫ぶ態度をこそ探して育てるべきだというメッセージがある」。これはわたしが〈ラベル意識〉と呼んでいるもので、〈幻の自己〉を自己アイデンティティーとし、五感の現実に知覚を集中することで〈無限の認識《アウエアネス》〉を犠牲にしてしまう。今の政治的公正は、それまでのラベルを細分化し、それをまた何度も細分化するということをやっている。それがＬＧＢＴＩＱだ。

しかしまだ終わらない。ＬＧＢＴＩＱＡＡというものがある。ひとつ目のＡはどちらの性も望まない「アセクシュアル（asexual）」、二つ目のＡは主に男性に魅力を感じる「アンドロセクシャル（androsexual）」だ。しかし、その愚かさを理由に「黄色のジャージ《総合成績一位》」を与えるべきは（現時点では）、コネチカット州のウェズリアン大学のＬＧＢＴＴＱＱＦＡＧＰＢＤＳＭだろう。意味はレズビアン、ゲイ、バイセクシャル、トランスジェンダー、トランスセクシャル［性同一障害で外科的手術を望む人］、クイア、クエッショニング［questioning　自己のジェンダーや性的アイデンティティーがまだ見つからない］、フレクシャル［flexual　二つ以上のジェンダーに魅力を感じる］、アセクシュアル［asexual］、ジェンダーーファック［gender-fuck　ジェンダーが特定しない］、ポリアモリアス［polyamorous　二人以上と同意を得て関係を持つ］、ボンデージ／ディシプリン［bondage/discipline　緊縛・調教プレイを好む］、ドミナンス／サブミッション［dominance/submission　支配・服従を好む］、サディズム・マゾヒズム［sadism/masochism］、だ。

　アルファベットの26文字で遊んでいるにしても、きっとまだ初心者なのだろう。わたしたちは人間のことを語っているのか、それとも忌々しいスクラブル《単語並べ》のゲームでもしているのだろうか。自己のアイデンティティーをここまで細分化してしまったら、〈プログラム〉を超えて拡張した認識が〈幻の自己〉の知覚に作用することはできない。いっそ左利き（left-handed）のためにＬＧＢＴＴＱＱＦＡＧＰＢＤＳＭの下位グループを作ったらどうだろう。なんだかんだ言って、左利きもマイノリティだ。するとＬＧＢＴＴＱＱＦＡＧＰＢＤＳＭＬＨになる。巻き爪（ingrowing toe nail）もマイノリティだろう。それなら、ＬＧＢＴＴＱＱＦＡＧＰＢＤＳＭＬＨＩＴＮだ。ほかにも「ノンバイナリー」［non-binary　男性でも女性でもないと認識する人］「ジェンダー・フルイド」［gender-fluid　男性と女性のあいだでどっちつかずの人］「demisexual　デミセクシュアル」［感情的なつながりのある特定の人だけに性的魅力を感じる人］がある。〈ラベル意識〉はあらゆるものにラベルを貼りたがる。

　こうしたラベル貼りと個人の細かい自己アイデンティティーに執着しているあいだに、本物の差別がどれほど見逃され、対処されないままになっていることか。フェイスブックは、ユーザーがプロフィール欄を埋めるために56の性別項目を用意した。HSBC《香港上海》銀行は、名前に付ける敬称を顧客が選べるよう一覧表にしている。

たとえば、「Ind」(individual 個人)、「Pr」(person 人物)、「Mre」(mystery 謎)、「Misc」(miscellaneous 混合)だ。「ハロー、どなたですか?」「ええまあ、いろいろです」。トランスジェンダーを考慮した敬称には「M」「Myr」「Mx」「Msr」「Sai」「Ser」などがある。ニューヨーク市はその人が選んだアイデンティティーで呼ばなかった場合には最高25万ドルの罰金を科すことがある。さらに同市の人権委員会は、ご親切にも、市民が選べるように31の性別項目を用意した――bi-gendered, cross-dresser, drag king, drag queen, femme queen, female-to-male, ftm, gender bender, genderqueer, male-to-female, mtf, non-op, hijra, pangender, transexual/transsexual, trans person, woman, man, butch, two-spirit, trans, agender, third sex, gender fluid, non-binary transgender, androgyne, gender gifted, gender blender, femme, person of transgender experience, androgynous。もう細かい違いは自分で調べてくれ!

〈システム〉があえて植えつけている被害者意識――腹を立てず、傷つかずに笑う胆力を! PCの脱プログラミングテク

ラベルは一層細かくなり、そのたびに〈無限の認識《アウェアネス》〉が埋没していって、ナノサイズ《10億分の1尺度》の自己ア

イデンティティーの中に落ち込んでいく――それがこの企《たくら》みの全体像だ。ほかにも、すべての女性に膣《ちつ》があるわけではなく、すべての男性にペニス《陰茎》があるわけではないという話も聞く。まあ実際のところ、生理学的に言えばどちらにも性器はついている。見ればわかることだ。こうしたことはすべて、人びとを操作して自己アイデンティティーに閉じ込め、すべてを肉体に集中させるためのものので、それによって、肉体を超越した存在である〈拡張した認識《アウエアネス》〉をさらに強力に排除しようとしているのだ。

では犠牲者性という恒久的な知覚は、本来は可能性・蓋然性《がいぜんせい》の量子場からやって来たこうした人びとの存在に向けて、いったい何を混ぜ込むのだろうか。それは、知覚が犠牲者性というホログラフィック《立体映像的》な経験を顕在化させることで、犠牲者性が自己実現の予言になるということだ。被害者は被害を受けたことだけを見る（つまりは経験する）。自分を被害者として知覚しなければ自己アイデンティティーを失ってしまう。たとえば、シオニズムやイスラエルのペルソナ《存在様式》は、全体が迫害という感覚の上に築かれている。彼らは多くの意味で究極の被害者的精神構造をしているので、絶えずそれを利用して自分の意思を通そうとする。こうしたことのすべてを文脈に当てはめるために、いくつか強調しておくべき点がある。

（1）わたしは、さまざまなラベルのマイノリティグループに対する差別がないとか、適切かつ決然とした対処が不必要だと言っているわけではない。

（2）すべての「レズビアン、ゲイ、バイセクシャル、トランスジェンダー、インターセックス」

が被害者として生きているわけでも、政治的公正に騙《だま》されているわけでもない。（３）人種やその他の「マイノリティグループ」の全員が、耳に入った言葉の端々《はしばし》にまで腹を立てるわけではない。

わたしが言っているのは、本物の差別が政治的公正の推進のために利用されているということ、また一部の差別とされる扱いが――これはこの章の後ろの方で述べる――でっち上げのナンセンスだということだ。ほぼどんなことにでもすぐに嫌な気分になる人が増えているのには、明らかな理由がある。彼らはあらゆる方面から、あなたたちは嫌な気分になるべきだと聞かされているのだ。すぐに嫌な気分になるようにプログラミングしておかなければ、被害者を生み出す前提条件がなくなってしまう。被害者がいなければ迫害者もいないし、政治的公正もない。人びとを操作して嫌な気分になりやすくしておくことは、その後の展開に不可欠な出発点で、今では世界規模の産業となっている。プラネットアース《惑星地球》へようこそ――「嫌な気分ＰＬＣ」というわけだ（ＰＬＣは「公開有限会社」ないし「株式会社」という意味だが、この「Ｌ」はない方が本質は伝わる）。ここで、わたしが強くすすめる脱ＰＣプログラミングのテクニックを紹介しよう。

「もう、腹が立つ！」
「まあまあ、腹を立てないという選択もあるよ」
「ふう、ありがとう。そんなこと思いつかなかったわ」

「もう大丈夫かな」
「なんともないわ」

腹を立てることも被害者になることも選択だ。あなたはそうする必要はないのに、〈システム〉や〈エリート〉はそのように人びとをプログラミングしている。あなたの心の傷を彼らが本当に気《き》遣《づか》っているなら、力を入れるのは会話の検閲ではなく、何があっても影響されないように、受け手や聞き手に免疫をつけることだろう。しっかりした自信とバックボーンがすべての人にできてくれば、何を言われても傷つかない。そうなれば「傷つけられた」ではなく「つまらない奴だ」と考えるようになる。だが、彼らはそんなことはしない。なぜなら、簡単に傷つく弱い人を育てたいからだ。誰に何を言われても気にしない、強い人になってほしくはないからだ。わたしは長年にわたって冷笑や嫌がらせに直面してきたのだから、本当なら、この30年の被害者意識が肩にのしかかっているはずだ。だが、現にそうなっていないのだから、逃げたり隠れたりする必要などないことがわかるだろう。頭を上げて、胸を張って、人生を真正面から見詰めよう。

「政治的公正」の背後にちゃっかり1%〈エリート〉 PCはBB=〈ビッグ・ブラザー〉——抑圧者は多数派? マイノリティはそう知覚するが…

PCにはまだボーナスがついてくる。自分の影に怯《おび》えて自分を被害者だと認識する人たちから抑圧者だと知覚される人たちは、例外なく、何らかの意味で多数派だ。そこで、〈ビッグ・ブラザー〉国家に力を引き渡して「守ってもらおう」となるのだ（図４１２）。これはＰＣ宗教のもうひとつの柱だ。マイノリティだけが被抑圧者になり、多数派だけが抑圧者になれる。ＰＣはグレーゾーンを作らないし、もちろん微妙なラインなど認めない。そんなことまで処理しようと思ったら、とんでもなく強い意識が必要になる。多くのＰＣ人間は、１パーセントの人間がその他大勢を抑圧していると主張するだろうが、その同じ１パーセントが、その抑圧の最大の乗り物である政治的公正の背後にいることは主張しない。そんなものは無視して続行だ！

今、抑圧者である〈エリート〉が大衆の耳に入れたくない意見や情報は、ＰＣ被害者とそのグループによって、日常的に検閲されている。彼らが要求する「安全地帯」では、他人の気分を害することは何ひとつ口にすることはできない（図４１３）。

言い換えれば、知覚に異論を唱える連中のことを聞く価値はないということだ。プログラミングされた検閲官が同意しないことを話す者は、大学での講義を禁止される（ＰＣ用語では「（舞台から）干される」）。これは、旗を押し立てて抗議に集まった群衆の中で行われることも多く、憎悪《ヘイト》と嫌がらせ《ハラスメント》を理由に、非難する相手に向かって憎悪と嫌がらせが浴びせられる（図４１４）。

フェミニストのロビン・モーガンは、自分が男性を憎悪しているのに、反ヘイト法を支持するのだろうか。イギリスの全国学生連盟（ＮＵＳ）は、物議を醸《かも》す意見から学生自身と大学キャンパスを守る目的で「外部講演者に関連するリスクの管理――イングランドおよびウェールズの学生連盟

図412：〈ビッグ・ブラザー〉は鉄の背骨の人が好きだろうか、それともゼリーの背骨の人が好きだろうか。

◀学校で飼育され、ＰＣで煽《あお》られた赤チャン人間ばかりの社会に!!

図413：わぁぁぁぁぁん！　ママ来て〜〜。わたしが同意できないことを彼が言ったぁ。わぁぁぁぁぁん！

のための手引き」という表題の発行物を実際に作成している。なんてことだ。いろいろな人形の出てくる『マペット・ショー』は心休まるものだったが、こんな連中にとっては、あれも物議を醸《かも》す番組なのだろう。

学生連盟がかつては言論の自由を求めてデモ行進したことを覚えているだろうか。覚えている？素晴らしい、あなたはとても記憶力がいい。「左派」は——といっても学生連盟の大半を占める進歩的左派のことだが彼らは——わたしの若い頃と様変わりしている。わたしは政治の左派、右派とは無関係だ。そんなものは現象的な知覚の罠《わな》にすぎないのだが、イギリスのサセックス大学の学者らが「教室での右翼的な行動ならびに政治への対応」と銘打った会合を準備できるということ自体、何らかの深刻な偏見が働いているに違いない。あれが「教室での進歩主義的な行動ならびに政治への対応」という名称だったら間違いなく検閲に引っかかるはずだ（図４１５）。

こんなことが可能なのは、進歩主義者が、政治的左派と同じように大学を乗っ取ってきたからだ。今、絶え間なく更新されるＰＣによって攻撃され沈黙させられているのは、数十年にわたって最前線で本物の差別に抗議し、そのために無言の非難を浴びてきた人たちで、イギリスの活動家ピーター・タッチェルもそのひとりだ。今のＰＣ過激派など考えられもしなかった頃、あるいはまだおしゃぶりをくわえていた頃から——いや待てよ、あいつらはまだそのレベルだ——タッチェルは、人権擁護とゲイ差別への反対運動に数十年を費やしてきた。

タッチェルは本当になされるべき素晴らしい仕事し、その代償として、長年にわたってメディア

図414：進歩主義者とトランプ支持者。〈エリート〉は標的とする集団同士を弄《もてあそ》んで戦わせるという一例だ。

図415：反ファシズムを掲げるファシズム。

や民衆の極端な嫌がらせを受けてきた。だが2016年、全国学生連盟の職員でLGBT+のフラン・カウリングが、タッチェルを講演者のリストから外さないかぎりイベントでの演説を拒否すると訴えた（もっとも、その気になればカウリングの懐中電灯の電池が切れたすきにでも、気づかれずに潜り込むくらいはできたかもしれない）。

カウリングはタッチェルのことを人種差別主義者でトランスフォビア［transphobia 性同一性障害やトランスジェンダーへの嫌悪者］だと非難した。誰が？ ピーター・タッチェルが？ あのピーター・タッチェルが？ わたしたちが転がり落ちている過激派の狂気とは、これほどのものなのだ。あの連中なら、街灯の柱でも人種差別で訴えかねない。タッチェルの罪は、混じり気のない政治的公正が基本的人権に対して何をしているかを見抜くだけの知性とバランス感覚を備えていたことだ。彼は『デイリー・テレグラフ』紙でこう述べている。

> この情けない、悲しい物語は、いくつかの大学で自由と開かれた議論が崩壊している兆候《ちょうこう》である。魔女狩りのような、非難に満ちた雰囲気がある。裏付けとなる証拠もなしに疑いが掛けられる――ひどい場合には、虚偽やでっち上げの証拠が引用される……。これは、大学の学びと文化の証明であるはずの、自由で開かれた問い掛けに対するアンチテーゼ《反対理論》である。

政治的公正の本質は、自由で開かれた問い掛けを排除することにある。タッチェルは全国学生連盟についてこう述べている。

わたしは、彼らが他人の意見を扱うやり方にはまったく賛成できない。たとえわずかな見解の相違であっても、政治的な一線を守らない者は誰であれ、非難される危険を犯すことになる。

ほかの誰よりも左翼的で政治的に公正であることを目ざす競争が、大学キャンパスに威嚇《いかく》や排除《はいじょ》の雰囲気を生み出している。普遍的な人権や啓蒙《けいもう》主義的価値観は――ジョン・スチュアート・ミルの『自由論』を含めて――たいていの場合、西洋帝国主義者の白人特権の考えとして、恥ずべきゴミくず扱いをされてしまう。

わたしは本当の人種差別主義者とトランスフォビア《LGBT嫌悪者》への抗議については全面的に支持する。しかし、それを行う最も効果的な方法は、凝り固まった考えを明らかにして反撃することであり、検閲したり禁止したりすることではない。わたしは宗教原理主義者や同性愛恐怖症者とたびたび議論してきた。彼らは議論に敗れた。そのことで力を弱め、信用を落とした。悪い考えは良い考えによって打倒するのが最善の方法だ。ＮＵＳ《全国学生連盟》よ、どうかそれに気づいてくれたまえ。

ここには重要な点が多く含まれている。ＰＣの神学理論では、白人はほかの白人以外からは決して差別されない。白人植民主義は非難されるべきことだが（イギリスとヨーロッパのアルコーン帝国はたしかに不名誉なことだった）、忘れられているのは、数百万の白人労働者階級もまた、帝国を築いた〈エリート〉によって抑圧され、戦場に送られていることだ。この〈エリート〉というところに注目してほしい。彼らが白人のことを、ほかの人種や肌色の人たち以上に大切にしていることなど、まったくない。

　ああ、だがわたしたちは、あのコメントで、白と黒だけでまったくグレーゾーンがない精神状態を破ってしまった。困惑した顔のＰＣ旅団など置き去りにして、さっさと進んで行くのがいいだろう。白人のＰＣ狂信者をほんの少し観察するだけでも、彼らが、少数派に生まれなかったことを残念に思っているのが伝わってくる。

　ニューエイジ運動の支持者が生涯ヒンズー教徒の服を着て歩き回りながら、自分がインドに生まれなかったことを悲しむ姿にも、同じものを何度も見てしまう。

　彼らは、わたしたちの誰もが〈無限の認識《アウエアネス》〉であることを喜べないのだ。白人のＰＣ狂信者の多くは、白人に生まれたことを罪に感じるようにプログラミングされている。それを今日では、ＰＣプログラムに征服された学校でこの罪の意識を押しつけようとしていて、従わない教員に災難が降りかかっている。

　わたしは「白人」であることに罪を感じないかって？　何だって？　白人国家による植民地支配についてなぜ有罪ではないのかだって？　有罪なわけがない。そんなこと、まったくやっていないからだ。このように、自分のやっていないことを理由に、自分は人びとを虐《しいた》げたと苦しまない人たちもいるのだ。白い体をしたほかの者はたしかにそれを行ったし、植民地主義が恐ろしいことだということも知っている。

だが、最悪の独裁政治や迫害には、白人以外が白人以外に行ったものも少なからずある。カンボジアのポルポト派もそうだし、アフリカ、アラビア、アジアの専制君主、自分のコミュニティ《共同体》を脅して搾取する三合会《さんごうかい》のようなギャングや、エルサルバドルからの不法移民がつくったアメリカのMS13のような犯罪組織もある。白でも黒でも青にオレンジの水玉でも、それはただの体であって「物質」ですらない。そんな色や、その色がどこからきているかなど、誰が気にするというのだ。わたしにとって重要なのは行動であり、あなたがどういう人間かということだ。人種差別とは、宇宙飛行士を中身ではなく宇宙服で判断するようなものだ。どう考えてもバカげている。

「反人種差別」という人種差別《行動を見ないで人種で「差別」を判定する》――過去より《幻想》「今」に生きよ！《過去は学ぶべき！》

PCは人種に執着する。わたしに言わせれば、これは人種差別の哲学であり宗教体系だ。わたしは人種ではなく行動を見る。彼らは行動を見ないで人種を見る。行動を見ないことの盲点は、マイノリティが悪いことをするはずがない、とPCの精神に映《うつ》ることだ。彼らはマイノリティだ、だから白人帝国主義者に迫害されている、議論の必要はない、というわけだ。わたしたちが、苦しんだ者の犠牲者性を相続してきたということもある。実際に苦しんだ人たちを利用して、同じ肌の色を理由に、まったく苦しんでいない現在の人間が被害者の立場を主張しているのだ。彼らは植民地主義に抑圧されてはいない。なぜならわたしと同じで、彼らもそこにいなかったからだ。必要なのは今の状況に対応することであって、戦いを続けて幻想の「過去」に溶接された被害者精神を生きることではない。過去に起こったことは学ぶべきものであって、それを生きるものではないのだ。

わたしは、今日の政治的、人種的、宗教的アジェンダを守るために、自分はまったく苦痛を感じていないのに実際に苦しんだ人たちを利用する者を見ると、吐き気がしてくる。

黒人への暴力や差別撤廃を訴える人権団体「ブラック・ライヴズ・マター《黒人の命も大切だ》」のフィラデルフィア支部は、白人支持者が会合に参加することを禁止した。理由はそこが「黒人専用」だから、というものだった。もしどこかを「白人専用」などと指定していたら、すぐに新聞の一面記事になって、ツイッターに怒りの嵐が吹き荒れたことだろう。

「社会的コメンテーター」でブラック・ライヴズ・マターの支持者であるリサ・ダーデンのテレビインタビューを見たが、彼女が「黒人専用」を擁護《ようご》する様子や、人種差別的な本質が読み取れるコメントにショックを受けた。人種差別を逆転させたところで人種差別は終わらない。

テキサス出身の黒人大学教授トミー・カレーは、人種差別を解決させて真の平等に達するためには「死なければならない白人もいる」と言っている。カレーは、いくら教育しても白人は人種差別の思想から抜け出せない、と言い放った。本気だろうか。では黒人の差別主義者、アジア人の差別主義者、ユダヤ人の差別主義者、イスラム教徒の差別主義者はどうなのだ。カレーには、人種差別が肌の色の問題ではなく精神のあり方の問題ということも、他者への非難がすべて自分に返ってくることも理解できていない。

同じことは、ケンブリッジ大学の黒人および少数派民族運動を率いるジェイソン・オサメデ・オクンディにも言える。オクンディは火炎瓶を投げる暴力的な抗議者を褒《ほ》めたたえ、すべての白人は差別主義者だと書いている。「……白人の中流階級、白人の労働者階級、白人の男性、白人の女性、白人のゲイ、白人の子ども、全員がそうだ」

ロンドンにある東洋アフリカ研究学院の学生自治会過激派は、プラトンやデカルトを含めた白人の哲学者を、白人だというだけの理由で、すべて履修課程から外すよう要求した。これはもっと幅広く、大学を「非植民地化」して「植民地主義の構造的、認識論的遺産に取り組む」運動の一環なのだと言う。白人哲学者については「必要な場合」だけ学ぶべきで、しかも「批判的な観点」からに限るという。だが、人種だけを根拠に何かを事実上禁止するという考えにはちゃんと名前がある

——それは人種差別だ。

しかし、松明《たいまつ》を掲げる無知な者どもは、自分たちは何をしても人種差別主義ではない、なぜなら自分たちは反人種差別主義だからだ、とでも言うのだろう。バッキンガム大学の副学長サー・アンソニー・セルドンは言っている。

本当に危険な政治的公正に歯止めが掛からなくなりかけている。必要なのはこの世界をあった通りに理解することで、誰かが望むように歴史を書き換えることではない。

そう、歴史を書き換えるとは、あの考えのことだ（オーウェルと『1984年』を参照）。イギリスの高等教育担当相ジョー・ジョンソンは各教育機関に対して、言論の自由への関与は、大学の統治構造に明確に述べられていなければならないと書面で警告した。「いかなる個人または団体も、その信条あるいは見解、方針、目的に関連するいかなる根拠においても」入学が拒否されることがあってはならない。しかしジョンソンへの逆風は強く、高等教育機関の94パーセントが、キャンパスと呼ばれるところで検閲を行い、90パーセントの大学が言論の自由を制限している。

黒と白だけの世界で生きているPCプログラミングは、受け入れられるべき本当の戦争難民と、スウェーデンやドイツのような国で犯罪や脅迫、強姦《ごうかん》に手を染める日和《ひより》見《み》主義の若年移民との区別がつかない。この二つは同じではないし、混同して、同じ問題のように対応するべきものでもない。だがPCの精神は、この明らかな事実を思い描くことができずに、そうした議論を黙らせようとする。彼らは「人種差別」だ「偏見」だと叫びながら、自分自身の人種差別や偏見を（大半は自分自身から）隠そうとしている。

恐るべきタクシー会社ウーバーは、運転手が英語で意思疎通できることの証明を求めるロンドンの条例を差し止めようとした。ウーバーは「これは人種や民族を理由とした間接的な差別である」という。いや違う。条例があるのは、英語を話せる能力が、客の行きたい場所を運転手が知る上で欠かせない要素だからだ。人権の議論を持ち出して純粋に商業的な行為をやめさせるというのは、人種差別主義の定義そのものではないだろうか。彼らにグレーはない。バランス感覚もない。ただ黒か白かだけなのだ。

PCは超富裕層の仕掛けのメカ 国家に奉仕せよ——PCはヘイトの乗り物 被害者になれ

わたしたちの住む世界は急速に被害者社会へと向かっている。犠牲者性が名誉の印となり、それを通して自己が定義されるようになってしまった。「脆弱性《ぜいじゃくせい》」が新たなモデル、犠牲者性が新たなヒロイズムというわけだ。被害者は政治的公正の活力源であり、多ければ多いほど専制政治は強くなれる。PCの被害者と支援システムは、言論と意見の自由を黙らせる法律を求めて運動を行い、他者の権利は気にもかけない。その根拠は、自分たちと違う意見は自分たちとは違う意見なのだから根本的に間違いである、という大前提にある。唯一の正当性は「わたしは正しい」だ。ほかの選択肢はない。

PCの犠牲者性は、自分のことだけを言い続ける手段でもある。すべてが自分、自分、自分（ミー・ミー・ミー）なのだ。まるで見えない鏡があって、その世界には自分の姿しか映っていないかのように、彼らは歩き回る。ここまでで「ミー・ミー・ミー」と書いたのは、悪魔崇拝やシャブタイ派フランキストの自己アイデンティティーに関連してのことだった。彼らには、誰もが自分たちのように自己中心的になり、自己陶酔に浸ればいいという彼らの願望と関連してのことだった。それ以外では、ミー・ミー・ミーは、美徳の印《ヴァーチュー・シグナリング》を見せる——チャリティー・リボンを身に着けるなど、自分に正しい政治的観念があることを公的に見せる行為——という形態もとる。これは、その問題について信念があるからではなく、自分が優しくて思いやりのある人だと思われたいという理由で、誰かを政治的に不公正だと攻撃するときに見られるものだ——わたしを見てほしい、どれほど優しくて思いやりがある人間かを、というわけだ（図416）。

PC被害者のための支援システムは、とてもマイノリティとは思えない者も、女性であればマイノリティに含める。PCは女性を少数派として扱うのだ。ふむ、PC女性ね。世界的に見て、男女の割合はほとんど同じなのだが……。犠牲者性とその支援システムにとっての自己アイデンティティーは、政治的、道徳的、精神的な純粋感覚の上に成り立っている。彼らは被害者のことを「気遣《きづか》っている」。そして世界は彼らがこれほど気遣っていることを知り、認める必要があると主張する。これでは自己欺瞞《ぎまん》の上塗りだ。

政治的公正が被害者を気遣わないのは、あらゆる専制政治が民衆のことを気遣わないのと同じだ。彼らの気遣いは、自分の欲しいものを手に入れるための見せかけにすぎない。しかしPCの自己欺瞞者は、見せかけと本物を同一視して、本物だと信じ込む。ヘイトに抗議する者の顔に浮かぶヘイトを観察してみればいい。寛容の推進を主張する者は不寛容だし、もっと多様であるべきだと訴える者は多様性を破壊している（図417）。

フランス生まれのアメリカ人歴史家ジャック・バーザンは言った。「政治的公正は寛容を法制化しない。ヘイトを組織化するだけだ」。政治的公正はヘイトに反対するふりをしながら、実際にはヘイトの乗り物となっている。被害者と被害者の支援者も、集団として見れば、彼らが軽蔑《けいべつ》するという1パーセント以下の超富裕層が仕掛けたPCというでっち上げの被害者だ。PCは、ターゲットを破壊するために、分断して支配するために、暴露を沈黙させるために、そしてあらゆる方面にヘイトをばらまくために、〈エリート〉が作りだしたメカニズムなのだ。ムムム、なんてことだ。

長年にわたる功績を収めた研究者が、女性についてちょっとしたジョークを言っただけで職を追われてしまう。有名人がPC的に軽率なことを少し口走っただけで「ツイッターの嵐」と大衆的な非難に直面する。今は対象となる言葉が多過ぎて、もうついていけないほどだ（だから、ついていこうなどと思わない方がいい）。有名人も政治家も、PCメディアのPCマニアに支えられたツイッターの嵐を浴びる中、膝《ひざ》を屈して懺悔《ざんげ》する。その最前線に立つのが英紙『ガーディアン』紙で、自前の松明《たいまつ》供給者がいて、多数の仕事をこなしている。『ガーディアン』や『ニューヨーク・タイムズ』紙、MSNBCのようなメディア企業は、にわか進歩主義のプロパガンダ部隊だ。ツイッターの嵐に捕まった有名人や要人は、PCのファシストにとって最も価値ある標的となる。これによって数百万人に見せつけることができるからだ――言うことを聞かないとどうなるか見ておけ、と

図416：ヴァーチュー・シグナリング《美徳吹聴》には強烈な意味合いがある。

図417：「ヘイト」に抗議する、ねぇ。

図418：この本をめぐってツイッターの嵐が起こったときの返事は用意している。

（図418）。

PCピラミッド《被害度くらべ》――より小さいマイノリティ《これぞシオニスト！》集団が最頂点に

PCというがんはあまりにも速く、深く広がったので、実際は不可侵の領域がある。名づけて「マイクロアグレッション《自覚なき差別行動》」。これは「マイノリティおよびその他の非支配的集団に対する、些細《ささい》だが差別的な発言ないし行動。意図せず、あるいは無意識にステレオタイプ《紋切り型口説》を強化する場合が多い」と定義されている。そらきた。「マイノリティおよびその他の非支配的集団」だ。PCの聖書にある「マイクロアグレッション」はすべての人にではなく「マイノリティおよびその他の非支配集団」だけに適用される。同じマイノリティでも、小さい集団ほど、PCの犠牲者性のヒエラルキー《階層》では高くて重要な位置につけられる。インターネットで拡大した格言もどきにこういうのがあった。「最大の被害者だと宣言された者が最大のいじめっ子になる」。これはたしかにシオニストに当てはまる。彼らがほかの誰よりも上位のカテゴリー《範疇》にいるのは、彼らの犠牲者性と検閲が優れて組織化されているからだ。

白人は犠牲者性のPCヒエラルキーでは底辺に位置する。たとえば、白人男性は白人女性にマイクロアグレッションを行い、白人の男女はどちらも非白人にマイクロアグレッションを行う。以下、非白人の男性は非白人の女性に、非白人の女性はゲイとレズビアンに、ゲイとレズビアンはトランスジェンダーおよび性別不明の者に、と続く。トランスジェンダーは現在のところ誰に対してもマイクロアグレッションをしないことになっているが（シオニストを除く）、これは時間の問題だ。さらに小さなマイノリティグループがまもなく誕生するだろう（左利きはつねに有力候補だ）。

ＰＣの戦闘員は混乱したに違いない――ベルリンの幼稚園で、イスラム教徒の親が、男性指導員がゲイだと抗議したことがある。スウェーデンのテレビ局は、あるイスラム教の学校では男子を前のドアから、女子を後ろのドアからスクールバスに乗車させ、学校の祈りの時間に男女を隔離したりしていると暴露したり、ストックホルムでイスラム教徒の「倫理警察」が街を巡回し、女性の自由に極端な制限を強制していることをニュースで取り上げたりしている。

ＰＣ教の熱心党は、きっと暗い部屋に座り、甘い紅茶をすすりながら、深呼吸をしては、これを被害者ヒエラルキーにどう当てはめればいいのかと、つらつら考えたことだろう。こういう状況では、目先を変えるのが彼らの常套手段《じょうとうしゅだん》だ。現在の被害者ヒエラルキーでトランスジェンダーが優位な例として、カナダのホームレスシェルターからふたりの女性が退所させられたケースがある。退所の理由は、自分のアイデンティティーは女性だという男性と同じ部屋に入るよう言われたことだった。そのうちのひとりがテレビレポーターに語った。

「あの男性は女性になりたがっている。それは本人の選択です。けれど、まだペニスも生殖器もついている男性が女性のシェルターに入ってくるというのは、わたしたちの権利よりその男性の権利の方が優先されているということです」。これがＰＣの性的・人種的ヒエラルキーが働く仕組みだ。

己の立場を知れ、だ。

先にフェイスブックとその検閲方針について述べたところで、PCヒエラルキーにもふれて、大量移民への穏やかな批判が攻撃される一方で、白人女性を捕まえて殺せと発言した者は許される、と書いた。つまり今は、よい人種差別と悪い人種差別が存在するのだ。

フィンランドのフェニミスト団体ヘルフェムは、ヘルシンキのイベントで、白人女性の参加を禁じた「サブフォーラム」を開いた。彼らはこれを「白人の入室お断り」の部屋と呼ぶが、これが「白人以外の入室お断り」だったら警官が現れただろう。逆人種差別が流行し、それを支えるキャンペーンが繰りひろげられて、ずっと昔にほかの白人がしたことで今の白人が羞恥心《しゆうちしん》と罪悪感を覚えさせられている。PCの白人は自分がしていないことに恥を感じているが、今の自分がしていることにこそ恥を感じるべきだ——たとえば今、このバカげた事態を支持していることを。

差別を是正するための「積極的差別」であっても差別は差別だ。「積極的」や「差別」という語句は、もうCNNやジャーナリズムと同じ文章で使うべきではない。ヘルフェムのスポークスウーマン——いやスポークスパーソンか？　次にどういう呼び名になるかわからないが、とりあえず「広報担当」——によれば「主流のフェミニズムはとても白人中心で、自分のブランドを売り込むためだけにフェミニストのメッセージを利用する者もいる」のだという。ま、馴《な》れることですね、白人女性のみなさん。これがラベル細分化の特徴というもので、細かい区分になるほど差別の重要性が高まっていく。

今日の抑圧の被害者が、明日には人種差別主義の抑圧者になる。「白人の入室お断り」の部屋は非白人にとっての「安全な空間」だとされた。だが、それは誰から安全なのだろう。当然、白人のフェミニストから、だろう。しかし、これは人種差別ではない、なぜならヘルフェムによれば「……組織的な人種差別には構造や制度が必要だが、有色人種は自分たちの側にそうした構造がない、よって逆人種差別は存在しえない」からだ。この連中は完全にいかれている。

スウェーデンのルンド大学で道徳哲学を教えるアン・ヘベラインは、金髪のスウェーデン人が自国で「非ヨーロッパ的な容姿の人」から嫌がらせや冷笑を受けていることを強調している。え、でも、人種差別は一方通行だったはずだろう？　イリノイ大学アーバナ・シャンペーン校の報告では、マイノリティ学生は白人で埋まった教室に「入って席に座る」だけで周囲の白人からマイクロアグレッションを受けるというし、ロンドンのある大学で学生の「多様性」を謳《うた》っている職員が、平等を推進するイベントで白人と男性の参加を禁止したのは有名な話だ。

白人男性に対するマイクロアグレッションはない、というのが政治的公正の黄金律なのだ。PC法の下では、彼らは何をしても格好の餌食《えじき》にされる。何か別のPCカテゴリーとタグ付けされないかぎり、何の権利も与えられない。

こうしたすべての行き着く先を報じているのが南アフリカの『ハフィントン・ポスト』紙で、ある記事の見出しは「白人男性の参政権停止の時代か」となっていた。これは白人男性の選挙権剝奪《はくだつ》を呼びかけるもので、書いたのはシェリー・ガーランドという「活動家でフェミニスト」だ。ガーランドは「家父長制打倒」のために活動しているということだが、代わりに家母長制にでもするのだろうか。これはある過激思想が別の過激思想に取って代わる＝同じ過激思想が別の名前になる、でしょ。はい、よくできました。ほかにも「哲学修士号取得」だそうだ。そりゃすごい。ちょっと彼女の「哲学」のさわりだけでも覗《のぞ》いてみよう。

過去において進歩主義の大義への最も大きな打撃は、多くが白人男性の投票によるものだった。白人男性の投票を認めなければ、イギリスのEU離脱《ブレグジット》はないだろうし、ドナルド・トランプがアメリカの大統領になることもないだろう。南アフリカの四つの大都市で民主同盟が統治することもないはずである。

白人男性の投票権がなくなれば進歩主義の大義は強化されるだろう。白人男性を永久に否定する必要はないが、20年間（たった1世代に満たない期間）だけ白人男性の投票権をなくせば、世界における反動主義やネオリベラルのイデオロギーの影響はかなり小さくなるだろう。無謀な白人男性の影響力は、２００８年に始まった大不況の大きな理由のひとつだった。これは有害な白人男性の男らしさ志向に一撃を与えるだろう。そんなものはとっくの昔に不要になっているのだ。

記事の後半でガーランドは、白人男性の選挙権を最高30年停止するべきだと述べている。被害者のヒエラルキーはトイレ利用への圧力でも見て取れる。これは、トランスジェンダーの「男性」「女性」が、体のタイプではなく本人の感じ方に基づいて男性用、女性用を使用できるようにしろというもので、すでに学校で、幼い子どもにまで導入されていっている（図4 1 9）。これを否定すると差別になるらしい。異性と見える人がトイレに入ってくるのが嫌な男性、女性の感情はPCの狂気には決して考慮されないし、本当は違うのにトランスジェンダーだと主張する者がこれを悪用する可能性も考えない。政治的公正はカードゲームのようなもので、セクシャリティと人種に基づいてヒエラルキーのレベルを競い合っている。忘れるといけないからこれも書いておこう。

原子核をピーナッツとすれば、原子全体は野球場ほどの大きさになる。わたしたちを構成している原子内部のデッドスペースをすべて、完全になくしてしまえば、人間ひとりは埃《ほこり》の粒子1個、人類全体でも角砂糖1個に詰め込むことができる。

すべてのPCの壁とシオニストの検閲センターに、注意書きとしてこれを掲示しておくべきだ。彼らは、この「埃《ほこり》の粒子」につけたラベルに執着しているのだ。もし実行するとなれば、それはそれはたくさんのコピーが必要になるだろう。政治的に不公正な「マイクロアグレッション」は、たとえ意図的でなくても、PCの突撃隊員の逆鱗《げきりん》に触れてしまう。殺意は不要なのだ。混乱の専門家を無意識に混乱させること――必要なのはそれだけだ。たとえば、スタンフォード

▼性差を区別しないトイレまで現れた！

図419：非トランスジェンダーにはどんな選択肢があるのだろう？

大学のルース・スタークマン教授（これもスタークパーソンにする？）は、教師が宿題は簡単だと言うと、簡単と思わない者に対するマイクロアグレッションになると述べた。ということは、誰に対してもマイクロアグレッションにならない方法があるとすれば、それはもう沈黙しかなくなる。だがひょっとしたら、それも雑音にとってのマイクロアグレッションになるかもしれない。いろいろな人がトラウマ経験を投稿できるmicroaggressions.comというウェブサイトがある。このマイ《極》クロ《小》レベルの狂気にある政治的公正の例を挙げてみよう。

●日本ではみんな何語を話しているの？　アジア語？

——おぉ、日本語はそんなに認知度が低いのか。日本人はゾッとしただろうな。

●人種差別について演説をする際、司会者が私を「ハイメ・ガルシア」と紹介した。わたしの名前は「ハイメ・ロドリゲス」なのに。ラテン系のラストネームはガルシアだけじゃない。

——いや、でもロドリゲスという名前も多いな。その「司会者」はなんて人種差別的なのだろう！

●夫とわたしがダラスに引っ越したばかりの頃だった。ヒスパニックのショッピング街を歩いていたら、男性とその息子がギターを弾いていた。なかなかうまかったから缶に5ドル札を入れた。すると息子の方が甲高い声で「黒人が好きなのはラップミュージックだけかと思っていたよ」と言った。父親の男性が苦笑して、息子が言ったことはただのジョークだと言い訳した。5ドル返してもらおうかと思ったけど、ただその場を離れた。

——まあまあ、ユーモア感覚が違うということで……。次いこう。

●わたしは異性愛者の女性で子どもはいない。女友だち同士で何人子どもが欲しいかと話していた。わたしの番になったので、子どもは欲しくないと言った。気まずい沈黙がしばらく続いて、みんな、まるで月からやって来たエイリアンを見るような目でわたしを見た。それからひとりが言った。「そうか、あなたも『変わり者』なんだね」と、わたしがレズビアンだとほのめかすようなことを言った。子どもが欲しくないと言っただけなのに。

——そうそう、よくわかる。わたしもひとりで暮らしていると話したら「おお、本当に?」と、まるでゲイだと決めつけるように言われたよ。

●夫と子どもとレストランにいたときのことだ。どう見ても家族に見えたと思う。ウェイターが注文を取りに来て、夫には「何にいたしましょう、サー」、わたしには「何にいたしましょう、ミス」と言った。夫は一貫して敬称で呼ばれるのに、わたしはそれより落ちる呼ばれ方をする。この北部の町のレストランではどこでもそうだ。わたしが「ミス」なら夫は「ミスター」にするべきだし、夫が「サー」なら、わたしには「マームかレディ」にするべきでは？　本当は「ドクター」と呼んでほしいけれど。

――わたしはあなたに大人になってほしい。

●わたしが日常的に直面しているマイクロアグレッションは、わたしの性に対する敬意が欠けていることだ。男性か女性かを尋《たず》ねる手間すらかけず、わたしのことをシスジェンダー［身体的な見かけと同じ性で自己認識している人］だと思い込んでいるのだ。わたしの体が女性の形をしているから一貫してマームかミス、三人称なら彼女だ。わたしが男っぽい格好をしても、シスジェンダーの女性の枠にはめようとする。本当はそうじゃないのに。ほとんどの場合、敬意を示す呼び方やジェンダー、敬称をつけてもらうには、面倒な手順を踏まなくてはならない。

――わたしは女性のように見える。だから誰もわたしに男性かと尋ねたりしない。これは絞首刑に値するよね？

――――

驚くほどの自己中心的近視眼だ。わたしには理解できない。こんな調子で世界や人間関係を見ていたら、打ち解けた、オープンな、自発的な会話はできないだろう。子どもじみた人びとを怒らせないように、精神鍛錬して、つねに言葉に気をつけておかなければならない。ここでのポイントは、彼らは、被害者としての自己アイデンティティーに餌《えさ》を与えるために、望んで腹を立てているということだ。

被害者と認識される者と加害者と認識されることとは互いを必要として、互いを食い物にしている――これもひとつの定常波だ。マイクロアグレッションはマイクロレベルでの分断統治だ。ロサンゼルス近隣にある「リベラルアーツの女子大」であるスクリプス大学は、非白人の学生は、白人の学生からの「マイクロアグレッション」に対処しなければならず、その「感情的労働」への経済的補償を要求するべきだと考えている。

大学は、マイクロアグレッションで有罪だという理由を説明した上で、白人学生に金銭支払いを求めるよう学生に奨励している。「あなたの言ったことは気に入らないからお金をちょうだい」。正気の人なら笑い出して、正気かと確かめるだろう。だが、彼らは正気ではない。しかもこれを大真《おおま》面目《じめ》に考えている。

ハーバード大学のある研究は、マイクロアグレッションで早死する可能性まで示唆《しさ》している。まあ、スクリプス大学に行けば、少なくとも金持ちになって死ねるだろう。ハーバード大学の論文「多様性の声」は――これは「多様性崩壊の声」とするべきだ――「マイクロアグレッションが生涯にわたって積み重なることで、理論的には、死亡率の縮小［「寿命が縮む」の意］、疾病率の増加、自信の崩壊につながる可能性がある」と結論づけた。だが、仮にマイクロアグレッションが生命を脅《おびや》かすとしたら、それは自分自身の精神を保持する人が生きる意思を失うことだけだとわたしは思う。

「オエッ」なる保存記録！こんなにも狂気のアーカイブ――とことん同調強要してどこへ？「言葉狩り」はどうにも止まらない

政治的公正の狂気をでっち上げることはもうできない。何をでっち上げたところで、過激さという点では、それ以上のことが実際に起こってくる。政治的公正という言葉でさえ、ウィスコンシン大学ミルウォーキー校では、政治的に不公正で侮辱的だとして非難されている。この用語は人びとが「敏感」になりすぎていることを示唆しているのだという。人びとはたしかに過敏だ。だが政治的公正は、事実や真実や疑う余地のない明白さとは絶対に相容《あいい》れない。細身の人を「ガリガリ」と呼び、そこに「なんとかしろ」というセリフがつくと、どうやら言葉の「暴力」らしい。そこでは、何をなんとかしろと言われているのかという文脈が考慮されているようには見えない。なんとかしろ、だけで十二分なのだ。

スウェーデンの最大の労働組合が女性のためのホットラインを設けて「マンスプレイニング」(訊《き》かれもしないことを男性が女性に何かを説明すること。特にすでに女性の方がよく知っている場合)を報告してもらうようにした。ホ、ッ、ト、ラ、イ、ン？　マ、ン、ス、プ、レ、イ、ニ、ン、グ？　女性から男性に、あなたが言っていることはとっくに知っているわ、と伝えて、それで相手が見下した態度を改めれば、ありがとうと言っておけば済むことではないのか。みんな狂気に慣れてきたために、それが正《しょう》気《き》だと考えるようになっているのだ。わたしたちは今、狂気が正気化されるのを目の当たりにしている。

フェイスブックは「ブラック・コック・イン」というイギリスのパブのページを「人権差別的で侮辱的な名称」だとして削除した（この「コック」は男性器ではなく「雄鶏」のことで、１８４０年から続く屋号だった）（図４２０）。

カナダのカールトン大学では、構内のフィットネスセンターの体重計を撤去した。理由は、体重にとりわけ敏感になっている人を守るためだそうで、大学の運動マネージャーのブルース・マーシャルは、体重計を捨てたのは、体重を測定したところで悪いことしかないと考えられるためだと話した。体重を測りたい人のことは考えていないようだが、わたしには別の解決策がある。体重を知ることに敏感な人はいまいましい体重計に乗らなければいい。はい、これですべて解決でしょ。

ニューハンプシャー大学が使用する『偏見のない言葉の手引書』には、American は侮辱的だから使用を避けるべきである、南アメリカが（ということは当然中央アメリカも）認識されていないからだ、と記されている。さすがにこの「手引書」は内容があまりにも非常識なので大学側が削除したようだが、政治的公正によってまた狂気が深まれば、その非常識が再浮上してきて、公式な政策になってしまうかもしれない。

図420：ブラック・コック・インは禁止された。19世紀に「黒い雄鶏」の意味でつけられた屋号なのだが。

ウェールズのカーディフ・メトロポリタン大学では、実際に男性や女性を表すために使う場合であっても、以下のような、性差《ジェンダー》のある言葉を使用すると職員は懲戒処分のおそれがある——mankind（人間）、man-made（人工の）、manpower（労働力）、man the desk（編集主任に人を配置する）、best man for the job（その仕事にふさわしい人）、forefathers（男性の祖先）、housewife（主婦）、名前の代わりにクリスチャンネームを使うこと、Mrs（ミセス）、Miss（ミス）、waitress（ウェイトレス）、headmaster（男性校長）あるいはheadmistress（女性校長）など。

学生と職員はhomosexual（ホモセクシャル）、heterosexual（ヘテロセクシャル）の代わりにsame-sex（同じ性の）、other-sex（別の性の）、disabled（身体障害者）ではなくpeople with disability（障害のある人）を使うように助言される。話す前に一言一句までふるいにかけていたら、自然で開かれた会話にたいへんな影響が出るに違いない。

大学は、自分たちはイギリスの平等法に従っているので、性差を表す言葉は差別的とみなされる可能性があるとしている。さらに、これはすべての学生と職員が「自分が大切にされていると感じられる」雰囲気をつくるためだとも言っていて、もう、真の自己価値は内面から生まれるということを完全に見失っている。大学によっては「ジェンダー《性差》」に配慮した言葉の使用ができていない」ことを理由に試験の点数を下げると学生を脅《おど》したりしている。これは「言葉狩り」であり「不合理への片道切符」だと評されているが、まさにその通りだ。イギリス・ケント大学の社会学名誉教授フランク・フレディは述べている。

通常、こうした脅しは明確にしないで暗黙的に伝えられる。……こうした言葉狩りは、同調を強制する高圧的なツールとして用いられる。それを選択しなければ、成績が下がるというペナルティ《罰》を受けることになる。

フレディはこの発言からまもなく、Davidicke.com のリッチー・アレンのラジオ番組に出演した。教育者としての経歴を考えれば、フレディが政治的公正をこき下ろし、大学や広い社会での影響を取り除くよう訴えたことは、極めて素晴らしい、勇敢なことだ。

「わたしたちが目にしているものは、多かれ少なかれ道徳的権威を、すなわち何を話して何を話さないかの決定権を有する新たな文化的寡頭《かとう》政治をつくり出そうとする試みである」

ここで扱っているのは文化的・精神的ファシズムであって、それを強制しているのは、あの「反ファシスト」の抗議の行進を利用しているのと同じ連中だ。フレディは、多様性への執着が多数派の文化の価値を落としかねないと言っている。これはマイノリティの文化に価値がないというのではなく、多数派の文化にも同じ敬意を抱くべきだと言っているのだ。それがそうなっていないのは、わたしがこれから説明する理由で、すべてが、多数派の文化を破壊するために計画されているからだ。フレディは続ける。

「実際のところ、多様化理論は国内文化の文化的ダイナミクス《躍動》や文化的コンテンツ《情報の中身》の価値を下げる手段となっている」。フレディが書いた*What's Happened To The University? – A sociological exploration of its infantilisation*（大学で何が起こったのか——大学幼児化の社会学的探求・未訳）はこのテーマでは第一級の著作だ。「幼児化」という言葉がそのものずばり言い当てている。

多数派文化を含めない「多様性」の例を示したヴィクトリア・カウィーザはウガンダ出身で、スウェーデンで初めての黒人政党フェミニスト・イニシアティブ（FI）の党首だ（FIはFucking Insane［とんでもない狂気］とも呼ばれている）。この政党は開放的な移民政策を望んでいて、ミズ（Ms.）・カウィーザは外国人犯罪者の国外退去の廃止を求めている。その理由は、白人のスウェーデン人は同じ罪を犯しても国外退去にならないからだという（いや、今これを読んでくれているあなたのことではないので心配しなくてもいい）。それにしても、見てわかる通り、これはかなり狂っている。

「白人スウェーデン人」をどこに国外退去させるというのだろう。しかしPC的精神は、まさにその本質のゆえに、論理的な行動はとらない。わたしは2016年にオーストラリアにツアーに行ったとき、ある学校が「雑音に敏感」な生徒を嫌な気にさせないよう、校内での声援や拍手を禁止するという報道を目にした。読者はこれでも眉《まゆ》をひそめていると思うが、これはジョークではない（そうならいいのだが）。シドニーのエラノーラ・ハイツ・スクールでは、声援や拍手をする代わりに「学生はガッツポーズをしたり、興奮して顔をしかめたり、その場で体をくねらせたりすることは自由にしてよい」ことにしている。

こうした極端な事例はいくらでも挙げられる。だがもうひとつ、文字通り正気と狂気の置き換えに関わる狂った手法がある。アメリカのシンクタンク、ウィリアム研究所による２０１６年の推定によると、アメリカではトランスジェンダー《身体と性の不一致》は成人の０・６パーセントしかいないという。アメリカの人口は３億２６００万人だから、そこから未成年者を除いて計算すると、約１４０万人がトランスジェンダーということになる。最近になってこの数は大幅に増加しているのだが、それはこれまで何の必要も感じなかった人びと（特に若者）を対象に、ジェンダーアイデンティティー《性別自己同一性》に疑問を持つよう奨励し、圧力をかけたからだ。

アメリカでトランスジェンダーの割合が最も高いのは、ワシントンＤＣが大部分を占めるコロンビア特別区だ。それに次ぐのが、フランクフルト学派の拠点で政治的公正の「聖杯」ともいうべきカリフォルニア州だ。ワシントンＤＣとカリフォルニア州がトランスジェンダー・プロパガンダ《宣伝》の最前線になっているのは偶然ではない。すべてジェンダーアイデンティティーを混乱させるために計画されたものだからだ。わたしは何も、適切なバランスの範囲内でジェンダー選択を尊重することに反対しているのではない。それ自体は無論、正しいことだ。

しかし、自身をどう見るかの選択は純粋にその人の問題であって、他人から、わたしの問題にされる筋合いはない。純粋にトランスジェンダーのアイデンティティーを選択した人を尊重することと政治的公正とはまったく無関係なのだ。

この精神詐欺は、本来なら何の混乱もない人にジェンダーの混乱を植えつけるためのもので、これには極めて明快な理由がある（それについてはすぐあとで説明する）。トランスジェンダーの人数と割合から考えれば、この問題には驚くほどの焦点が当てられている。それも、どこからともなく現れて、突如としていたるところに広まってしまった。これはほぼ間違いなく、計算しつくされた〈エリート〉の長期アジェンダのボタンが押されたのだ。

トイレのルール変更や、~manと~women、mumとdad、girlとboyといった性差のある言葉の禁止など、多くのことが、アメリカの人口の1パーセントにも満たない人びとの利益を理由に正当化されている。世界のどこでもトランスジェンダーの割合は同じくらいか、これより少ないだろう。

ロンドンの交通機関では、トランスジェンダーの乗客の気分を害さないために、構内のアナウンスで「レディーズ・アンド・ジェントルメン」などの言葉の使用が禁止された。今は「みなさま、おはようございます」と言わなければならず、それ以外にも「ジェンダーの区別がない」言葉（ニュースピーク）を使うよう訓練される。

イギリスの団体「ジェンダーアイデンティティー研究と教育協会」のバーナード・リードによれば、言葉を「不適切」に使用することで「大きな苦痛」をもたらす可能性があるのだという。それはそんなつもりで聞くからだろう。電話してもいいかな？　リードはこんなことも言っている。「低い声だからといってアナウンスしたのが男性とは限らないし、高い声のアナウンスが女性の声だとも限らない」。それはそうだが、それなりに男女の違いは伝わるだろう。それに、アナウンスしている職員はあなたが乗る列車がいつ発車するかを伝えたいだけなのだ。それをいちいち精神をプレスキャン《配慮》して、職業的に嫌な気分になりやすくなっている連中の嫌気を回避する必要はない。

ロンドンで最初のイスラム教徒の市長で「進歩主義」の象徴のような人物であるサディク・カーンは、こうした言葉の禁止を歓迎した。まあ彼なら、こんなヴァーチュー・シグナリング《美徳の印を見せる》のチャンスは決して逃がさないだろう。

人口の0・6パーセントを嫌な気にさせないために必要だからという理由で、残り99・4パーセントにバカバカしいルールを課して言葉を禁止することが正当化されるのだろうか。これは、非〈エリート〉全体をあれほど無慈悲に扱う〈エリート〉が、トランスジェンダーの人びとを助けようと心から願っているからだ、と本気で信じる人がいるだろうか。トランスジェンダーの人たちにしても、〈エリート〉が冷静に証拠に目を向けていると信じているわけではないだろう。それなら、いったい何が起こっているのだ。それはあとで述べることにしよう。

計算された狂気が急激に拡大しているというもうひとつの例が、オーストラリア・ニューサウスウェールズ州の教員組合だ。彼らは新たな教育ガイドラインで、教員がmum, dadという言葉を使用しないことや、幼い少年が少女の服を着ることを奨励するようアドバイスしている。

「ジェンダーを特定しない自由な遊び」のためのガイドラインは――そもそも子どもにそれを押しつけるのなら自由ではないのだが、それはさておき――オーストラリアの学校での行き過ぎた政治的公正の一端で、若者のジェンダーアイデンティティーを混乱させるという点では、北アメリカやヨーロッパの取り組みに匹敵する。

子どもを混乱させれば大人も混乱する。イギリスの政府が資金を出している「教えてほめる」という組織は、学校で「ジェンダー多様性」に関する授業をして、わずか7歳の子どもに、boys, girls, ladies, gentlemen といった言葉を使わないようにと教えている。トランスジェンダーの児童への差別を避けるためにだというが、クラスの大多数はトランスジェンダーではない。こうしたあまりにも行き過ぎた行為から、本当のアジェンダが明らかになる。

子どもは「シスジェンダー《性自認心身不一致》」「パンロマンティック」「どちらの性別の人にもロマンティックに憧れる人」「インターセックス《半陰陽》」「ジェンダークイア《男女どっちでも》」などの言葉を使うよう勧められる。「教えてほめる」のガイドブック『ジェンダー多様性についてのお話』には、12歳の子どもがホルモン阻害薬を投与されて女性から男性に移行したために、初潮が来ないという架空の話が載せてある。ＢＢＣは6歳の少年が性転換薬を服用して少女になるというドラマを放映した（図４２１）。

批評家は、この番組は子どもをひどく混乱させるとしたが、それはそのように制作されているからだ。ある母親は、娘がその番組を見てから、以前はそんなことはまったくなかったのに、自分のジェンダーアイデンティティーを疑うようになったと語っている。ＢＢＣはこの番組《プログラム》（まさにプロ

**BBC の子ども向け番組「ただの女の子」は
トランスジェンダーの子どもがホルモン阻害薬を
服用する物語だ。**

BY DAVID ON 4 NOVEMBER 2016 GMT　　MIND CONTROL USELESS MEDIA

図421：あなたの性別は何？　本当？　間違いないの？

グラミング）は「実際の生活を反映したものだ」とした。バカを言ってはいけない。これは、できるだけ早い時期に、自分のセクシャリティ《性のあり方》について子どもを混乱させるためのアジェンダだ。

口ひげと顎《あご》ひげをはやしたカナダのトランスジェンダーの母親は、生まれた赤ちゃんの出生証明書に「性の区別なし」と示して提出しようとした。彼女はこう言った。「わたしが生まれたとき、医者は性器を見てわたしが何になるかを想定した……その想定は間違っていた。わたしはそれ以来、さまざまな対応を余儀なくされてきた」。それはそうだろうが、医者がそう想定したのも無理もないことだ。母親の個人的な執着に奉仕させられたばっかりに、その子は、不必要な混乱を乗り越えるためにさまざまな対応を余儀なくされるのではないだろうか。何も、体の性別が間違っていると自然に感じている人を尊重するな、支援するなというのではない。子どもや若者に、自覚のないうちから自分の性に疑問を抱くよう組織的に奨励したり操作したりすべきではないと言っているのだ。すべての人が、言葉に敏感とされるごく少数の人びとに合わせるために、多くの言葉を失うべきではない。ミスターですか？　それともミス？　ミセス？　ミズ？　こんなことが問題になるのは、それを問題にするからだ。そして、問題にするかしないかは、選択なのだ。

２０１７年、オランダの議会は、教育課程に「ＬＧＢＴ意識」を欠いている学校を処罰することを決定した。イギリス政府が支援するある調査では、13歳の子どもへの質問に、ジェンダータイプを示す25の選択肢が用意された。これにはバイジェンダー《二重性自認》、トリジェンダー《三重性自認》［男性・女性・もうひとつの性］、デミボーイ［体のタイプに関係なく男性のアイデンティティーを持つ人］、デミガール

〔体のタイプに関係なく女性のアイデンティティーを持つ人〕、トランスガール〔体のタイプは男性だが女性のアイデンティティーを持つ人〕、トランスボーイ〔体のタイプは女性だが男性のアイデンティティーを持つ人〕、ジェンダー・フルイド《気分次第で男女使いわけ》などが含まれていた。

「小児科医のアメリカン・カレッジ」という団体の報告書には、子どもに性別を選べると信じるよう洗脳させる活動が広まっているのは子どもへの虐待だと述べている。この団体は、利益優先の医者が12歳の子どもに性転換ホルモンを処方していることを無謀だと非難した（だがこれは利益優先だけではなく、あとで述べるように、もっともっと深い理由がある）。

イギリスでは、わずか10歳で性転換薬を投与された子どもが８００人以上にもなっていて、今後はもっと増加するに違いない。長期的な健康への影響を考えるだけでも恐ろしい。イギリス政府は、誓約書だけで早急かつ簡単に合法的性転換を行えるようにする計画を発表した。

オンタリオ州首相のキャスリーン・ウィンが率いるカナダの進歩主義政党は、法案89号を通過させた。「全体主義的」と呼ばれるこの法案は、州の権限を強めて「ＬＧＢＴＱＩとジェンダーイデオロギーに関するアジェンダ」に反対する家族から子どもを奪えるようにするもので、そうした夫婦は事実上、子どもの養育や養子を禁じられる。

ウィンはオンタリオ州初の女性首相で、カナダで初めて自分がゲイ《同性愛者》であることを公表した政府指導者だ。カナダの権利擁護団体「最初の教育者としての親」の所長タニヤ・アレンは述べている。

「キャスリーン・ウィンの自由党〔進歩主義党〕は長年にわたり反両親、反家族のアジェンダを推し進めてきた。法案89号は最新のアジェンダの一環だ」。ウィンは今でも、自分は自由を信じるリベラルだと考えながらベッドに入るのだろう。これが進歩主義の自己欺瞞《ぎまん》というものだ。

アメリカ・カリフォルニア州のアーノルド・シュワルツェネッガー知事は2007年、州立学校でホモセクシャリティ、バイセクシャリティなど、非主流のライフスタイルの選択に対して否定的だと解釈されるあらゆる行為を禁止する法案に署名した。これなどは、詐欺がどのように行われるかを示すわかりやすい例だ。多くの人はOKだと言うだろう。誰も異を唱えることはできない。しかし「解釈」は重要な言葉だ。解釈するのは誰なのだろう。知性があってバランス感覚や平衡感覚のある者か、それどもPCの間抜けか？　もちろんPCの間抜けだ。そして彼らの規準に従えば、mum, dad, man, woman, husband, wife, boy, girl などはすべて「ホモセクシャリティ、バイセクシャリティなどの非主流のライフスタイルの選択に対して否定的」だと解釈されることになる。「反社会的行動」を標的にする法律も、解釈次第では、実際には反社会的ではなく、単に体制に従わない多くの活動をすべて停止させるものになる。ニコラ・テスラは「反社会的行動とは、体制に従属する者で溢《あふ》れた世界における知性の特質である」と考えていた。以下に挙げるのは、アメリカの大学におけるPC的解釈のほんの数例だ。今何が起こっているか、ぜひ感じ取ってほしい。

●カンザス大学の学生議会は、議会の規則および規定文書でジェンダーを特定する his や her などの代名詞の使用を、それを使わない学生に対するマイクロアグレッションとなるという理由で禁止した。

●ノースカロライナ州立大学は、男性と女性の両方の可能性のある名詞を受けるのにheやhisを、humankind（人間）ではなくmankind（人間）を用いたことを理由に学生の成績を下げる権利を擁護する。

●ワシントン大学の教授がmaleやfemaleという語を使用した学生を罰する方針を定めようとした。

●スクリプス大学は、誤った代名詞の使用は「慣行化された暴力」であると表明し、教師が学生を呼ぶ際に代名詞をつけることもマイクロアグレッションになりうるという理由から、代名詞を一切使わないよう要求する選択肢を学生に認めた。

●ピッツバーグ大学は教授陣に対して、学生がどの敬称を望むかを伝えたあとでも、その学生がのちにジェンダーを変える可能性があると警告した（当然、そのときには新しい呼び方を教えてもらえるのだろう）。

トランスジェンダーの人びとを「嫌な気分に」させないために「乳がん」を「胸がん」に変更するよう求める声がある。イギリス医師会（BMA）も、同じく嫌な気分にするのを避けるために「妊婦」や「妊産婦」を「妊娠した人」と変更するよう医師に促した。『効果的なコミュニケーション《意思疎通》のための手引書：職場でのインクルーシブ《包括的》言語』にはこう書かれている。「妊娠経験または出産経験のある人の大多数は自分を女性と認識している」。おおっ、観察としては満点だ。だが、まだ続きがある。「『妊産婦』ではなく『妊娠した人』」と呼ぶことで、妊娠したインターセックスの男性とトランスジェンダーの男性を包括できる」。待ってくれ。それは「妊夫」ということか!?　2017年にイギリスで最初らしき「妊夫」の存在が明らかになったが、結果がわかって袋だたきにされた。

20歳のハイデン・クロスは女性として生まれ、法的に男性になってホルモン治療を受けていたのだが、フェイスブックで精子提供者が見つかったので、治療をやめて赤ちゃんを出産した。子どもが生まれたら、そのあとで乳房と卵巣の撤去を含めた「性転換プロセス」を完了するつもりだと言った。子宮は、女性になりたいという男性がいれば、その人に贈りたいそうだ。おっと言い忘れていた。そういう話はもう進んでいる。一部の医者は、体が男性のトランスセクシャルも自分の子どもを産めるように子宮の提供を呼びかけている。

ウェールズ妊娠治療研究所のアリアナ・ディアンジェロ博士は、それは「倫理上の観点」からいって問題ないと述べ、ユニバーシティ・カレッジ・ロンドンの産婦人科臨床講師フランソワーズ・シェフィールド博士も同意している。「平等であるべきだというのなら……いけないという理由がわからない」

リバプール大学の保健法令課ディレクター、アメル・アルグラニ博士は、女性が子宮移植を提供される場合、女性に性転換した人に「公的資金を支給すべきかどうかという疑問」が生じるだろうと語る。その上でこれは「生殖分野に革命を起こす」だろうし、ほかにも移植を求める人が現れるかもしれない。たとえば異性愛の男性でも「カップルで生殖の重荷と妊娠の喜びを共有できるようになる」などだ。

さらに「ホモセクシャルのカップルがこのやり方で妊娠を希望するかもしれないし、シングルの男性が代理母を避けるためにこれを選ぶかもしれない」とも述べている。ええっと、少し待ってもらえないか。自分が正気か確認させてくれ……まだ……もう少し……かなりよくなってきた……よし大丈夫だ。うん、わたしは正常だ。この世界が狂っているのだ。わたしじゃない。よかった。

カリフォルニア州立大学ロサンゼルス校の学生新聞は、生理やタンポンを女性と関連づけても、トランスジェンダーの人を憎んだり嫌ったりすることにはならないと強調している。「……生理のある人すべてが自分を女性と認識しているわけではないし……自分を女性と認識している人すべてに生理があるわけでもない」。オーケー、きみたちがそう言うならそうなのだろう。

ワシントン州のある大学は、自分たちの「ゼロ差別の方針」は、トランスジェンダーの男性が6歳の少女でいっぱいの女性用ロッカールームを裸で歩いても止められないという意味だと宣言した。ある母親が17歳の娘の前に裸の男がいると言ってきた。女性の水泳コーチが女性用サウナルームで裸の男を見つけ、出ていくように言って警察に通報した。しかしコーチはあとでその男に謝罪する羽目になる――そう、謝罪したのだ――理由は、その男性がトランスジェンダーだと聞かされたからだった。コーチは、少なくとも6歳の少女は男性の性器を見ることに慣れていないので、と言ったそうだが、ま、とにかく残念なことだ。警察によれば「刑法はこの分野では非常にあいまいなのです」。

その男はあるテレビ局に、自分も差別を感じたと言った。「今は1959年のアラバマではないのです——間違った冷水器から水を飲んでも警察を呼んだりしないでしょう」。それはその通りだが、6歳の少女の中に男が裸でいたら通報されるのは当然ではないだろうか。着替えをしている部屋で男性の性器を（どんな意味であれ）見せられたくない少女への差別はどうなるのだろう。しかし、それは考慮されない。なぜなら、この状況では彼女たちは多数派だからだ。

犠牲者性のPCヒエラルキーでは、トランスジェンダーがつねに少女に優先する。男性の体をしたトランスジェンダーの生徒が女の子のロッカールームに入ってきて、自分は女性だと言って、本物の女性への性的嫌がらせ《セクシャル・ハラスメント》を始めた。このときのハラスメントは「腰を振る」こと——「お尻を突き上げる動きや、脚を開いてしゃがみ込む動きを含めたダンス」——などだった。文句を言ってはいけない。彼は、体は男だが自分は女だと言っているのだ。何か問題があるとでも？ わかった、もうやめよう。何も問題ない。セクハラを受けた少女は立ち直るはずだ。おっとっと。「立ち直る」は使ってもいい言葉だよな？

PC犯罪「文化の盗用」だって!? 他国人がたしなむと「文化の虐殺」に!?

わたしの文化だ、立ち入るな——ヨガ、相撲、柔道も

政治的公正は、特に人間の社会をつなぐあらゆる柱を破壊するために設計されているので、実際

にその通り進んでいる。人びとは互いに戦争状態にあり、前線は無数にあるから、誰も、同じ糸がそのすべてを操っていることに気づかない。今は「文化の盗用」というPC犯罪がある。これは、ある文化の者が自分たちのものではない文化の服や象徴を身に着けたり食品を食べたりすることを意味している。これはいわば「文化のフランチャイズ化」で、ある文化のものを利用するにはその文化の人びとの認可が必要なのだという。そしてそんな文化の所有権がまた新たな境界線を引き、分断支配と〈ラベルの意識〉にさらなる可能性をもたらしている。

カナダのオタワ大学は無料のヨガ教室を取りやめた。ヨガ教室は「文化の盗用」であり、ヨガは「文化の虐殺」につながるというのがその理由だった。わたしは、ヨガは人びとに争いのない、落ち着ける場へ連れていくものだと思っていた。しかしそれは違った。

ヨガはインド発祥なので、ヨガという名を別の場所で使ったり、インド人以外が使ったりした場合には、文化的著作権の侵害になるらしい。なるほど。では、インド人はサッカーやクリケットができないわけだ。このヨガ教室は「マインドフル・ストレッチ」という名称変更して再開された。インド人のサッカー選手やクリケット選手も、きっとキックボールとかヒットボールとかに変えるのではないだろうか。

ジョージア大学では、人種差別になるという理由で、丸い枠を入れて膨らますフープスカートの着用を禁止した。クイニピアック大学は、ポスターにマラカスが描かれているのは人種差別だという非難が学生から上がったため、里親運動の資金集めイベントが中止になった。ソンブレロというメキシコの帽子を被《かぶ》ることも、このお子ちゃまたちにかかると文化的人種差別になり、「民族的ステレオタイプ《類型》化」の事例にされてしまう。

あるときなど、テキーラをテーマにした学生のバースデーパーティでソンブレロを被《かぶ》ったところ、学生新聞は「キャンパス全域での緊張とフラストレーション《欲求不満》と苦しみに火を付けた」と報じた。なんと！　理由はソンブレロを被ったことか、ソンブレロを被ったことへの反応か、どちらだろう――間違いなく後者だ。前者を選ぶようなら、ある種の精神障害だろう。メキシコの旅行センターに行ってみろ。地元民が顔を赤くした行楽客にせっせと売っているのは――ソンブレロだ。さらに悪質で極めて邪悪なのが、そのパーティに関わった学生が、教授陣による再教育コースに参加して「積極的な傍観者トレーニング」に出席してその経験をレポートに書くよう指示されたことだ。わたしが書くとしたらただひと言――くそったれ、だ。

ケンブリッジ大学のペンブルック・カレッジで「八十日間世界一周」というパーティが予定されていたが、あの旅行を象徴する服を着ることで怒りを買うのを恐れ、中止になってしまった。自分のものではない文化の服を着ることが人種差別になるというなら、そうならない服などあるのだろうか。ケンブリッジは、第一級の変人以外は近寄らない方がいい大学のようだ。同校で「ライオンキング」をベースにアフリカをテーマにした夕食会を開こうとしたところ、学生団体の「アフリカン・ソサエティ」からボイコット《排斥》された。理由は、非アフリカ人の主催者が文化の盗用という罪を犯し、メニューや文化交流の用語を決定する際に同ソサエティに相談しなかったからだという。

分断支配の断層線はラビット《野ウサギ》のように繁殖する――こう書いてもラビットのステレオタイプ化にならないよな。大丈夫、わたしはラビットとは言ったが「ラビ」とは言っていないから「ユダヤ人差別」にはならないはずだ。いや待てよ、ラビがラビットを飼っていたら……。ムムム、ここは安全策を取って先に謝っておこう。いや、やめだ。そんなものくそくらえだ。

とにかく今は、文化が文化から分断されている（わたしたちは本来、全員がひとつの意識なのだ）。女性も男性から分断されている。こちらは急進的フェミニストの過激派によるもので、彼らは平等を目指すという素晴らしい願望ではなく、男性への憎しみに駆り立てられている（自己憎悪の兆候だ）。その反対の極も同じくらい理不尽で、多くの男性がまだ女性を劣等な種として扱い、性的対象として見て（男性に対してそうしている女性もいる）、女性が同じ仕事をしても男性より給料が安くて当然だと考えている。

婚姻法や離婚裁判所を通じて国家や宗教が男女の関係に関与してくることも、一般に考えられているのとは逆に、一緒であるべき男女の溝を広げている。裁判所の重い裁定や、男性から女性への生活費、養育費の支払いも公正には程遠い。今の男性は、何をしていいのかと女性を恐れるようになっている。離婚したことで男性が子どもとの接触を制限される場合も同様だ。

働く女性も、自分が主要な稼ぎ手である場合には、離婚の際には巨額の支払いで大きな打撃を受ける。人を引き裂くのは、何よりも恐怖だ。これは男性からの恨みで言うのではない。わたしはこのことに関して何も不満に思うことはない。わたしが指摘したいのは、一見しただけではわからない方法で精神詐欺が機能していることだ。

女性と男性は互いに分断されているし、集団としても、まさにこの目的のために操作されたジェンダーによって、さらに細分化されている。分断は、性別、人種、宗教、所得階層など、あらゆることを基盤に、どこにでも表れてくる。しかも、これはすべて計画されたことなのだ。

白人は両方の側の人種差別の中で、非白人と分断されている。強調したいのはこの、両方の側、ということだ。白人だけが人種差別主義者になりうるという考えは、日常の経験で打ち消されている。驚くほど人種差別的なカースト制度《階級》を支持するインド人が、自分は人種差別を受けていると不満を漏らす。自己欺瞞《ぎまん》の偽善行為というものだ。

宗教は宗教と分断され、政治的見解と政治的見解が分断されている。若者と老人が、持てる者と持たざる者とが分断されている。よく見てほしい――これはすべて引き起こされたことなのだ。わたしたちが目にしているのは、共有や相互の尊重、〈公正、正義〈拡張した認識《アウェアネス》〉〉ではなく、分断された個々の破片（＝近視眼的な認識《アウェアネス》）が自分だけで権力を握ろうとしている姿だ。しかしそうした破片は、どれも同じアルコーンの〈クモの巣〉に付けられたラベルにすぎない。あなたは「家父長制度」と「家母長制度」のどちらを望むだろう。どちらでも同じことだ。両方ともアルコーンの支配という、同じヒエラルキーなのだから。

有害な情動反応の予防策がエンドレス…で、自立・自覚・自治できず!!

事前警告なき事前警告——超保護国家バンザイ⁉

精神障害や狂気といった言葉を使っているのは、政治的公正の隠喩《いんゆ》ではない。文字通り「大きく歪《ゆが》められた精神状態」と「極端な愚かさと不合理さ」という意味で使っている。PCの語彙《ごい》には、先にも述べた政府ないし軍によるマインドコントロール・プログラムの典型的な言葉が含まれている。その最も露骨なものが引き金《トリガー》と引き金を引く《トリガリング》ことだ。トラウマをベースとするマインドコントロールでは、精神にオルター《変性人格》と呼ばれる区画が作られる。これがトリガーによって活性化し——トリガーは単語でもフレーズでも音でも、とにかくコード化されたものであればよい——プログラミングされた行動を取るようになる。このプロセスがトリガリングだ。そう考えると、政治的公正にもトリガーの概念をベースとした側面がある。偶然だろうか？　いやいや、そんなはずはない。

PCの意味でのトリガーは、メールやコメント、意見、議論など、人を嫌な気分にさせるものなら何でもいい。この嫌な気分への執着は冷徹に考えられたもので、ほぼあらゆるものが誰かを嫌な気分にさせる。そこで、あらゆるものからあらゆる人を守ろうとして登場したのが「事前警告」だ。これは「一定の題材やテーマに意図せず遭遇し、そうしたトピック《話題》によって極めて強い、有害な情動反応（外傷後のフラッシュバック《心的外傷後緊張反応》や自傷衝動など）が生じるのを防ぐために」導入されたもので、英語では trigger warning という。こうした反応が生じることを——すべてはそのように操作されているのだが――「トリガーが引かれた」という。

政府ないし軍のマインドコントロールでオルターが開いたときも、その人は「トリガーが引かれた」という。閉じ込められて孤立した環境にいる人は一般に――とりわけ生徒や学生は――大規模マインドコントロールの対象にされている。そのための方法は数多く紹介してきたが、これが今は学校や大学で、かつてないほど強力に行われている。いわば事前警告は教育の場で当たり前になっていて、生徒や学生は、これからの言及や議論で混乱するかもしれないと前もって警告される。

わたしは政府のマインドコントロールとトラウマの標的となった人たちと同席したことがあるが、何かが起こると、それがトリガーとなって、言葉にできないほどの虐待の記憶が甦《よみがえ》ってきた。彼らの情動反応は、不快という程度からショッキング《衝撃的》なものまで、さまざまだった。まさに「引き金《トリガ》を引く《リング》」という感じだった。

だが、ここで取り上げているのは「MKウルトラ計画」の生存者ではない。それはそれで大勢いるが、今問題にしているのは一般の生徒や学生なのだ。そして今は、何であれやり過ぎのことがあれば、警告のベルが鳴るようになっている。スコットランドのグラスゴー大学で神学を学ぶ学生に事前警告を与えて、これから十字架に架かったキリストの画像を見て議論するから、嫌なら退出してもよいと言ってやるのはどうだろう？

「おはようございます、牧師様。素晴らしい説教でした。でも、なぜイエスが磔《はりつけ》にされる手前で話をやめたのですか？」

「礫にされた？　そこは見ないようにしたよ。事前警告があったから」

獣医学部の学生は、自分の仕事のさまざまな側面に関して事前警告を受けるし、いわゆる「現代社会」の学生にも、病気や暴力についての議論では事前警告が与えられる。スコットランド・スターリング大学でも、考古学の学生が「考古学的背景から出土した保存状態のよい考古学的遺体」について「少し気味が悪い」と思った場合に備えて事前警告が出てる。グラスゴーにあるストラスクライド大学の法医学部では、血痕《けっこん》のパターンや犯罪現場、死体に関わる画像が出てくる講座の前に、口頭での事前警告を受ける――法医学部の学生に！　獣医学や考古学の学生も同じだが、これからどんなキャリア《経歴》を積むと思っているのだろう（図４２２）。

ハーバード大学の学生には、法学部の学生に強姦《ごうかん》［日本の法律では「強制性交」］に関する法律は教えるべきではないと言う者までいる。グラスゴー大学の声明にはこうある。「大学はすべての学生に配慮する絶対的な義務を負う。課程の教材が混乱や懸念を招くおそれがある場合は、学生は事前警告が与えられる」。こんなことが、ごく最近になってから起こっているのはどうしてだろう。わたしやその前の世代は、事前警告や安全な場所なしで、どうやって生き延びてきたのだろうか。

ケント大学のフランク・フレディ名誉教授がこの現象を「セラピー《心理療法》文化」「セラピー的検閲」「読み取りの医療化」と呼んでいるのは正しい。スターリング大学のジェンダー研究課程の警告方針に

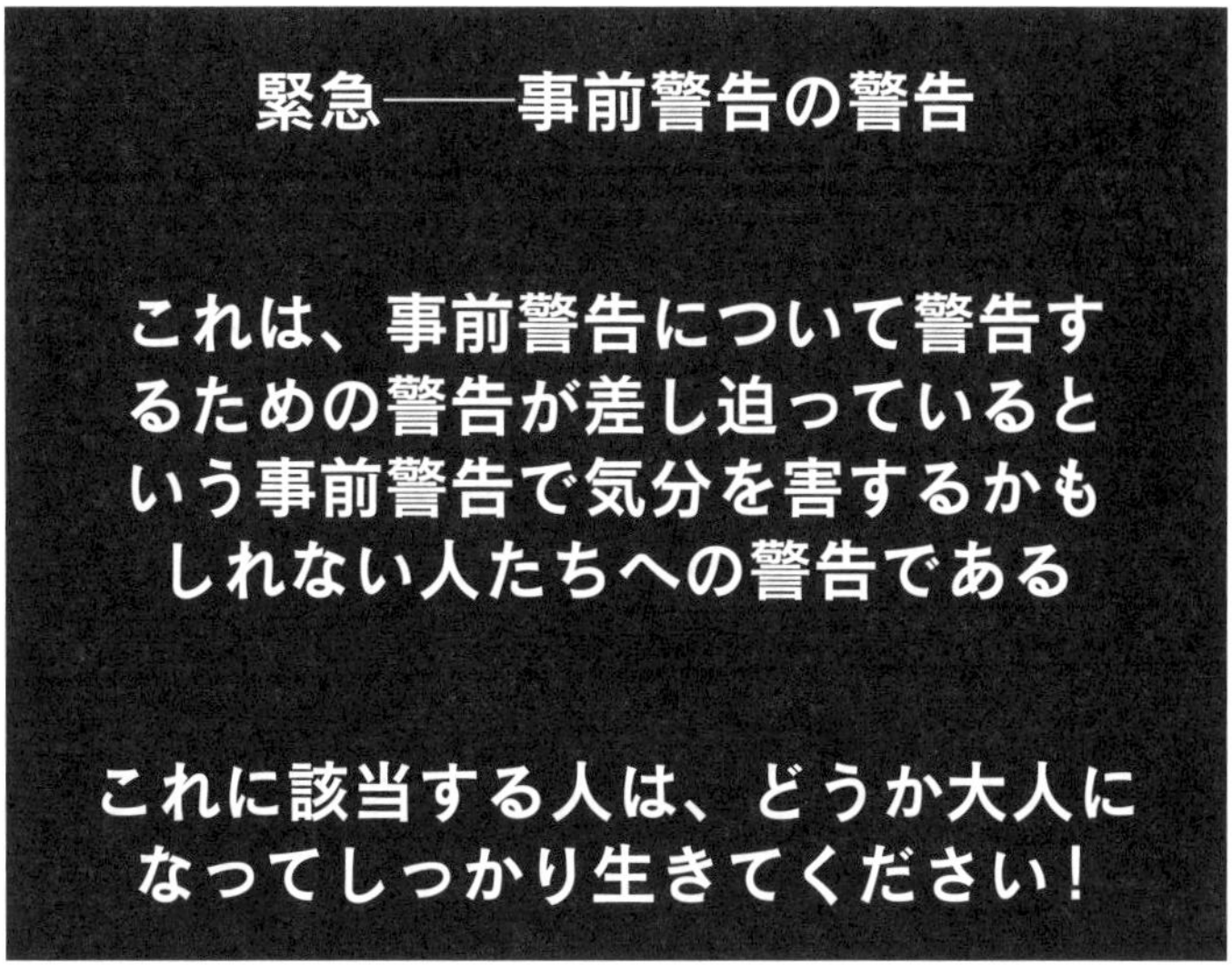
緊急――事前警告の警告
これは、事前警告について警告するための警告が差し迫っているという事前警告で気分を害するかもしれない人たちへの警告である
これに該当する人は、どうか大人になってしっかり生きてください！

図422：そうだ、もうここまでバカげたことになっているのだ。

ゼリー世代の
誕生！

図423：彼らはじきに、自分をゼリーに変えた勢力のために世界を動かすようになるだろう。

はこうある。「トリガーとなる教材に直面する可能性は予測も排除もできない。本学は必要なすべての予防措置を講じ、本プログラムの内外で自助努力することを強く勧める」

先に紹介したカナダの大学で体重計が取り払われたことについて、ある学生は「体重計はまさにトリガーになる」と言った。あらゆるマイナス要因と嫌な気分になる可能性から学生を保護することへの執着は、「ゼリー《過保護》世代」とわたしが呼ぶものを生み出しつつある。ゼリー世代にとっては、機能停止が名誉の印になる（図４２３）。そのため、ＰＣ学生は「スノーフレーク《雪片のようにヤワ》」というあだ名がついた。繰り返すが、このような狂気の中で学びつつ、正気を保とうとしているバランスのとれた知的な学生がいることに、わたしは信じられないという思いを抱いている。

あるアメリカの大学の学生たちは、歩道に「トランプ２０１６」とチョークで書かれていたのが「文字通りトラウマ《心的外傷》になっている」と言っている。彼らはこれから人生がもたらす試練にどうやって対処していくのだろうか——彼らは対処などしない。成長過程を通じて長年「安全な空間」にいたように、自分の力を〈ビッグ・ブラザー〉国家に委ねて守ってもらうのだ。

こうしたことすべての心理的背景には操作があって、子どもも大人も、国家や権力者を「親」だと知覚するように仕向けられている。「過保護国家」という話さえある。愛情あふれた親から国家が子どもを奪っているのはその表れのひとつで、それと並行して、親の権利や影響が一貫して消去されていっている。わたしは被害者だ。わたしは不安だ。わたしは危険な状態にいる。国家はそうだと言い、わたしは国家を頼って、言われ、感じている状態から守ってもらおうとする。加えて、極端な「健康と安全」のリスク評価が行われ、法律によって、子どもも大人も、わたしの世代では当たり前だった活動ができなくなっている。

　プログラミングされた「保護」のパターンによって、甘やかされた精神の甘やかされた人間が育ち、それが国家をママやパパだと知覚して、それ以外はすべて危険な潜在的トリガーだと思うようになる。こうして、生き残るための絶え間ない恐怖の中にいると、注意と反応が爬虫類脳《はちゅうるいのう》に集中する。それと同じ精神構造から、国家に異論を唱える者はママとパパを攻撃しているのだという知覚がもたらされる。ある新聞記事に、イギリスの民放テレビ局ＩＴＶが、１９８０年代から１９９０年代に生まれた「ミレニアル《新千年紀》世代」（ジェネレーションＹ《Ｙ世代》）への対処方法をマネージャーに指導していると報じた。この世代は「権利意識」は高いが「自己認識」が低いと考えられている。しかし、わたしがこの本で暴露している背景を考えれば驚くことではない。大学では随分前から始まっているし、学校でも、木登りが禁止になったり、芝生が濡《ぬ》れているという理由で体育大会が中止になったりしている。

　勅許マネジメント協会（イギリス）によれば、ミレニアル世代は「意思決定スキル《能力》」に欠けているという。それはそうだろう。彼らは大学時代を通じて自分で意思決定するという経験を一切させてもらえなかったのだから。彼らは知覚の拘束着を着けて暮らしている。そしてジェネレーションＹの次の世代になると、状況はもっと酷《ひど》いことになっている。これは、世界が間もなくこうした精神と感情の状態に動かされるようになるということで、とにかくレベルの低い世界になる。

会計事務所のデロイトは、２０２５年にはミレニアル世代が労働力の75パーセントを占めると予測している。なかには並外れて素晴らしい者もいるだろうが、それは、もし正気を損なうことなく大学のマインドプログラミングを終了し、かつＰＣの戯言《ざれごと》を見抜けたらという条件付きのことだ。それができる者は目覚めた意識があるに違いない。だが、ソファの後ろに身を隠し、指の間から世界を見ているだけのＰＣグルーピー《過保護弱者》はどう対処するだろうか。学校や大学はマインドコントロールの実験場であり、効果があるとわかったものは幅広い社会に押しつけられる。

現在ロンドンの劇場は、観客に向けて、芝居で気分を害する可能性があるという事前警告を出すようになっている。また政治的公正は、ナルシシズム《自己愛》と注意喚起を奨励する。この意味でのナルシシズムは、誰よりも大きな被害者になること（シオニストを見よ）と注意喚起から生じてくる。感情の救済に駆けつける人びとによって「トリガーが引かれる」からだ。

「早く！――誰かがトランプと言った瞬間、エセルのトリガーが引かれた。ああ、ああ、かわいそうなエセル」。マイクロアグレッション《自覚なき差別行動》についてのある展示がトリガーになり、アジアの学生が、安全な空間が自分たちを不安な気持ちにさせたと不満を言いだしたら、どう答えればいいだろう。実際の主催者は謝罪した。

> 当館展示物中のマイクロアグレッションに関する内容がトリガーとなり、心を痛めた大学キャンパスのアジア人学生に感謝しつつ謝罪いたします。この展示は、ブログサービス「タンブラ

ー」に掲載した説明による文脈なしでも十分に効果があることを理解するとともに強調しておきます。

ああ、大きくなって、ガザやシリアに住んでみろ。

安全な空間の精神構造はその場所で振動する定常波のひとつで、映像を静止させたＤＶＤのような方法で連続的に解読される。ほかの意見や次々と記録された信念システムをただ確認するだけのインターネットアルゴリズム《問題解決手順（ソフト）》が保護してくれる安全な空間は、定常波の振動が、固定した知覚に対抗しうる可能性（周波数）の対象には決してならないことを意味する。あなたが見るもの聞くものが、そう考えるようにすでにプログラミング《設計》されたものだとしたら、精神的、感情的に進化するにはどうすればいいのだろうか？

ジェネレーション・リタリン《コカイン類似薬に依存させられる世代》――ビッグ・ファーマの笑いは止まらない《若者を暴力的・攻撃的にする向精神薬投与で！》

政府ないし軍によるマインドコントロールのネットワークは向精神薬の大量使用を基礎としている。したがって同じことが、教育システムという精神実験室にもみられると予測される。わたしは何冊かの著書で、子どもに対して幼い頃から爆発的な量の薬物が使用されていて、自然な、または一時的な挙動反応に一瓶丸ごとの錠剤が与えられることを明らかにした。
わたしたちが目の当たりにしているのは、人類史上最も薬漬けになった世代であり、したがって最も知覚をコントロールされた世代なのだ（図4 2 4）。ある研究での推定では、アメリカの子どもの13人に1人が何らかの精神治療薬を飲んでいて、世界では数千万人となり、さらに増加しつつあるという。医療・健康に関する情報サイト「ナチュラルニュース」の報告には次のように書かれている。

アメリカではますます多くの子どもがラベル貼りされ、診断され、烙印《らくいん》を押されている。個性的な子どもは叱《しか》られ、薬を飲まされて、子どもじみた行動を社会規範に合わせて矯正される。子どもは彫像のように静止し、活気がない。薬によって子どもの自然な幸福が奪われてしまっている。

子どものあいだの感情や行動の違いに枷《かせ》をはめてルールを守らせ、周囲に合わさせる。子どもは苦しみを聞いてもらえず、理解もしてもらえない。違いも行動も問題も、まるで精神障害であるかのように心に押しつけられる。多くの精神治療薬が若者の喉《のど》を下っていく中で、製薬会社の支配的な影響力は拡大していく。

注意欠陥多動性障害（ADHD）のような「精神状態」には裏づけとなる証拠が何もない。これ

図424：薬漬け世代。ゼリー世代を見よ！（この２つは関連している）。

は大手製薬会社《ビッグ・ファーマ》のカルテルが発売した新薬によってつくり出されたもので、目的は、若者の精神に暴力を蔓延《まんえん》させることにある。

ビッグ・ファーマと精神科医が同盟してありもしない精神状態をつくり出すのは一種の相互利益であって、その犠牲となって若者が破滅していく。以前から子どもに起こっていたことが、今は拡大悪化して、高等教育機関に入り込んでいる。

ジョン・ラポポートはアメリカの真っ当なジャーナリストで、わたしは１９９０年代に初めて会っている。そのラポポートが２０１７年に、大学生への組織的な薬物投与を暴露する記事を書き、多くの「トリガー感受性」の起源に光を当てた。

ラポポートは、大学は最高のマインドコントロール・プログラムであり「丸見えの暗黙の秘密」だとした上で、大学生の25パーセント以上が、その前年にメンタルヘルスの専門家の治療または診断を受けていることを明らかにした。大学はソフトクーデターで乗っ取られた、とも語っている。わたしとしては、同じことが世界のさまざまな社会で起こっていること、こうした「メンタルヘルス評価」への執着が、人びとを薬漬けにする口実となっていることも付け加えておきたい。ラポポートは述べている。

大学は基本的にクリニックになっている。精神病センターだ。大学は乗っ取られた。見えないところでソフトクーデターが起こった。「わたしはトリガーを引かれた」とか「わたしには安全な空間が必要だ」といった被害者志向がどこからきたのか知りたいって？　そんなもの、もう見つかっている。

精神疾患と診断されてから「トリガー」に超敏感という役割を身につけるまでは、ほんのわずかなステップだ。これは自己実現的な予言と呼べるだろう。「わたしが精神疾患ならわたしは被害者だ、それなら周囲の人の言動でわたしは気分を害するはずだ……それを証明しよう」

精神治療薬には危険な不安定化作用があって、こうした態度を強める。実際、薬が、生活環境に対する誇張され、歪《ゆが》んだ感受性をつくり出していることは間違いない。大学構内で暴力的で攻撃的な振る舞いがこれほど多い原因を知りたいって？　そんなもの、もう見つかっている。原因は精神治療薬、とりわけ抗うつ薬とＡＤＨＤ《注意欠陥多動性障害》の即効薬だ。

※全文はjonrappoport.wordpress.comに掲載されている。

ラポポートは学生の精神が罠《わな》に落ちる流れを説明している。まず、大学の勉強や生活でストレスなどの感情が起こる。成績がよくなかったり、対人関係がこじれたり、どんなことも理由になりうる。精神科医のカウンセリングや医療アドバイスを求めると、それが精神医学的な「支援」になり、以前なら「成長」と呼ばれていた状態について、でっち上げの症状で診断が下される。

わたしたちは感情の医療化、人の成長に不可欠な経験の医療化を目の当たりにしているのだ。ラポポートは約３００種類の公式の精神症状を一覧にした。その数は、診断の根拠もないままに「ハエのように増加」しているという。

１９９４年にはある医療チームによって、全部で２９７ある公式の精神疾患すべてに定義と名称が与えられた。ラポポートは、そのチームを率いたアレン・フランセス博士の言葉を引用している。ずっと後年のものだが、それによると「精神疾患に定義などない。すべて戯言《ざれごと》だ。つまり、定義などできないということだ。……こうした［明確な精神疾患の］概念を正確に定義して明快な境界線を引くことは、ほぼ不可能だ」ということだ。

学生の感情的ストレスは、こうした定義のない症状のどれか――たとえば双極性障害――に「診断され」、精神分析医がそう言いさえすれば抗精神病薬が処方される。ビッグ・ファーマの金庫を満たすリタリン（化学的にコカインに類似）、リスペリドンなど多くの向精神薬の影響には次のようなものがある――偏執性妄想、妄想性精神病、軽躁《けいそう》・躁症状、アンフェタミン《幻覚発現剤》中毒様の精神病、精神病症状の活性化、依存性精神病、幻視、幻聴、ＬＳＤ型の奇妙な体験、病的思考プロセスへの影響、過度の引きこもり、恐怖感情、攻撃性（ただしこれに限定されない）。

ドラッグ投与で振る舞いが劇的に変わると、ビッグ・ファーマにコントロールされた（ということは〈クモ〉にコントロールされた）精神分析医は、まだ精神症状が出てくるようだから、薬を増やすか別の薬を試す必要があるのだという説明をする。これはツルツルの滑り台のようなもので、世代全体が破壊されかねない。ラポポートによれば、いわゆる抗精神病薬を処方されて脳の運動領域に損傷を受けた事例が、アメリカだけで少なくとも30万件あるという。

　こうした薬剤の効果を詳しく調べていくと、あの「安全な空間」の要求の多くがどこからくるのかがわかる。気分を害されることを偏執的に怖がり、何もかもが危険に見えてくるのだ。すべての事例がこれで説明されるわけではないが、当局の設定したＰＣのパラメーター《設定値》と薬剤のつくり出す精神病的雰囲気を合わせれば、多くは説明がつく。しかもこの雰囲気は感染性で、薬剤を服用していない者にも広がっていく。その上、すべては意図的に行われているのだ。もうすぐ大人になって社会の意思決定をする立場になる世代の精神を乗っ取り、抑圧しようとしているのである。インサイダー《部内者》で『すばらしい新世界』を書いたオルダス・ハクスリーは、現在起こっていることを１９６１年の講演で予言することができた。なぜなら、すべてはアルコーン・レプティリアンの〈クモの巣〉による長年の計画だからだ。

　次の世代になる頃には、人びとが隷属を愛するようになる薬理学的手法が出現し、涙なしの専制政治が生まれるだろう。言わば社会全体のための、ある種の痛みを伴わない強制収容所を生み出すのだ。そうなれば、人びとは、実際には自由を奪われているのに、それを喜ぶようになる。なぜならプロパガンダや洗脳によって、あるいは薬理学的手法で強化された洗脳によって、反抗したいという欲求から目を逸《そ》らされるからだ。これは最終革命になると思われる。

今日大学キャンパスで起こっていることは明日の世界で起こる。いや、明日でさえない――これはすでに起こっていることなのである。

無知・妄想の新体制派PCが気勢を上げるバカぶり！
トランプというトリガー――「クリントンの死者数」
腐敗・悪業ぶり暴露 人を陸続と殺害!!

ドナルド・トランプの勝利に対するゼリー世代の反応には、合衆国での政治的な情動を見ることができる。ゼリー世代とその仲間の進歩主義者は、その代表格である「反体制派」（と見せて実は体制派）の映画監督マイケル・ムーアを筆頭に、ヒラリー・クリントンの敗北で大恥をかいた。彼らはあまりに自己陶酔的で、無知で、プログラミングされているため、これまでの政治家で最も邪悪で腐敗したひとりが大統領選に負けたことで、トリガーを引かれてしまったのだ。トリガーを外すのに役立つかもしれないから、簡単に説明しておこう。

ヒラリー・クリントンは、建前上の「夫」ともども、言葉では伝えきれないほど徹底した、ショッキングなまでに腐敗した人間だ。ふたりが去ったあとには死者の長いリストが残されていて、1990年代から「クリントンの死者数」と呼ばれている。長生きなんかしたくないって？ それならクリントンに逆らうことだ。

2016年の大統領候補指名レースの最中に、民主党全国委員会（DNC）で働くセス・リッチをめぐって奇妙な事件が起こった。一部から、ウィキリークスにDNCの大量のEメールを流出させたのはリッチだという噂《うわさ》が流れたのだ。そのEメールは、親クリントンで反バーニー・サンダースの民主党指導層が、民主党の候補者指名レースでクリントンを勝たせるために画策していたことを暴露するものだった。流出したEメールからは、CNNの政治アナリスト、ドナ・ブラジルがテレビ討論会の質問を前もってクリントンに渡し、トランプに対して有利になるようにしていたことも明らかになっている。するとそのタイミングで、DNCと主流メディアが嘘《うそ》を売り込んで、Eメール流出の背後にはロシアがいて選挙を操作したと報じた。

ブラジルは驚くほどの図太さで、ロシアは「選挙を操作し、わが国の民主主義を混乱させ、信用を落とし、破壊して、ロシアにとって好ましくて利益になるような結果を生み出そうとした」と発言した。

セス・リッチはウィキリークスのEメールが公表される直前に「武器を持った強盗」によって自宅近くで射殺された（「強盗」は何も盗まなかった）。リッチが最後に目撃されたバーのマネージャーは、警察はスタッフの話も聞かず、防犯カメラを見せてくれとも頼まなかったと語った。ワールドネットデイリー（WND）は公式ストーリーに疑問を投げ掛けている。

またWNDはリッチの事件と、ビル・クリントン元米大統領および大統領選挙に2度敗北したヒラリー・クリントンにつながる複数の個人の死亡事件とのあいだに、不気味な類似があることも報じてきた。リッチ事件と同様に、何人かの人物が、突発的な銃撃によって謎の死を遂げている。それも公共の場で、あるときは後ろから、あるときは身元不明の殺し屋によって、しかも多くは、クリントン夫妻の活動に不利な証拠を発表しようとした矢先に、である。ほぼどの事件でも、犯罪現場に盗みが行われた形跡はなかった。自殺として処理されたものもあるが、残りの事件は未解決のままになっている。

「クリントンの死者数」については、わたしも1990年代からいくつかの本で取り上げてきた。死者数は今も増え続けている。PCの学生進歩主義者とその主流社会にいる同類は、クリントンを調べもしなかった上に、クリントンと民主党指導層がさまざまな出来事を操作して候補者指名レースの対抗馬——進歩主義者のイチ推しであるバーニー・サンダース——が勝利できないようにしたことを裏づけるEメールが流出したあとでさえ、クリントンを支持した。クリントンが女性で、しかもトランプではないからだ——まだほかに何か知りたいって?

では、この怪しげな「女性の権利」の砦《とりで》がサウジアラビアの「王室」と緊密につながっているというのはどうだ。彼らはクリントンに数百万ドルもの資金を提供する一方で、国内では、女性に対して想像もできないほどおぞましい扱いをしている。あるいは、政府ないし軍のマインドコントロール・プロジェクトでクリントン夫妻が女性たちに言葉にできないような虐待をしていたことはどうだ。こちらはキャシー・オブライエンが『恍惚《こうこつ》のうちに作り変えられるアメリカ』やほかの多くで暴露していることだ。いや、そんなことがあるはずはない、彼女は女性だから女性をいたわるはずだ。理屈で考えればそうだろう？

進歩主義者の無知は、女優のメリル・ストリープがヒラリー・クリントンを称賛したところにも表れている。クリントンのホラーショーを少し調べただけでも、ストリープは混乱して赤恥をさらすことになるだろう。しかし彼らは調べもしなかったし、これからもしないだろう。

それどころか多くの学校や大学は、自分たちのヒロインの敗北とトランプの勝利に打ちひしがれる学生の心を癒《いや》そうと、セラピー集会を開催した。地域を挙げての「クライ・イン」や「セラピー・ドッグ」、集団ヒステリーのほか、ヴァーチャルリアリティ《仮想現実》を使ったリベラル・アメリカ・シミュレーターが別の宇宙を用意して、そこでの選挙でクリントンが勝利するという、現実とは違う結果が作り上げられた。そのあとは暴力的な抗議行動になり、誰もが憎悪の表情を浮かべながら、トランプはヘイト商人だと叫んでいた。

わたしはトランプもクリントンも支持しない。意識的精神にとっての本当の問題は、〈システム〉がアメリカを操作して、クリントンかトランプかを「選ぶ」ようにさせたことにある。

ＰＣの進歩主義者は全体として自己陶酔が過剰で、不満な結果を招いたのは自分たち自身だということがわかっていない。それは、ブレグジット《イギリスのＥＵ離脱》の国民投票で屈辱を覚えたイギリスの進歩主義者も同じだ。こうした結果になったのは、両国で大勢の人びと――たいていは白人労働者階級――が、長年にわたって体制《エスタブリッシュメント》から無視されてきたことに加えて、ＰＣ進歩主義者が表現の自由を検閲して、コミュニティへの大量移民による影響などについて、人びとが思いを語る権利を奪ってきたからだ。聞いて、理解して、開かれた討論をする代わりに、ＰＣ旅団は「人種差別」「偏見」といった侮辱の言葉を浴びせた。虐待され、無視されてきたことの不満が、体制《エスタブリッシュメント》やＰＣを支えている〈システム〉の拒否につながり、それがＥＵによる中央集権的専制政治への反対票となり、反体制派である（と誤解した）トランプへの支持票になったのだ。

進歩主義者は、今では新たな体制派、権力者、〈ビッグ・ブラザー〉となっている。人びとがその専制政治を認めなければ「クライ・イン」や「セラピー・ドッグ」を呼びかけるのだ（図４２５）。彼らには、自分たちが作り上げたものの責任を取る気など毛頭ない。鏡を見ることはＰＣに反するのだ。

ＥＵや欧州中央銀行（ＥＣＢ）、ＩＭＦがでっち上げた債務危機のせいでギリシア国民は押しつぶされ、磔《はりつけ》にされているというのに、欧州議会の進歩党や緑の党はどこにいるのだろう。債務危機によって１５０万人が極度の貧困に陥り、高齢者の年金支給は7年間で17回も止められている。

進歩党の誇大宣伝を信じるなら、今こそ最前線にいるはずなのに、彼らは一体どこにいるのだろう。どこにも姿が見えない。きっと会議でも開いて、誰かが「男」と言ったと訴えているのだろう。本当に「進歩主義」の運動が反体制的ならば、チンギス・ハンほどの権力を持つ億万長者から、なぜあれほどの額の資金提供を受けているのだろう（詳しいことはあとでふれる）。

イギリスの医師で精神分析家でもあるアンソニー・ダニエルズは「セオドア・ダルリンプル」と

図425：「リベラル」を自称する専制政治。

図426：PC（政治的公正）の反転——そのために戦っているはずの多様性を自ら破壊する。

いうペンネームで、政治的公正は感染性があるらしく、ある種の慢性的な集団ヒステリーのように脳から脳へと広がっていくと述べている。ダニエルズは、これを資本主義の仕組みと比較している。資本主義では、生き残るためにはつねに新しい欲求を刺激して、資本のシステムを拡張していかなければならない。それと同じで、政治的公正も「検閲と言語改革、マイノリティのための合法的特権を組み合わせて、つねに是正すべき新しい不正を発見しなければならない」。それが、PCが生き残る道なのだ。

ダニエルズは、政治的公正にとっての生きる意味は政治的煽動《せんどう》だと言っている。「ダルリンプル」が、政治的公正とは、権力に向かって真実を語るべきときに、真実に向かって権力を語ることだとしているのは正しい。PCは「リベラル」と「多様性」を反転させるものなのだ（図426）。

ヤワな「雪片」世代vs怒れる老人集団 作られた分裂――EU＝専制政治翼賛の愚を見よ!! 便乗する進歩主義者（何が「反ファシスト」だ!!）

PCプログラムに惑わされない人たち――若者もそれほど若くない者も含めて――幻想の向こう側を見通せる人たちは、自由のすべての柱がなくなる前に立ち上がらなくてはならない。このファシズムに怖じ気《おけ》づくのではなく、その目を真っ直ぐに見据《みす》えることだ。わたしたちがやらなければ、ほかにやる者はいない。当然のことながら、スノーフレーク（雪片のようにヤワな）世代はやらないだろう。かつての学生は言論の自由のために行進したが、今のスノーフレーク世代は言論の自由に反対して行進する。彼らは、自分たちを生涯にわたって奴隷化しようとする勢力に目を向けるどころか——ましてやそれに異を唱えるどころか——最前線に立って、次に取り除くべき基本的権利と自由に圧力をかけている。

ＰＣのにわか進歩主義者を熱烈に支持しているのは、その政治部門でＰＣに取り憑《つ》かれた各国の緑の党と、議論することと暴言を吐いたりスローガン《運動目標》を叫んだりすることを混同している一部の政治的左派だ。スノーフレークにとって事実は問題ではない。調べることも信じることもまったく無関係だ。彼らの知覚を動かすのは感情であって事実ではないから。

わたしたちはポスト事実の社会に暮らしている。わたしは、学生が、トランプの渡航禁止リストの大半がイスラム教国であることに抗議するのを見たことがある。彼らはリストの国名を挙げろと言われても答えられなかった。事実は問題ではない。感情だけが有効なのだ。作られた分断が高齢者と若者を引き離しつつある。高齢世代の時代は終わったのだからスノーフレーク世代に道を譲るべきだと言われる。50歳、60歳、70歳、80歳の経験は重要ではない。スノーフレーク世代はすべて知っているからだ。

反高齢者運動はブレグジットで最も顕著に現れた。ＥＵからの離脱に投票したうちの大多数は高齢者だったのだ。スノーフレーク世代は、高齢者は若者の未来を破壊すると非難し、自分たちは自分たちの未来を守るために投票したのだと主張する。スノーフレーク世代のプログラミングとは、自分たちが一度も票を投じたことのないダークスーツの官僚どもに支配され、そう投票するように命じられているだけで、自分たちの未来を保障する政体の名前を挙げることさえできない。

高齢者がブレグジット《イギリスのEU離脱》に投じたのは、小児性愛者で悪魔崇拝者のエドワード・ヒースが1973年に欧州連合（EU）の前身である欧州共同体（EC）にイギリスを加盟させて以来、自分の国やコミュニティ、自由がどれほどの影響を受けて来たか、十分に見てきたからだ。スノーフレーク世代はEUの専制政治しか知らない。これが高齢者と若者の見方を分断し、スノーフレーク世代を体制側と結びつけている本当の理由だ。しかも、EU残留のキャンペーンは体制《エスタブリッシュメント》がほぼすべて取り仕切っている。世間を知らない若者なら心を動かされるかもしれないが、EUへの残留は、自由にとっての致命傷となる危険を孕《はら》んでいる。

この精神構造の一端を示しているのが、EU支持者の小説家イアン・マキューアンだ。マキューアンは、ブレグジットの国民投票を勝ち取ったのは「勝利してなお苛立《いらだ》つ〈怒れる老人たち〉の集団」である、このかつての〈怒れる若者たち〉は「今の若者の意思に反して国の未来を形づくろうとしている」と述べている。しかし、マキューアンが挙げた人びとは、EUのしてきたことを長年見てきた者であって、EU支配の下で生まれて比較する羅針盤がない者とはわけが違う。彼の言う「老人たちの集団」には、第二次世界大戦で5年間にわたり、想像を絶する状況下で、ヨーロッパを支配しようとしたナチスを食い止めるために戦った人たちも多く含まれている。あのときのヒトラーが思い描いていたものは今の欧州委員会とよく似たもので、勝利の暁には、中央集権化された官僚機構による大陸支配を構想していた。

マキューアンはいい奴《やつ》だと思うのだが、EU支持者の会議では、投票権のある反EUの高齢者は

2019年までに数千人が「墓に入る」はずだから、この国ももう少しEU残留を「受け入れる」ようになるに違いないと発言している。高齢者の意見表明権など気にしなくていい――待っていればそのうち死ぬから、そのときには欲しいものが手に入る、ということだ。

イギリスの進歩主義者リチャード・ドーキンス教授は、現実を根本的に誤解しているくせに自分では伝説的人物だと思っている男だが、彼はブレグジットに賛成票を投じた者を「愚かで、無知な連中」だとこき下ろした。「複雑で高度な知識が必要な歴史的な決断の責任を、そんな資格もない愚か者に委ねるのは公正を欠いている」。これはきっと鏡を手に持って発言したのだろう。アメリカの俳優マイケル・シャノンも進歩主義者で、何も知らないままにヒラリー・クリントンを支持している。そのシャノンが、ブレグジットに賛成票を投じた高齢者を、二重の罪を犯す者として攻撃しているのは、ドーキンス以上に不愉快だ。この驚くべき知性の持ち主はこう述べた。

高齢者の多くは、自分たちがよい生活を送ってきたことを認識する必要がある。だからそろそろ立ち去るときだ。わざわざ出かけていって、こんなバカな票を投じるのだから。18歳から25歳の若者を見てほしい。彼らに任せればヒラリーが大統領になっていただろう。だからといって高齢者を責めているのではない。わたしの母も高齢者だ。けれど、もしトランプに投票するようなら、もう骨壺《こつつぼ》に入るべきだ。

どの点から見ても「進歩主義」は新たな専制政治だ。しかも、自分のことを「反ファシスト」と知覚している連中が動かしているのだから、これはもう皮肉の中の皮肉だろう。〈エリート〉の操り人形である教皇フランシスコはこれを執筆している時点で80歳だが、世界の企業に老人を若者と置き換えようと呼びかけた——もちろん自分がそこに含まれない限りは、ということなのだろう。教皇は、老人は「年金」だけを受け取るべきだと言おうとしたのだが、そうならないことは本人がよく知っている。

進歩主義政党は若者を代表していると言うが、彼らは若者を利用しているだけだ。圧力はイギリスの進歩政党内でも高まっていて、選挙権年齢を16歳に引き下げて「若者に声を上げる機会を与える」という動きがある。しかしこれは見せかけの誠実さにすぎない。彼らは、若者が進歩派政党に投票するということをわかっている（しかも若者は本当のアジェンダ《実現目標》のことは知らない）、選挙権年齢を下げたいのは純粋に政治的な理由なのだ。

イギリスの進歩派である自由民主党の元党首ニック・クレッグは恐ろしいほど無能な男で、二度目のブレグジット国民投票を要求した。その際には「30歳未満の若者の票には2倍の価値を与えるべきだ。これは彼らの将来に関わる投票だからだ」と主張した。これはさらに若者を利用するものだ。

EU崇拝者のクレッグは、EUの専制政治に残留したくてたまらないから、どんな口実でも使うし操作もする。高齢者と同じ人権を有することが問題だという若者と進歩主義者には覚えておいてほしい――自分たちもいつかは年を取り、今高齢者に要求している世界に暮らさなくてはならなくなるということを。高齢者を悪者にする動きは今後もどんどん深まっていく。そうしたことのすべてが高齢者のための「死の錠剤」につながるからだ。だが、詳しいことはあとで述べることにしよう。

極左＝極右の滑稽なる狂態!! 反ファシストによるファシズム――実は政治的ファシスト支持「反ファシスト」ラベルはブランド

進歩主義のグループには、暴力を正当化するところまである。根拠は、ファシストはそもそも暴力的なものだから自分たちにもその権利がある、というもので、だから暴力的になる権利があるというのだ。ブラック・ブロックと呼ばれる抗議戦術を行う集団やアンティファ（Anti-Fascist《アンチ ファシスト》の略）がその例で、ブラック・ブロックの参加者は黒い服とマスクを着用してひとつの塊《ブロック》になる。こうしたグループは多くの国で活動し、暴力を用いて「あらゆる形態のあらゆるファシズムを叩《たた》きつぶす」と誓っている（これには自分たちは含まれるのだろうか）。彼らは「極左」を自称しているが、例によって、政治の左右は実際には円環を成している。そこでは「極左」と「極右」が同じ点で重なるので、行動も同じになってしまう。互いに敵対しているが、実は両者は同じもの――定常波――なのだ。違うのはラベルだけだ。

ブラック・ブロックをするグループもアンティファも、性差別、人種差別、階級差別には反対するが、暴力主義には反対しない。どちらも、トランプの大統領選勝利と２０１７年のドイツ・ハンブルクでのG20首脳会議を受けて、カリフォルニア州立大学バークレー校での暴力的な抗議活動に関わった。ふむ、どうやら今は抗議と行動主義が幼児化しているようだ。なかにはきっと本物の人間もいるのだろうが、わたしが見たことから判断すると、彼らは怒りに支配された、どうしようもなく画一的な偽善者で、ケンカの場を探しているだけだ。もちろん警察による挑発もあるが、彼らにも言い分があるなどとは言わないでほしい。彼らは暴力を振るうという意図で参加している。そうすることで、平和的にデモ行進している大多数の信用を落とそうというのだ。

　では、それで得をするのは誰だろう。彼らが抗議していると主張している相手だ。その一方で、誰が損をするだろう。本物の平和的な抗議者だ。彼らには同じ一般的なイメージがついてしまう。彼らの声は、それぞれの派閥のユニフォームを着た自分に甘い少年少女の怒りと暴力の轟音《ごうおん》にかき消されてしまう。心に憎しみを抱いていては何も変えられない。状況を悪化させるだけだ。

　ドイツのメルケル首相は、G20首脳会議の場所としてなぜハンブルクを選んだのか、ここは行動主義の中心地として有名ではないか、と質問された。しかしこれは、質問自体が答えになっている。暴力こそが、彼らが自分たちの政治アジェンダを推進するために欲しているものなのだ。〈エリート〉は、ブラック・ブロックをするグループやアンティファのようなファシスト的能なし集団を利用し、資金提供し、潜入する。標的とする人びとを黙らせるため、そしてアジェンダに不可欠な分断と支配のためである（第④巻の巻末のあとがきを参照）。一言彼らに言いたい。大人になれ。

　もうひとつ注視しておくべきものがある。今は専門の企業があって、金で働く偽の抗議者を提供したり、俳優に活動家や何かの大義の主唱者を演じさせたりしている。その一例がクラウズ・オン・デマンドという会社で、アダム・スウォートという人物がCEOを務め、政治家などのために集会やデモを主催している。

スウォートはアメリカ全土に2万人の俳優を抱えていて、そのほとんどと秘密保持契約を結んでいるのだが、本人は何の問題もないと考えている。「わが社は民主主義のプロセスの一部にすぎないのです。言わせてもらえば……」。いやいや、言ってほしくはないね。

インターネットのサイトにイギリスの若い白人男性の投稿した動画があって、掲げたプラカードには「議論の権利は守られなくてはならない」と書かれていた。書いてあることは十分公正だし、まったく正しい。これの何が問題かって？　だが、世の中に蔓延《まんえん》する認知的不協和や自己陶酔症候群で苦しんでいる人にとっては問題になりかねない。男性に向かって白人女性が別のプラカードを見せて嫌がらせをしているのだ。書かれているのは「ナチスのもみ合いはF**k off」。多分「fuck off（消えうせろ）」だと思うのだが、アスタリスク《小さい星印》でうまく隠しているのであまり自信はない（図427）。

女性は「自分の姿を見てみなよ、白人さん」と叫び、ほかの誰かが「あんただよ、この白人め」と怒鳴っている。これも観察としては満点だが、きっと彼は気がつかなかったと思う。そこへ黒いスカーフで顔を隠した進歩主義の男たちが現れ、黒いサングラスをかけた別の白人女性が現れて、間抜け連中に白人男性の前に立つようせかす。

図427：PC（政治的公正）の反転。

「議論の権利は守られなくてはならない」と書かれたプラカードの文字が見えなくなる。「みんなでそいつを隠せ、そのつまらないプラカードを隠せ」と自由の戦士たちが要求する。すると間抜けどもが「ナチスのもみ合い、ナチスのもみ合い」と唱えながら、白人男性を押しやって退場させる。「ナチス」と唱えながら自分たちがそれと変わらないようなことをしているのだが、しかし、彼らは精神（として通用しているもの）がすっかり凝《こ》り固まっているから、そんなことはわからない。ひょっとしたらバッテリーが切れかけているのかもしれない。この反転した世界では、進歩主義者はファシストのように行動している。これに比べれば、まだ「極右」のラベルを貼られている連中の方がおとなしいくらいだ。けれど、当惑した大多数の人びとは、現実ではなく、メディアの貼ったラベルを買ってしまう。特に「反ファシスト」のラベルに弱い。彼らは政治的ファシストを支持しているのだが、自分たちは「左派」あるいは「中道派」を名乗っている。この世界ではラベルが王様で、現実は敵なのだ。

分裂の解毒剤(力を合わせる)で!!
流れを変える――公正・正義・自由を指針に!
利己的な「嘆きの戦士」のミー・ミー・ミー政治でなく

しかし忘れてはいけない。どんな形態の〈プログラム〉にも騙《だま》されず、スノーフレークが見られないものを見ることのできる若者はまだ大勢いる。彼らはPC過激派による沈黙に頭《こうべ》を垂れるのではなく、わたしたちとともに立ち上がってくれるに違いない。それで人気が出るわけではないが、今の流れを方向転換させるには、それも仕方がないことだ。邪悪なナンセンスの正体を反ＰＣ、すなわちオールドスピークで暴く必要がある。うれしいことに、イギリスのジャーナリスト、アンドリュー・ピアスが大胆にもそれをやってくれた。記事の見出しは「ジェンダーファシストには我慢の限界！」というものだ。

ピアスがコメントしているのは、イギリス空軍（ＲＡＦ）がパレードでの女性軍人のスカート着用を、トランスジェンダー《身体と心の性の不一致》の応募者を嫌な気分にさせるかもしれないという理由で禁止したことについてだった。ほんの一握りが嫌に思う可能性があるからと、４４００人の女性全員のスカート着用を一律に禁止したのだ。これはマイノリティによる専制政治であり、集団が少数であればあるほど独裁権力が強くなる。典型的なＰＣのやり方だ。

ピアスが指摘したのは、イギリスでトランスジェンダーと自覚する人の数は国民６５００万人余りのうちの１パーセントに満たず、軍人３万２０００人中では３００人ほどしかいないということだ。市役所や教育委員会、さらには保育園までジェンダーの思想警察の奴隷状態にあるようで、しかもそれが世界中に起こっているとも言っている。オーストラリアのヴィクトリア州は数百万ドルを投じて、数千人の教師を対象に「人種差別と性差別をなくす」ための研修プログラム（マインドプログラム）を開始した。わずか４歳の子どもに、性差別主義者の価値観や信念、態度を見分ける訓練を施すという。アンドリュー・ピアスは次のように書いている。

トランスジェンダーのロビー活動はどうしてこれほどの影響力を持つようになったのだろう。その答えは過去20年で起こったことにある。ゲイの人びとが主流になり、市民パートナーシップと同性婚が広く受け入れられるようになったのだ。

だが、誰もが満足しているわけではない。わたしのように1980年代にカミングアウトして平等のために戦ってきたゲイが、新たに見つかった自由を享受しているだけでは満足できないのだ。わたしたちの中でも過激な人たちは、事実上の標準的主流ライフスタイルになったものに飽き足らなくなっていた。動機なき反抗者である彼らは新たな動機を見つけなければならなかった。そうして見つけたのが、ジェンダー政治だったのだ。

このあとにはツイッターの嵐が起こるに違いない。

わたしは、人が自分を何と呼んでも、どんな生活を送っても、それを他人に強制しない限り気にしない。人種やセクシャリティ《性のあり方》を理由にした差別は許されるべきではないが、自称「反差別」者の意見を理由とした差別も許されるべきではない。敬虔《けいけん》な者には偏見が見えない。女性の権利を求めて長年活動し、BBCラジオの「女性の時間」で司会を務めるジェニ・マレーは、ある新聞記事で、女性になった男性は「自然な」女性という意味では本物の女性ではない、ただしその選択をした人たちのことは尊重すると述べたところ、ツイッターの嵐に見舞われた。マレーは「偏見者」「恐竜」などと非難され、よくある独りよがりの怒りをぶつけられた。しかもＢＢＣは、どうやら彼女にＢＢＣの不偏不党というルールを再確認したらしい。この「不偏不党」というのは、ＢＢＣの従業員の発言が政治的公正のルール内に収まるか、ＢＢＣの方針に合うかだけを規準にして測定される。

サッカー番組の司会で年間１８０万ポンドを受け取っているゲーリー・リネカーは、ドナルド・トランプの大統領当選とブレグジットの国民投票に抗議したが、ＢＢＣはトランプにもブレグジットにも反対だったので、問題にされなかった。ジョージ・オーウェルはＢＢＣに勤務していたことがあったから、この二つの事例にある「よい偏見」（当局の同意を得たもの）と「悪い偏見」（当局の同意を得ていないもの）という概念を認識していたのだろう。

アンドリュー・ピアスが動機なき反抗者（つねに犠牲者性を探している被害者）を暴いたことは正しいし、あるレベルでは、それこそが今起こっていることでもある。しかし、さらに陰の裏へと踏み込むと、さらに大きな目的を達成するために、そうした心理状態が奨励され、悪用されていることがわかる。

体への執着と「肉体的」アイデンティティーの詳細は、アイデンティティーの政治、ミー・ミー・ミーの政治を生み出した。アイデンティティーの政治は自身の利益になる情報源と原因だけを支持する。何がすべての人にとって一番よいか、何が公正か、ただみんなのために、といった概念は、アイデンティティー執着者が支持する政治にとっては、もはや判断規準ではない。これは分断

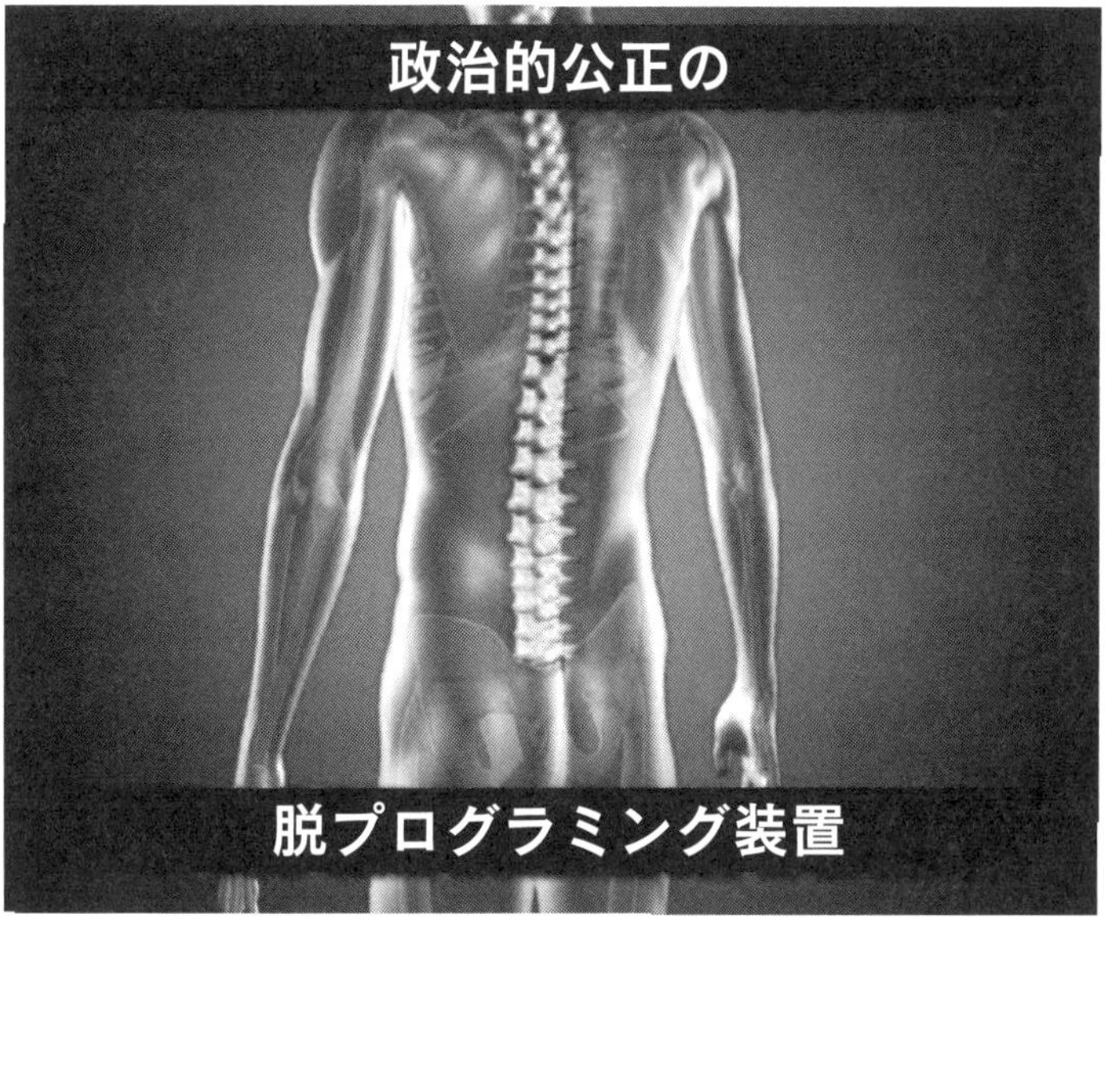

図428：こんなくだらないことはやめさせなくてはならない。

支配のもうひとつの表れだ。わたしたちは、利己的な嘆きの戦士のために、全員のための公正や正義を譲ってはならない。わたしたちは、人種や性のアイデンティティーではなく、公正と正義と自由を指針にする必要がある。

イギリスの下院議員でユダヤ人の故ジェラルド・カウフマンは、アイデンティティー政治など歯牙《しが》にもかけず、パレスティナ人に味方し、イスラエル政府を敵に回した。カウフマンはイスラエル政府を非難して、パレスティナ人の殺害を正当化するためにホロコーストを利用しているのは皮肉だとした。そして、ナチスに殺された祖母を想起してこう言った。「祖母が殺されたのは、ガザでパレスティナ人の祖母を殺すイスラエル兵士を擁護するためではない」

カウフマンはシオニストの過激派から支持されず、反ユダヤ主義に手を貸していると非難されたが、実際に彼が手を貸したのは、公正と正義と基本的な人間らしさだった。わたしたちは反ファシストのファシズムを押し返さなければならない。そして人類が、集団精神のコントロールを取り戻せるようにしなければならない（図428）。

政治的公正の本質は何よりも分断と支配だ。その断層線がさらに細分化され、やがて互いとの戦争状態になる。人類が自分たちで戦っているあいだに、アルコーン・レプティリアンの力は人類と戦う。多くの分断にトリガーを引ければ、それだけ彼らの支配は効果的になる。分裂への解毒剤は力を合わせることだ。

しかし、それのできた「時代」は遠い過去になってしまっている。

第11章
真実への恐怖

本が焼かれてしまったところでは、最後には人間が焼かれるだろう。

――ハインリヒ・ハイネ

「民衆煽動罪」制定しても！

ドイツは「自由」??——偏見を正すに検閲、言動禁圧

よほど後ろめたい事情（シオニズム関連）あり!!

政治的公正《ポリティカル・コレクトネス》は差別を終わらせるのではなく、知覚騙《ちかくだま》しと〈郵便切手の精神状態《ちっぽけ＆金太郎飴メンタリティ》〉を維持するために、標的とする集団を操作して標的とする集団を沈黙させるものだ。

ピーター・タッチェルが、偏見は議論や情報で対処するべきであって検閲によるべきではないと言ったのは正しい。わたしが日頃から警戒しているのは、人も政府も、自分の主張に自信がないときには他人の見解を禁じようとする点だ。彼らは何を恐れているのか？　なぜイスラエルやシオニズム過激派は、自分たちの行動を疑問視する者を厳しく禁圧するのだろう。自分で確信しているなら気にならないはずだ。だが、彼らはとても気にしている。彼らにはわかっているのだ——自分たちの背景や人種差別、偏見が暴露されたら、多くの人びとは、さまざまな出来事を別の視点から見るようになってしまう。だから自分の主張については議論せず、自分に同意しない人を禁圧するのだ。

ドイツは、そうした自由の消去に関して地球上で最悪の国だ。この国の「民衆煽動罪《せんどうざい》」という法律は定義が幅広くかつ曖昧《あいまい》で、理論上、あらゆる政治的発言に適用することができる。自由を標的とする検閲法はふつう、意図的に曖昧な用語を使って、可能な限り幅広い解釈ができるようにしておくものだ。「反テロリズム」法が、標的はテロリズムだと言っておきながら、成立後は国民全体

に適用されるのと同じだ。わたしがドイツの複数の都市で講演会を開こうとしたら、十数カ所の会場で予約を断られた。予約できたところでも、憎悪に満ちたシオニストの「反ヘイト」グループからの威嚇《いかく》と脅迫によってキャンセルされてしまった。「自由」と言われるドイツでは、何千人という人たちがわたしの話を聞きたがっているのだが、〈システム〉に支えられた少数の偏見者によって――そしてゼリーの背骨をした根性なしの会場所有者によって――そんな基本的人権すら否定されてしまう。

最も悪意ある例がベルリンのマリティムホテルだった。2017年10月ということで予約を受けつけ、契約まで交わしておきながら、イベントのキャンセルをメディアに伝えただけで、今日に至るまで、こちらには連絡もしてこない。理由を訊《き》こうとしても電話にも出ない。契約と顧客をバカにした話だ。マリティムホテルの広報担当者がメディアにこう語った。「残念ながら、わたしどもは予約受付時にデーヴィッド・アイクがこのイベントに参加することに気づいていませんでした。あとになって知りました」。この発言には驚きだ。事前に送った会場配布用の資料には、わたしの写真も経歴も、講演の性質も添えられていたのだ！　イベントの手配を担当していた息子のジェイミーがベルリンに飛んでホテルの経営者と会い、契約をし、ドイツでほかの会場がキャンセルになった経緯も伝えている。

マリティムホテル・チェーンはキャンセルを決めた理由を答えなかったが、わたしにはわかっていた。それがいつものやり口だからだ。シオニスト組織が連絡してきて、わたしや講演内容について嘘を並べたために、会場所有者はイベントの予約と絶好の下剤の注文《解毒のチャンス》をキャンセルしたのだ。そんな主張がいかにバカバカしいか、いくらでも証拠を示せたのだが、何をしてもムダだった（図4 29）。

ドイツ・シュトゥットガルト市のカール・ベンツ・アリーナは、先の予約を取り消したのは、わたしの話が「異論の多い性質」のものだと聞かされたからだと言ってきた。なんてことだ。異論が多い意見を発してはならないのだ。もしそうなら、言論の自由はどうやって生き延びればいいのだろう。アリーナの声明は、彼らが遵守《じゅんしゅ》しているのは「ドイツ基本法の価値観であり、そこには言論の自由の権利も含まれているが、当然のことながら、それはわが国社会の民主主義の原則に従う限りにおいてのみである」とした。わたしたちは言論の自由を信じる、だが、というわけだ。このように、いつも「だが」がついて回るのは、要するに言論の自由を信じていないからだ。そんなのはただの戯言《ざれごと》だ。わたしはもっと自由を、民主主義と呼ばれるものを求めているのだ。それなのに、わたしは「わが国社会の民主主義の原則」に従っていないからと禁止される。この「従って」に注目してほしい。

ドイツでは、民主主義の原則は1時間単位で消去されていっている。情報と意見の自由な流れの破壊を正当化するためなら、口実は何でも構わない。ライターのベン・ナイトは、マリティムホテルの一件に関する記事で、何の証拠もなしに――まあ、あるはずもないのだが――わたしを人種差別主義者だとして非難した。証拠などあるはずがない。なぜならわたしはそうではないからだ。

図429：活用しなければなくなってしまう。

「ジャーナリスト」は、わたしに関しては何を言っても構わないと思っていて、とにかく責める側に立って自分の身を守ろうとする。さもなければ自分が「反ユダヤ主義」と呼ばれてしまうからだ。わたしたちが目にしているのは、恐怖と無知のヒエラルキーだ。彼らはわたしのことも、彼らが報じる世界のこともまったく何も知らないから、もう「フェイクニュース」というだけでは不十分になり始めているのだ。

ナイトは、わたしが多くの「人種差別主義の陰謀論者」のように、億万長者投資家のジョージ・ソロスを人類の敵と見なしていると語った。ソロスが多くのフロント組織を操作していることを暴露する情報は津波のように押し寄せているのだが、ナイトはそれについて何を知っているのだろう。そう、彼は何も知らない。ああ、しかしソロスはユダヤ人だ。だからわたしは人種差別主義者に違いない、というわけなのだ。これがメディアの精神構造だ。数十億の人びとは、ここから、人間と世界についての見方を学んでいるのだ。

ナイトのインターネット記事には、David Icke, anti-Semitism and Holocaust denial（デーヴィッド・アイク、反ユダヤ主義、ホロコースト否定）というキーワードがタグ付けされていて、検索エンジンではこの三つがつながって出てくるようになっている。こんなものがジャーナリズムと呼ばれているらしいのだが、ここで、ドイツでウド・ウルフコテの身に起こったことを思い出してほしい。ドイツは自由の国だと宣伝しているが、実は専制政治だ。「ジャーナリスト」がわたしのような者を攻撃するのは、自分たちに暴露するべき機密情報や根性もないからだが、その一方で、彼ら自身の表現の自由は日ごとに消えていっている。「公共サービス」ＺＤＦボンの元会長ヴォルフガング・ヘレス博士は、ＺＤＦなどのテレビ放送は、何を報道するか（そして何を報道しないか）をドイツ政府から指示されていると語っている。

わたしたちには問題がある——今は主に公共メディアについて話しているのだが——わたしたちは政府と緊密な関係にあるのだ。これはコメントを主に連立政権〈システム〉の路線に合わせているからというだけではなく、政治階級によって定められたアジェンダ《実現目標》に、わたしたちが完全に取り込まれているからでもある。

「ホロコースト」を言論弾圧に悪用　シオニストの望まぬ真実は一厘も明かすな!!

検閲正当化の要——「反ユダヤ主義」は摘発の金科玉条

同じことは世界中で見られる。主流メディアを拒絶する人が急増してきたので、〈エリート〉は堕落しやすい者を取り込み、清廉潔白《せいれんけっぱく》な者の口を閉じさせるために、オルタナティブメディアに目を向けた。人種主義者という恣意的《しいてき》なラベル貼りを別にすれば、ナイトの記事で一番笑える（かつ悪意を感じる）のは、ドイツの人種差別を監視するＮＧＯ「アマデウ・アントニオ財団」のジャン・ラッチェを引用していることだ。

ラッチェは、わたしのドイツでのイベントがキャンセルされたことを「歓迎」した。自分の見解が検閲されない限り、他人の検閲は問題ではないからだ。引用の冒頭にはこうある。「デーヴィッド・アイクは陰謀論のイデオロギーシーンに大きな影響力があるが、それはとりわけ反ユダヤ主義の拡散によるものである。それがドイツ国民にアピールするのは、ドイツ人がホロコーストで犯した人道に対する罪からの一定の救済が提供されるからである」

ドイツ人全体に対する何という中傷だろう。しかも、いつものことながら、ホロコーストが検閲正当化の要《かなめ》となっている。今の検閲を正当化するためにナチス・ドイツの出来事を利用しているのを見ると、本当に胸が悪くなる。個人的なアジェンダを追求するためにあの連中を利用するのにはもううんざりしているのだが、これはいつもの手だ。誰かを「ホロコースト否定者」だと責めたてて、すべてのドアを閉ざすのだ。

しかも、これには独房のドアも含まれていて、ドイツでは、歴史について別の意見や見解を持つと投獄される。わたしは必ずしも彼らには同意しないが、歴史の見方が違うからという理由で――どんな解釈をしているにせよ――投獄されるというのは、ファシズムのひとつの表れだということはわかる。なんという皮肉だろう。

ラッチェのヒステリーが絶頂に達するのは、わたしがレプティリアンという言葉をユダヤ人のコードとして使っているという主張だ。証拠はあるのか――ない。ラッチェにそんなものは必要ないし、ベン・ナイトのようなジャーナリズム界の駒《こま》もそんなものは求めない。

こうして、ラッチェは本当にトワイライトゾーン《不可思議地帯》に入っていく。「人びとはレプティリアンに関するコードを解読する方法を知っている。アイクにそのつもりがあろうとなかろうと、その事実は変わらない」。このコードについてのコードを解読するとこうなる。「レプティリアンはユダヤ人を指すコードである。たとえそうでなくても、そうである」ということだ。これ以上に狂ったことがあるのだろうか――それが、まだあるのだ。

これもラッチェの珠玉の言葉だ。「バカバカしいと思えるだろうが、アイクの引き出す結論は、レプティリアンが陰で［世界の］糸を引いている、ゆえにホロコーストは起こってはいない――これが反ユダヤ主義というものだ」。もう言葉はいらないだろうし、言えることもない。また当然のことながら、この「反ユダヤ主義（anti-Semitism）」という言葉も昔からの誤用だ。この言語グループの大半はアラブ人なのだから。こうした話を紹介するのは、今は言論の自由の検閲がいかに容易かということを、そしてそれが、政治的公正《ポリティカル・コレクトネス》を最前線に押し立てて組織的に行われていることを強調したいからだ（図430）。

事実も、一貫性さえも必要ない。必要なのは虐待《ぎゃくたい》だけだ。「言論の自由」の本当の意味は、〈システム〉が望まないことは何ひとつ言うな、ということだ。この厳しいパラメーター《設定値》に従う者は、実際に存在しない自由があると信じている。従うための自由は自由ではない。ドイツでわたしの講演を禁止した連中がいい例で、彼らは自分ではそれを支持していると信じているの「だが」、実は自由な言論を軽蔑《けいべつ》している。ドイツの自由が幻想であることを何よりも雄弁に語っているのは、わたしたちが「ドイツ」でのイベントを、国境を越えてすぐのオランダ・マーストリヒトへ移さなけ

何を隠すことがあるのか
自分の立場に自信がある者は
他人の意見を禁じようとしない
(それをするのは専制政治だけだ)

図430：情報を恐れる者には必ず隠し事がある。

ればならなかったことだ。そうすることでようやく「自由な」ドイツ人は、わたしが話さなければならないことを聞くことができたのである。

わたしが「反ユダヤ主義」産業の攻撃にさらされるようになったのは１９９０年代後半からで、わたしがどれほどのものを堪《た》え忍んできたかは、ユーチューブに「David Icke, the lizards and the Jews」と入力してもらえればわかる。ドイツの会場がわたしのイベントをキャンセルした理由はほかにもあった。それはわたしが、エドワード・ヒース元イギリス首相を小児性愛者で悪魔崇拝者だとしたからだった（その17年後には目撃者が現れて、イギリスの警察がヒースの小児性愛者と悪魔崇拝者としての行動を調査するに至っている）。

「反ユダヤ主義」の検閲によってわたしは15年ほど孤立していたのだが、それが突如として再開された。２０１７年１月、マンチェスターで講演する予定だった週に、信用できない『ガーディアン』からインタビューの申し出があったのが最初だった。申し出を断ると、すぐに同紙のテレビ版とも言える『チャンネル４ニュース』からイベントを報道したいという要望があった。司会は万年ヴァーチュー・シグナリング《美徳の印を見せる》のジョン・スノウだった。これに同意したところ、24時間足らずのあいだにマンチェスターの会場に「反ユダヤ主義反対運動（ＣＡＡ）」から連絡が入った。ＣＡＡの要求も論調もショッキングな虚偽の話も、ジャン・ラッチェがのちに発するものとそこそこ似ていた。

長い間の孤独を経て、同じ24時間以内に偶然こんなことが起こった意味は明瞭《めいりょう》だった。わたしは、もう興味がないと『チャンネル4ニュース』に伝えた。わたしはこのつながりを証明できないし、主張するわけでもないが、あまりの偶然なので、罠《わな》に掛かるリスクはとらないことにしたのだ。『ガーディアン』だったかもしれないし、ひょっとしたら、本当にただの驚くべき偶然だったのかもしれない。

CAAの担当者はステファン・シルバーマンという男で、わたしのことを「現代のヘイト伝道師」と呼んだそうだが、マンチェスター会場にイベントをキャンセルさせることには失敗した。この会場では昔から講演してきているので、関係者もシルバーマンの話がナンセンスだと知っていたからだ。シルバーマンはイベント参加者に、講演内容を報告して不満に思うことがあれば教えてほしいと要請した。すると大勢が手紙を書いた――アイクは「反ユダヤ的」なことは何も言わなかった、それどころか人種に基づくアイデンティティーはバカバカしいことだ、わたしたちは互いを愛することが必要だ、自分たちが異なる経験を持つひとつの意識であることを理解するべきだと強く主張した、と。

CAAの調査・執行部ディレクターを名乗るミスター・シルバーマンは、イベント参加者の声を公にすることも、わたしに対するまったくの虚偽陳述を謝ることもしなかった。彼は次の標的で忙し過ぎたのだ。ギデオン・ファルターを会長とするCAAは、2014年8月に「私的な寄付」による資金で設立された。その同じ時期には、イスラエルが「境界防衛作戦」によって、人口の密集するガザ地区に侵攻して連日の空爆を行い、子ども500人以上を含む2000人以上のパレスティナ人を殺して世界を震撼《しんかん》させていた。CAAの資産《アセット》は、そのはなはだ疑わしい「世論調査」によって、あらゆる場所に存在する反ユダヤ主義を知ると、政治家その他の個人を標的に定める。衝撃的だが、CAAはチャリティ委員会に登録された「慈善団体」となっている。チャリティ委員会？ 人びとから言論の自由を奪おうとしているあの組織、イスラエル生まれでイギリスを拠点とするジャズミュージシャンで活動家のギルアド・アツモンの音楽イベントまで禁止しようとする組織が？ 理不尽にも程がある。下院議員のジェラルド・カウフマンなどは、ユダヤ人なのにCAAの標的にされ、死んでからも非難され続けている。

「ユダヤ人の金」がイギリス政府を倒すために使われていると言いふらすことでカウフマンは、陰謀および自国への背信行為でユダヤ人を非難するという、1世紀にもわたる大合唱に加担した。これは明らかに反ユダヤ主義である。労働党も採用している「反ユダヤ主義の国際的定義」は「ユダヤ人あるいは集団としてのユダヤの力について誤った、非人間的な、悪魔化するような、またはステレオタイプ的な疑い――とりわけ世界的なユダヤ陰謀説またはユダヤによるメディア、経済、政府、またはその他の社会的機関に関する神話（ただしこれに限定されない）――を主張することは反ユダヤ主義である」と明確に述べている。

同じ会合でカウフマンは「……なぜならわたしは、おそらくほかの誰も話せない方法であなたたちに話すことができるから」と語ったとも記録されている。つまり、ユダヤ人に生まれたことで自分は保護されるとほのめかすことで、他人に口をつぐむよう脅したのだ。反ユダヤ主義に直面した政治的公正は、ユダヤ人に適用される場合には、弱くて不道徳なものになってしまうのだろうか？

どこまでも真っ当なカウフマンは、人種的、宗教的偏見よりも人びとと正義を重んじた。しかしCAAは、カウフマンは「労働党と議会の両方に腐った汚点を残した。それは後悔と謝罪を示す純粋で公的な行動がなされるまで、両機関を蝕《むしば》み続けるだろう」と断言した。そうだ、みなの者、CAAや似たような組織に跪《ひざまず》け。身の程を知れ、というのである。

わたしには、高潔なユダヤ人男性の死に際してこんな不快な発言をするCAAにこそ腐った汚点があるとしか見えないし、彼らは基本的な人類の自由に対して、そうした腐敗の汚点をずっと残してきている。CAAはカウフマンの死に際して、イギリスの諸機関から「反ユダヤ主義」を一掃するためにこの運動を続けることを誓った――「たまたまわが国で最も長く下院議員を務めた一見無害な老ユダヤ人男性の口から偶然に出た言葉だという理由で、イギリスの諸機関を、有毒な人種差別が静かに看過される場にはしない」

言葉はこんな論客の面前では意味をなさない。ユダヤ人でさえ、シオニストの活動を批判することは許されないのだ。わたしたちが対処している検閲の専制政治はそれほどのものなのである。こうした検閲は、一方ではつねに何かを否定し続け、他方では行動によってそれを証明する。それなら、カウフマンが個人的な経験から言ったことが「誤り」だということを証明してみせてくれ。証拠を出せ。

シオニストのコラムニスト、ジョエル・シュタインが2008年に『ロサンゼルス・タイムズ』に書いた理由を説明してくれ。「誇り高きユダヤ人として、わたしはアメリカがわが民族の達成を知ることを望む。そうだ、わたしたちはハリウッドを支配している……ユダヤ人は非常に多い。わたしはこの業界を徹底的に調べたが、エンターテインメント企業で高い地位についている異教徒は6人しかいなかった」。ぜひとも Who runs Hollywood? C'mon'（ハリウッドを動かしているのは誰かって？　おいおい）で検索して全文を読んでみてほしい。とはいえ、シュタインがシオニストのハリウッド支配について指摘した内容をほかの者が指摘したら、間違いなく人種差別主義として非難されるだろう。シオニストの検閲は事実を扱わない。スローガンや嫌がらせだけだ。開かれた議論と対話がどこにつながるかを知っているからだ。

CAAとシオニストの世界的検閲ネットワークの一貫した政治目標は、イスラエルへの批判を反ユダヤ主義と同一視して、合法的な調査や異議申し立てからイスラエル政権を保護することにある（図431）。これは、ガザのような場所で起こっている恐ろしい出来事についての暴露を沈黙させるだけでなく、これから起こす計画になっている、もっと悪い出来事の暴露をも沈黙させるものだ。

ロスチャイルドの操り人形であるフランスのエマニュエル・マクロン大統領は、ベンヤミン・ネ

図431：地球上で最も人種差別的な宗教であるシオニズムは人種差別ではない。なんてステキな。

タニヤフとの共同会見でまさしくこの路線を取った。「われわれは決してヘイトのメッセージに屈することはない。われわれは反シオニズムに屈することもない。なぜならそれは反ユダヤ主義の焼き直しだからだ」

ふたりはさぞかしこの本を楽しんでくれるだろう。それに、マクロンの演説原稿を書いたネタニヤフはなんと親切なのだろう。ある国と政治運動への批判を人種差別と同一視することは、かなり陰険であるとともに、これから訪れることの前兆にほかならない。よほど大勢の人びとが気持ちを奮い立たせて、こんな専制政治の容認を拒否しない限り、それは起こってしまうだろう。

一方、イスラエルのアイエレット・シャクド議員がパレスティナ人について「これ以上小さなヘビが生まれないように母親を殺せ」と暴言を吐いたときには、いつもの「人種差別主義」の叫び声が静まった。これは旧約聖書のアルコーンの「神」から直接出てくるものだ。「あなたの神、主が嗣業《しぎょう》として与えられる諸国の民に属する町々で息のある者は、一人も生かしておいてはならない」(申命記《しんめいき》20章16節)

ヨルダン川西岸地区にある不法入植地で「ラビの会議」なる組織の議長を務めるシュロモ・マルマドは、ユダヤ人入植者に対して、パレスティナ人の貯水池に毒を流して彼らを追い出し、土地をイスラエル人のものにできるようにしようと呼びかけた。

イスラエルのラビ、シュムエル・エリヤフは、軍がパレスティナ人を逮捕するのをやめて、単に処刑するべきだと考えていて、２００７年にこんな発言もしている。「われわれが１００人殺しても彼らがやめなければ１０００人殺さなければならない。１０００人でも終わらなければ1万人を殺す。場合によっては１０００万人でも殺さなければならない」

イスラエルの軍人エロール・アザリアは、21歳のパレスティナ人男性が別の兵士にナイフで襲われ、傷ついてじっと横たわっているのを見て、その頭を平然と撃ち抜いた。世論調査では、イスラエル人の82パーセントが「裁判なしの死刑は正当化される」と答えた。当然のことながらアザリアは、ネタニヤフからいつもの熱心な援助を保障され、赦免《しゃめん》を後押しすると言われた。アザリアは、冷血な処刑の罪でもわずか18カ月服役しただけだった。ユーチューブにElor Azaria is filmed shooting the incapacitated man（エロール・アザリアが無抵抗の男性を射殺する様子を撮影される）と入力して、この冷血な処刑が正当化できるものかどうか確かめてほしい。

イスラエル人、とりわけ志願兵や徴集兵は、パレスティナ人を恐れて憎むように洗脳されているので、多くの者が彼らを人間以下とみなしている。このプログラミング《設計》による軽視があるために、彼らの精神の中では、どんな規模の残虐行為や虐待も正当化されてしまう。極端に病んだ一部のイスラエル人は、２０１４年のガザ侵攻でイスラエル軍が最新式のミサイルを使ってガザ市民を攻撃し、大量殺人を繰りひろげているときに、夜な夜な丘の上に座って歓声を上げていた。またイスラエルは、ガザ地区への電力供給を計画的に削減し、とりわけ病院に悲惨な結末をもたらしている。

イスラエル政権がエチオピアのユダヤ人やアフリカの黒人に愕《おど》くほどの人種差別をしているというのに、シオニストの非難はどこへ行った!? パレスティナ人をヘビだのゴキブリだのと言うイス

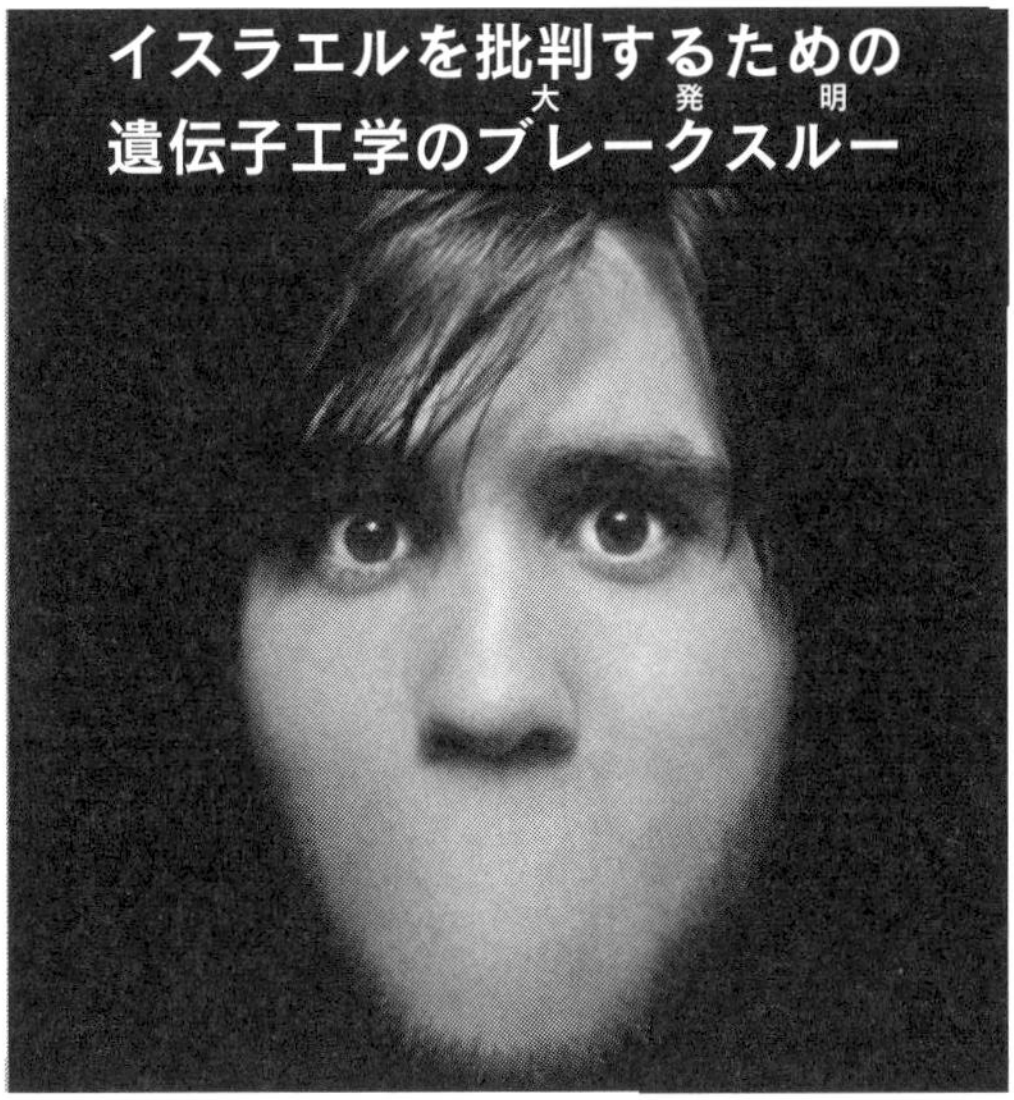

図432：言論の自由へのシオニズムの答え。

▼忘れずにアフリカのジャングルに帰れ !!!　おまえたちはイスラエルに不要だし、望まれてもいない！　自分の国に帰ってくれ！　アフリカに帰ってくれ！

図433：シオニストの人種差別は言葉にできないほど不愉快で、その偽善は信じられないほどだ。

ラエルの政治家への非難はどこにある⁉　イスラエルによる占領が始まって以来、1万5000人余りのパレスティナ人女性と少女が拘束されていることへの非難は⁉　子どもの投獄はどうなのだ⁉　ＦＢＩがテロ組織としてリストに挙げるユダヤ防衛同盟（ＪＤＬ）のような組織への非難はあったのか⁉　しかし、これはどれも人種差別ではない。そんなことを言うのは反ユダヤ主義だ。何も気にすることはない。さあ、次へ行こう（図432および図433）。

イスラエルの暴虐は許され給う、のだ!!
そして主は言われた……彼らを黙らせろ、と——「イスラエル反ボイコット法」
違反者は懲役20年!!オーマイゴッド!

シオニズムは長年にわたって、イスラエルの行動に疑問を投げかける者に関して、大西洋の両側の大学を検閲してきた。わたしたちはロシアの詩人で作家のエフゲニー・エフトゥシェンコの言葉を思い出すべきだ。「真実が沈黙に置き換えられたとき、沈黙は嘘になる」。パレスティナ人の扱いを取り上げるイベントの禁止が今、急速に進んでいる。エクセター大学とセントラル・ランカシャー大学は2017年、学生主催の「イスラエルのアパルト《人種隔離》ヘイト週間」でパレスティナ人の人権についての意識を喚起するイベントに介入し、これをキャンセルさせた。

これはイギリス政府が「反ユダヤ主義」の新たな定義を採用して以来、定期的に行われていることだ。その定義を作り上げたのは「国際ホロコースト追悼同盟」という明らかな偏見のある団体で、人種差別の解釈を拡大することで、そこにイスラエルへの批判を含めようとしている。なぜ人口8

00万人（そのうちユダヤ人は約600万人）の国への批判が法の規制を受けるのだろう――人口3億2600万人の合衆国を批判してもそんなことにはならないのに（まあ、まだ、というだけだが）。

イギリスの大学でおよそ250人の学者が言論の自由の破壊に抗議する手紙を書いたが、効果は出ていない。ユダヤ人学者のハイム・ブレシース博士は、新たな定義はシオニズムとイスラエルを批判から守るためのものだと言っている。「望むなら、あらゆる政治機関を批判することができるし、批判するすべきだ。［しかし］今は、わたしのようにイスラエルを批判するユダヤ人は反ユダヤ主義と言われる。これはナンセンスだ」。同感だ。しかし繰り返すが、狂気の中にもメソッド《方式》がある。イスラエルとシオニズム、そしてとりわけそのシャブタイ派フランキストの秘密結社の中核は、あらゆる反対派の口を封じることに取り憑《つ》かれている。それは母国でも同じで、シオニスト過激派でイスラエル教育相のナフタリ・ベネットは、イスラエルのすべての大学で教授が学生と政治について議論することを禁じ、各学部が政治関連の団体や組織と接触することを禁じる新たな「倫理規定」を押しつけた（わたしが「倫理」と「ナフタリ・ベネット」を同じ文中で書くのはこれきりだろう）。

イギリスのCAAは「イスラエルのアパルトヘイト週間」のイベントを「記録し、撮影し、写真を撮り、目撃証拠を手に入れる」ように支持者に促した。「われわれは、それを大学や学生同盟、あるいは警官に持ち込むのを手助けするつもりである」。なんという腹黒さだろう。この連中の傲《ごう》慢《まん》さには限度がない。Irish4Israel（イスラエルを支持するアイルランド人）と名乗るある団体は、キャンペーンを繰りひろげることでサウサンプトン大学にイスラエルについて議論することを禁止させ、その後はコーク校でも同じことに成功した。両校ともその理由を「安全上の懸念」とした。これはどういう意味だろう。脅迫でもされたのだろうか？ Irish4Israelはリッチー・アレンのラジオ番組でのインタビューを逃げた。自分たちの活動を正当化する機会だったのだが、彼らは「誰とでも議論する」と約束しておきながら、そこにはアイクと関わる者は含まないと言った。この「誰とでも」という言葉との矛盾は、主流メディアのようなくだらない質問をして丁寧に肯《うなず》く者なら誰とでも、ということを意味しているのだ。

狂気が新たな深みに到達したのは、ロンドン在住のフランス人芸術家フランク・アレーが、道路を横切る特定の場所に、人やよく見かける動物のシルエットを描いた27の道路標識をつくろうと考えたときだった。26までは問題なく、老人や猫、母親、赤ちゃんなどが描かれていたのだが、シナゴーグの近くの標識は、正統派ユダヤ教徒の男性だった（図434）。すると「反ユダヤ主義」だという声が上がった。

「ユダヤ人コミュニティグループ」がこれを「人種差別的な」行為として警察に通報し、滑稽《こっけい》な労働党議員のダイアン・アボットは「胸が悪くなる」「受け入れがたい」と嘆き（ヴァーチュー・シ《美徳の印を》グナリング《見せる》）、同じく労働党のデーヴィッド・ラミー議員は、この標識は「わたしたちのコミュニティには絶対にふさわしくない卑劣で不快な行為」になると言った（ヴァーチュー・シグナリング）。

図434：ユダヤ人地域にユダヤ人男性のシルエットを描くと「反ユダヤ主義」となる。

では、間抜けな議員どもはどうなのだ、彼らはわたしたちの議会にふさわしい人物なのか——残念ながらそのようだ。わたしの息子ガレスがツイッターで、ネタニヤフがいつかイランについての標識を非難するのを楽しみにしているとコメントすると、CAAがすぐに噛《か》みついてきた。「ガレス・アイクの本質を見た。ロンドンの『ユダヤ人危険』という警告標識に対する彼の唯一の反応は、ユダヤ人国家がその標識を利用するだろうと予言することだった」

皮肉にもこのコメントは、全面的なイスラエル政府の弁明者からのもので、ガレスはたしかにこの標識を利用して、反ユダヤ主義を確認することができた。そこで出てきたのが、ロンドンに設置された27の標識は本当は何なのかという話だった。さまざまな地域のふつうの光景を描いただけで、非難のプロはまったく滑稽なことになってしまった。作者のフランク・アレーは、それでも嫌な気分にさせたのなら謝る必要があると感じていたが、謝罪するべきなのは、この標識に人種差別の烙《らく》印《いん》を押した連中の方だ。だが、そんなことにはならないだろう。彼らには謙虚さもユーモアのセンスもないのだから。

イスラエル議会（建物はロスチャイルドが出資）は２０１７年3月に「イスラエル市民または永住権を有しない個人が、あるいはその人物の参加している組織または団体がイスラエル国家のボイコットを民衆に呼び掛けた場合、またはそのようなボイコットに参加することを約束した場合には」その人物の入国を禁止する法案を通過させた。これはＢＤＳ運動——ボイコット《不買》（boycott）、投資引き上げ（divestment）、制裁（sanctions）——に言及したものだ。

ＢＤＳ運動は、パレスティナ人がイスラエル人ないしパレスティナのユダヤ人と同じ権利を認められるまで、イスラエルの商品と、パレスティナ人の抑圧に奉仕するグローバル企業の商品購入をボイコットしようというものだ。ほかの国やアメリカの多くの州が、政府・自治体がボイコット参加企業と契約することを禁じる法案を可決した。では、彼らがパレスティナをボイコットするのはどうだろう。それは問題なしだ。アメリカ国民によるイスラエルへのボイコット支援が犯罪とみなされる「イスラエル反ボイコット法」はアメリカの上院議員45人、下院議員２３７人が署名して成立し、イスラエルのボイコットを支援するアメリカ市民は刑事責任を問われることになった。アメリカ自由人権協会（ＡＣＬＵ）は次のように述べている。

この法案は……アメリカ国民がイスラエルに対するボイコットを支援することを禁じるものとなる。これにはパレスティナ占領地区の入植地も含まれ、国連やＥＵなどの国際統治機関により実施される。法は拡張され、ボイコットに関する情報を求めただけでペナルティを科すなども含めるようになるだろう。違反した場合には、最低25万ドル最大１００万ドルの民事制裁金と、20年間の服役という刑事処罰がある。われわれはこの問題に関して、イスラエルあるいはほかの国に対するボイコットに賛成の立場も反対の立場も取っていない。しかし、アメリカ憲法修正第１条で保障された権利に則《のっと》り、政府がアメリカ国民を、その政治的信条のみに基づいて罰することはできないことを強く主張する。

イスラエルはアメリカの政治家に対してこれだけのパワーがある。ではなぜ、他国の人びとは守られないのに、人口800万人のこの国だけがボイコット《不買》から保護されるのだろうか。この法案の主な起草者はシオニストの上院議員ベン・カルダンで、草案を書いたのはアメリカの超シオニストロビー団体であるアメリカ・イスラエル公共問題委員会（AIPAC）のようだ。これでいいのかアメリカよ、立ち上がれ。

イスラエルは、BDS［ボイコット・投資引き上げ・制裁］のボイコットは……ええっと、ちょっと待ってくれ、何だっけ……ああ、いらいらする……そうだ、思い出した……反ユダヤ主義だと言っている。これは驚いた。今にも倒れそうだ。「イスラエルのアパルトヘイト週間」でBDSオーストリアが企画したイベントは、ホテル側からキャンセルされた。理由は「オーストリアのユダヤ人コミュニティの代表者を名乗る者からしつこい電話を受けた」からだとBDSオーストリアは語っている。「彼らはホテルの従業員を反ユダヤ主義だと脅迫し、あらぬ疑いをかけた上、詳しい説明もせずに、ホテルに対する抗議行動とボイコット電話を通告してきた。それによってホテル経営者は脅威を感じ、警察の保護を求めるまでになった」

「安全の問題」？「不快な」電話一本で！ アイク講演相次ぐキャンセルの闇——臆病が言論の自由をブチ壊す！ 根拠なしの会場側

ここから、例の「安全上の問題」でキャンセルされたイベントの裏にある本当のストーリーが見えてくる。これが、わたしのドイツでのイベントをキャンセルさせた手口なのだ。会場側はそう言わないで、別の言い訳で真実を隠そうとした。オーストリアのホテルの広報担当は、メディアには「不快な」電話がかかってきたからだと言っていたが、あとになって、キャンセルした理由は大規模な公開イベントを収容できなかったからだと言い替えた。なるほど、やはり、ね。こうして、臆《おく》病《びょう》さによって言論の自由は破壊され、立ち上がって守らないものは必ず失われる。最終的に言論の自由を破壊するのは検閲ではなく、彼らに、そして彼らの脅しと嘘に屈する者なのだ。

2017年8月にカナダで講演したときにも、こうした露骨な例があった。それまでわたしは、シオニストロビー団体とそのごますりでへつらいばかりの使い走り連中のせいで、10年にわたってカナダでの講演を禁止されていた。その後、講演用のビザを再度申請して、なんとか認められた。イベント会場を予約し、トロントとバンクーバーでは広告も打って、万事うまくいくかに思えた。ところがトロントの最初の会場から、とても信じられない理由で予約を取り消されてしまった。

別の会場としてメトロ・トロント・コンベンションセンターを予約した。そこのウェブサイトには「……カナダ連邦政府、オンタリオ州、メトロポリタン・トロントの共同事業」とあった。わたしに講演のビザを発行したのと同じカナダ連邦政府だから、問題はないはずだった。しかしそうではなかった。会場は2017年8月に予約を受けつけたので、契約書を交わし、ウェブサイトにイベントの広告を掲載した。7月半ばにはチケットはほぼ売り切れて、聴衆はホテルを予約した。なかには飛行機を予約する人もいた。そこへ、シオニストからホテルに1通の手紙が届いた。

1通だ。手紙には、わたしの講演を認めたことへの批判が記されていて、メトロ・トロント・コンベンションセンターはイベントをキャンセルしてきた。言論の自由を完全に軽視するとともに、チケット購入者への影響も完全に軽視した行為だ。手紙の送り主はいったい誰なのかと尋ねても、教えてもらえなかった。何が書いてあったのかと聞いても、やはり教えてくれなかった。ただ「民衆の反感」を恐れたからだということだった。

　わたしの世界講演は1年以上前から始まっていて、世界各地の会場でそれまで反感などなかった。このコンベンションセンターではG20サミットが行われたこともある。では、そのとき彼らは「民衆の反感」を恐れてサミットをキャンセルしただろうか？　いや、彼らは会場をフェンスと多数の武装警官で囲んだ。大量殺人と惨状をもたらす行動を呼びかけても、G20サミット参加者の言論の自由は必ず守られる。だがわたしのように、殺人と惨状を終わらせようと呼びかけ、その背後にいる連中のことを暴露する者は、沈黙させなければならない。これは、臆病さがあなたの言論の自由を破壊していること、遊び場の匿名のいじめっ子があなたの権利と自由を軽視していることを示す一例にすぎない。

　幸い、息子のジェイミーが優れたイベント・オーガナイザーだったおかげで、ごく短期間でほかの会場を確保することができた。受けた方もかなりの度胸で、いじめっ子に負けなかった。カナダは自由でオープンな国という評判があるが、実際には隠れた操作ネットワークのせいで、その正反対の国になっている。『赤ずきん』に出てくる変装したオオカミを思い浮かべてほしい――そう、それがカナダだ。あの国では言論の自由と研究はつねに検閲されているので、そうしたものは、一般人の耳にはほとんど届かない。さらに悪いのは自己検閲で、これは、いじめっ子を嫌な気分にさせたらどうなるかを知って臆病になることが原因だ。カナダのレスブリッジ大学でグローバリゼーションを研究していた終身教授のアンソニー・ホールは、イスラエルのフロント組織であるブナ《ユダヤ》イ・ブリス《組織幹部会議》・カナダが彼を黙らせるキャンペーンを繰りひろげたために「反ユダヤ主義」の疑いをかけられ、給与の支払いもされず、適正手続きもなしに停職にされてしまった。彼はこの大学で25年間教えていて、ただ〈9・11〉のような世界的な出来事の真実を追究してきただけだ。かつてはそれが学問の役割だったのだが、もはやそうではない。「カナダ大学教員組合」は、検閲とホールの基本的権利の否定を非難したが、そもそもこうした検閲で基本的権利が重要視されたことがあるだろうか。レスブリッジ大学については、メトロ・トロント・コンベンションセンターを参照した上で、どちらも「根性なし」のファイルに保管しておくことだ。

　根性なしということでは……わたしが抑圧された情報を暴いて流してきた影響で、シオニスト過激派は頭が混乱し、苛立《いらだ》っている。トロントでの講演キャンセルのすぐあとにも、イギリスで三つのイベントがキャンセルになった。マンチェスターのローリーホテル、マージーサイド州ウィラル半島のグラッドストーン劇場、シェフィールド市のシェフィールド・シティホールはどれも根性なしで恥さらしだ。

　世界の人口75億人のうちユダヤ人はおよそ１５００万人と推定されていて、その大多数は、イスラエルと修正主義（秘密結社）シオニズムのための操作活動などしていない。彼らは実際に何が起こっているかも、ユダヤの名がフロントやカバーとして都合よく利用されていることも、ほぼ何も知らない。自分がゲームの駒《こま》であることを理解していないのだ。しかし、残りの少数は高度に組織化されている。潤沢な資金を得て、専門集団の世界的なネットワークを形成し、イスラエル政権とその軍事諜報《ちょうほう》機関であるモサドについての情報を漏らす者を標的にしている。

ドイツであろうとカナダ、イギリスであろうと、こうした自由の破壊者は、あらゆるところで待ち構えていて、襲いかかってくる。もしあなたが標的にされたなら、それはあなたが正しいこと、シオニズムの中枢-中核が世間に聞かれたくないことを話しているという確認になる。こうしたグループはどれも遊び場のいじめっ子で（わざわざ「遊び場」を強調するのは彼らが2歳児のような行動をするからだ）、標的の自由をないがしろにしたり生活を壊したりして勝利するたびに、子どもじみたお祝いをする。わたしに言わせれば、彼らはかなり病んでいる。

イギリスの人口は約6600万、そのうちコアなユダヤ人は約27万人で、彼らにも、先述した世界のユダヤ人コミュニティ《共同体》と同じことが当てはまる。ここで取り上げているのは全体としてのユダヤ人ではなく陰謀団のことだ。彼らは一般のユダヤ人のことも、ほかの人種・民族と同じように軽《けい》蔑《べつ》している。そのことは、イスラエル政府が自国民の大半をどのように扱っているかを見ればわかる。

イスラエルの活動に盾つくユダヤ人は、男も女も「反ユダヤ主義」という突拍子もないラベルを貼られ、悪意に満ちた誹謗《ひぼう》中傷を受けて、キャリア《経歴》を標的にされる。ときには職を失うことさえある。テルアビブやエルサレムのいじめっ子と違う意見や見解を持つ者を「自己嫌悪者」と呼んだりもする。そうした扱いを受けた例としては、アメリカの学者ノーマン・フィンケルスタインとイスラエル出身のイギリス人ギルアド・アツモンというふたりの背景を調べてみてほしい。

アイク講演会つぶしの常套手口 ラベル「ホロコースト否定論者」──平和メッセージは発信させない!! 検閲ネットワーク

イギリスのイスラエル擁護者ネットワークには、全主要政党の内部にいる「イスラエルの友」も含まれるし、自由への破壊攻撃を仕掛ける犬どもとしては、「反ユダヤ主義反対運動（CAA）」や、「ノースウェスト・イスラエルの友」と名乗るグループがある。後者は、根性なしで恥さらしのローリーホテル、グラッドストーン劇場、シェフィールド・シティホールでのイベントキャンセルを陰で操作した連中だ。彼らはツイッター上で、@NorthWestFOIのタグをつけて活動している。

1990年代後半から21世紀初頭にかけてわたしがシオニストの検閲の標的になったときは、さすがに「ホロコースト否定論者」とは呼ばなかったのだが、今は、イスラエル政権とその世界支配の真実が表面化して彼らも追い込まれているのだろう。わたしを黙らせるにはこれが最も効果的なやり方だと判断したことは明瞭《めいりょう》だ。

「ホロコースト否定論者」というラベルは、2017年にドイツとアイルランドのイスラエル検閲ネットワークの資産《アセット》によって、そしてCAA、ノースウェスト・イスラエルの友によって突然、使われるようになった。わたしたちは見ることができなかったが、トロントの会場に届いた1通の手紙には、まず間違いなくこの言葉が含まれていたはずだ。こうしたグループはすべて同じ世界規模の青写真に向かって活動しているから、ノースウェスト・イスラエルの友はスポークスマンのラフィ・ブルームを使っていつもの手順を踏んだのだろう。

すなわちローリーホテル、グラッドストーン劇場、シェフィールド・シティホールに連絡して、悪意に満ちた虚偽の説明をして「ホロコースト否定論者」だというラベルを貼り、わたしの信用を傷つけたのだ。

そこで根性なしの会場所有者たちは、聞かされた話への対応についてわたしに相談することもなくイベントをキャンセルした。その旨を伝えるために送られてきたEメールは、言論の自由と顧客、イベントチケットの購入者を軽視している点でも、その言い回しがドイツのマリティムホテルのものとほとんど同じだという点でも、まさに驚くべきものだった。

メディアは、少なくとも表向きは『ITVニュース』『マンチェスター・イブニングニュース』『コベントリー・イブニング・テレグラフ』という形態をとって（後者2紙はトリニティー・ミラーグループ［現リーチ社］が所有している）、わたしに確認もせずに同じ嘘を公表した。見出しは「ローリーホテル、ホロコースト否定論者デーヴィッド・アイクの講演をキャンセル」。

わたしはこの3機関に連絡を取り、こうした主張の証拠提示を求めたところ、すべて記事を取り下げた。証拠などなかったからだ。なんと、どこもラフィ・ブルームのグループから言われたことを鵜呑《うの》みにして、わたしの対応を求めることもなしに、その話を繰り返していたのだ。ブルームと彼の検閲官は怖じ気づいたのか、リッチー・アレンのラジオ番組でのわたしとの討論を、アイルランドのときと同じ見え透いた口実を使って断った——曰《いわ》く「ホロコースト否定論者と関わらない」どうぞ言い続けてください、ミスター・ブルーム。繰り返せば人は信じる。それが勝負に勝つ方法だ、と言いたいのでしょう?

彼らはただ人に泥を投げて逃げ去り、根性なしの会場が跪《ひざまず》くのを待つ。ひとつの会場が頭を垂れると、彼らは別の会場に向かい、先にキャンセルさせた例を使って圧力を強めては同じことをさせる。わたしが「根性なし」という語を何度も使っているのには意図がある。結局のところ、検閲をしているのは検閲グループではなく、人類の最も基本的な自由よりも自分の安楽な生活を優先する、根性なしの会場側なのだ。

ノースウェスト・イスラエルの友は——CAAも同じだが——2014年にイスラエル政権がガザで罪のない人びとに対して破滅的な爆撃を行った際、その大量殺戮《さつりく》を熱心に後押しした。国連によると、この攻撃で、551人の子どもを含めた2200人のパレスティナ人が死亡し、1万1000人が負傷(うち子ども3000人)、住宅2万戸が破壊され、50万人が住む場所を追われた。ブルームのグループは、パレスティナ側を支持する者には誰彼なしに「捜索と破壊」戦術を実行することで悪名が高い(これには医師も含まれる)。

彼らの講演はどこであろうと禁止されたりしない。会場側にも禁止する勇気はないだろう。だがわたしは、暴力ではなく平和の言葉を発信するから、格好の餌食《えじき》になってしまう。このグループは、マンチェスターでイスラエルの化粧品を販売するユダヤ人の商店主が抗議されたことを受けて設立されたと言っているが、これは皮肉の中の皮肉のような話だ。ノースウェスト・イスラエルの友は、あるユダヤ人男性が事業を立ち上げるのをやめさせようとして結成されたもので、その後は、自分たちの気に入らない者の仕事を妨害するようになっていった。

ショッキングなほどの偽善だが、彼らにはそれがわかるほどの意識もないだろうし、ジョージ・オーウェルのこんな一文——「自由に何らかの意味があるとすれば、それは民衆が聞きたがらないことを言う権利である」。だが言うまでもなく、自由は彼らが最も見たくないものだ。

表現の自由の破壊は、メトロ・トロント・コンベンションセンターやローリーホテル、グラッドストーン劇場、シェフィールド・シティホール、カール・ベンツ・アリーナ、マリティムホテルのような根性なしがいるあいだは続く。言い換えれば、ずっと続くということだ。大切なのは、全体としてのユダヤ人が声を上げ、自分たちの名において行われていながら、その大部分について何も知らされていないことについて、一丸となって非難することだ。そうでないと、少数の行動がほかの全員の責任にされてしまう。なぜなら多くの人びとには、実際の犯人に目を向けずに集団全体を判断することの愚かさが見えていないからだ。

イスラエルのいじめっ子は自由の敵というだけでなく、ユダヤ人の敵でもある。イスラエル出身の活動家ギルアド・アツモンはこう書いている。

……CST［コミュニティ・セキュリティ・トラスト］やCAAなど、イギリス国民の税金で設立されたシオニスト組織が繰りひろげる中傷キャンペーンの対象になるイギリス人が増加しているのは間違いない。これらの組織は、労働党党首のジェレミー・コービン、イベント会場、知識人、芸術家、音楽家、作家など、イスラエルの残虐行為やイギリスでのユダヤ人の政治的ロビー活動を批判していると判断される者はすべて攻撃する。

イギリスが寛容と知的交流の価値観を今も大切に思うなら、こうした外国組織から、ユダヤ人も非ユダヤ人も含めた市民を守るために納税者の金を使った方がよい。イギリスが本当に自国のユダヤ人を大切に思うなら、わたしたちの中にいるCSTやCAAやイスラエルのロビー団体が引き起こす不幸から彼らを守るべきだ。

こうしたグループは、事を起こして多くの人びとを怒らせる方法を取る。すると、犯罪グループとすべてのユダヤ人を同じだと見誤る者が出てくる。彼らは自分で事を起こしておきながら、批判されると、それは「反ユダヤ主義」だと訴える神経の持ち主だ。標的にされるのは主にオルタナティブメディアだが、いつもそうだというわけではない。コラムニストのケビン・マイヤーズは2017年7月の『サンデー・タイムズ』アイルランド版に、BBCの番組司会者は女性より男性の給料が高いという記事を書いたところ、これが「反ユダヤ主義」とみなされて解雇された。マイヤーズの記事は次のようなものだった。

わたしが注目するのは、BBCで最も給与の高いふたりの女性司会者であるクラウディア・ウィンクルマンとヴァネッサ・フェルツが――悲しいことに、わたしはふたりの立派な仕事ぶりについて知るところではないのだが――どちらもユダヤ人であることだ。これはふたりにとって幸いだ。自分の才能をできるだけ低い価格で売ることに執着するというのは、絶望的なまで根深い愚かさを測定する最も有効な尺度なのだが、一般にユダヤ人はそんなことはしないと思われている。さてさて、ふたりのエージェントは誰なのだろう。

わたしが注目するのはマイヤーズの記事の内容ではない。もしこの「ユダヤ人」という言葉が「アメリカ人」「中国人」「フランス人」「ロシア人」「コロンビア人」「カナダ人」だったら、彼も即刻クビにはならなかっただろうし、コラムが中止になることも、謝罪文が掲載されることもなかっただろうということだ。

アイルランドの人口はおよそ480万人で、そのうちユダヤ人は2500人だ。なんというシオニズムのパワーだろう。自分たちの擁護者をここまで特別扱いさせるとは！　このときマイヤーズへの非難をリードしたのは、やはりＣＡＡだった。彼らは怒りと非難で顔を真っ赤にして、恒久的で職業的な犠牲者性を振りかざした。アイルランドの「ユダヤ人議会」は、ＣＡＡなどによる攻撃からマイヤーズを擁護し、彼を反ユダヤ主義者と呼ぶことも、ホロコースト否定論者と呼ぶことも「事実の歪曲《わいきょく》である」とした。

　だが、まさにその事実の歪曲こそが――検閲と脅迫という彼らの（＝中核的シオニストの）アジェンダに沿って事実を歪曲することが――イスラエルの攻撃犬が存在する理由なのだ。わたしが望むのは、人種やグループ、文化、宗教、経歴に関係なく、すべての人びとを平等に扱うことだけだ。しかしそれは、今起こっていることとは違う。ケビン・マイヤーズの解雇は極めて皮肉なことだった。せっかく長年にわたり、イスラエル寄りの立場で多くの記事を書いてきたのに。マイヤーズも今なら、人びとがイスラエルロビーとその組織的な検閲にうんざりしている理由を理解できるだろう。またこの件は、自分たちの路線を踏み外した者は誰でも標的にするという、シオニストの検閲官の極端さを示す、もうひとつの証拠でもある。

　誰かが話してしまうことを恐れ、その人たちの口を封じるところまでいく者には、必ず多くの隠し事がある。わたしがシェイクスピアを引用することはほとんどないが、これはこの状況にふさわしいセリフだろう。「このご婦人は文句ばかり言うように思います」［『ハムレット』第３幕第２場］。

専制を気づかせる情報は禁止！　ここ認定の「ヘイト文書」や「ホロコースト疑惑本」はバツ！

専制政治ってお好き？――アマゾン検閲も!!

計画検閲で注目すべきもうひとつのセンターは、ネット販売を乗っ取り、あらゆる小売部門に勢力を広げつつあるアマゾンという形態をとっている。アマゾンはオンライン書店としてスタートし、今ではたいへんな勢いで書籍市場を支配し、すでに膨大な数の個人経営の書店や出版社を世界中で倒産させている。これは初めから計画されていたことで、完全な支配が達成されれば検閲は一気に拡大され、出版できるものとできないもの、販売できるものとできないものが決められるようになる。フェイスブックとグーグルも同じ流れをたどっている、というより本当のことをいえば、アマゾンとフェイスブックとグーグルは初めからひとつのユニット《単体組織》なのだ。

最初、アマゾンには基本的に検閲方針はなかったのが、シオニストロビーからの圧力がかかり、今はホロコーストの公式ストーリーに疑問を呈する書籍や、アマゾンが「ヘイト文書」とした書籍は禁止されてきている。「ヘイト」の定義が拡大を続けるのに合わせて禁止される書籍の範囲も広がっているから、最後にはあらゆるテーマについて、公式ストーリーに疑問を呈するものはすべてヘイトに含められてしまうだろう。これがわたしたちの向かっている先であり、傲慢《ごうまん》さを体現した人物であるジェフ・ベゾスの指揮の下で今、アマゾンは現代版焚書《ふんしょ》活動の主要な乗り物となっている。しかも決して口外されないが――といっても、どのみちわたしが言うのだが――シオニストの人種差別とパレスティナに関するヘイト本については検閲がなされない。

これは常々思っているのだが、本が禁止になったり公式ストーリーと違う歴史を書いた作家が投獄されたりするのは――その一方で、それと正反対のバージョン《歪曲版》の歴史についてはお構いなしというのは――本当に異様で、実に邪悪なことだ。すべてのことについて開かれた議論をして、どう考えるかは各人に自由に決めさせるということがなぜできないのだろう。しかしそれは自由というものので、自由は専制政治では行われないのだ。わたしは「専制政治」の定義をこう考える。すなわち「それが流れれば人びとが専制政治に気づいてしまう情報が流れるのを禁じようとする社会」だ。あまりに皮肉なことだが、近代国家で最初に書物を焼いたのがナチスだったのもわかるというものだ。

国連報告書――「イスラエルは人種差別国」表現は、気に入らないからヤメロ!! メッセンジャーを撃て――メッセージを消去せよ

イスラエルのアパルトヘイト《人種隔離》国家に焦点を当てると脳卒中になる。国連・西アジア経済社会委員会の2017年初めの報告書は「イスラエルはアパルトヘイト政権を築いてパレスティナ人全体を支配している」と結論付けた上で、国際法の定義に従えば「合理的な疑いの余地なく……イスラエルは、アパルトヘイトの罪を構成する政策および実践によって有罪である」とした。さらに、シオニズムによる「パレスティナはユダヤ人の独占的郷土であるという主張は、両集団に関する明確に人種的な概念に基づくものである」とも書かれている。「ユダヤ人国家としてのイスラエルを保存

するという使命に触発され、ときには強制すらされて」「イスラエルはいくつかの一般的な人種政策を追求してきた」。そうした政策には「イスラエルで圧倒的なユダヤ人多数を形成し維持するための人口動態工学」および「パレスティナの人口規模を制限するために設計されたその他の広範な政策」が含まれている。

同報告書は、完全な政治的権利はユダヤ人のみに与えられているとしている。「いずれの人種的民主主義においてもそうであるように、これほどの多数であれば、支配的な人種集団の覇権を失う恐れなしに民主主義を――民主的選挙や強力な立法機関を――捕獲することが可能となる」

この国連報告書は端的に、イスラエルは人種差別に基づいた国家だと言っているのだ。しかもこれは、シオニストの攻撃犬組織の世界的ネットワークを通じて、自分たち以外の人種差別を責め立てているのと同じ政権なのである。イスラエル政府は、自国を公式にユダヤ国家として指定し、ヘブライ語を唯一の公用語とする法案を承認しておきながら、人種支配でも何でもないとする。

イスラエルがアパルトヘイトだという例はいくらでもある。たとえばイスラエルは、パレスティナ人のテロを非難して彼らの家庭を破壊する政策をとっているが（これは集団的懲罰であって国際法違反だ）、その一方で、この政策はイスラエルによるパレスティナ人へのテロには適用されない。

イスラエル国防相でシオニスト過激派のアヴィグドール・リーベルマンは、8歳で両親と幼い弟を失ったアハメド・ダワブシェ少年への公的補償を拒否した。この事件は、イスラエルが占拠するヨルダン川西岸地区にあった少年の家に、不法入植者のユダヤ人テロリストが火炎瓶を投げ込んだというもので、放火犯は、家の壁にダビデの星と「メシア万歳」「報復」というスローガンを残していた。

ユダヤ人ならすべてのテロリズム被害者が補償を受けるのだが、体の60パーセントが焼けただれ、第2度熱傷を負ったアハメド少年には何もなかった。これを書いている時点で事件から2年経っているが、少年の家族を殺害し、少年の体に生涯残る傷痕《きずあと》を残した犯人は、まだ裁判にもかけられていない。アパルトヘイトではない？　邪悪ではない？　国連の西アジア報告書はBDSボイコットを支援し、各国政府に対して「ボイコット・投資引き上げ・制裁活動を支援し、そうしたイニシアティブの要請に積極的に応えるよう」要請した。しかし、イギリスやアメリカに期待はできない。どちらの政府も、ボイコット阻止のために可能な限りのことを行っているのだから。

シオニズムの偽善に限度はないし、その世界への広がりにも際限はなさそうだ（図435）。アパルトヘイトの報告書が発表された数日後、アントニオ・グテーレス国連事務総長は報告書の取り消しを命じた。報告書を作成した西アジア経済社会委員会事務局長のリマ・ハラフは、真実と信じる内容の報告書を撤回せよという圧力を受けて、辞任した。イスラエルの国連大使ダニー・ダノンがハラフに対する告発をリードし、いつものようにアメリカとイギリスがその後ろからついていった。特にアメリカは、トランプ政権下でニッキー・ヘイリー――イスラエルの旗にもたれかかる以外は何でもする愚かなイスラエル擁護者――を国連大使に任命した。ダノンはグテーレスを称《たた》え、ハラフの辞任を喜んだ。「国連での立場を利用して反イスラエル活動を推進する者に引導を渡すと

図435：イスラエル（およびアメリカ、イギリス、NATO 諸国）とそれ以外の国では
ルールが違う。

図436：イスラエルの黄金律。

きがきた」
彼らの検閲愛はほとんど絶頂に達している。のちに国際連合総会の副議長になるダノンは「国連に反イスラエル活動家はいない」とまで言い放った。その通り、いるのは親イスラエルの活動家だけだ。なかでも最大のジョークはグテーレス事務総長の発言で、なんと報告書を撤回させたのは内容が理由ではなく、ハラフがまず自分に相談しなかったからなのだそうだ（相談があればそもそも発表を阻止できたのに、ということか）。真実でさえなければ口実は何でもいい。「当会場では大規模な公開イベントを収容できない」という理由がわかっただろう。

ハラフはヨルダン人だからその視点からイスラエルを見ているというのは正しいが、イスラエルがアパルトヘイト政権を運営しているという彼女の指摘を否定するのは、どう見てもお笑い種《ぐさ》だ。ハラフは真実を伝えたためにイスラエルを中傷したと非難された。現実はここでは何の意味もなさない。ルールはいたってシンプルだ。「イスラエル（ロスチャイルド）はイスラエルの望むものを手に入れる」（図436）

本当に報告書が誤っているのなら、ピーター・タッチェルが敷いたルートに沿って議論し、ここが間違っていると暴露することもできたはずなのに、彼らは、明らかに起こっている出来事について開かれた論議をする場には、金輪際出てこない。背骨を抜かれた召使い連中があちこちにいるから、それを使って反対者を黙らせる方がずっと簡単だ。パレスティナはハラフの勇気を称えて賞を贈ったが、この動きを、イスラエルは「悪意に満ちた」ものだと非難した。

イスラエルの擁護者は永遠に悪意に満ちた状態にある。アパルトヘイトを直接経験した者なら、間違いなくハラフ報告書の結論に同意するだろう。南アフリカの国民議会議員団は2017年にイスラエルの代表団と会うことを拒否した。ネルソン・マンデラの孫で、今はアフリカ民族会議（ANC）所属の国民議会議員であるマンドラ・マンデラは「国民議会は、パレスティナが自由になるまでパレスティナの大義に寄りそうとしたネルソン・マンデラの約束に忠実であり続けている」と述べた。そして南アフリカに駐在するイスラエル大使を送還し、南アフリカの大使をイスラエルから召喚するよう求めた上で「歴史がわたしたちに求めているのは、自由と正義、そして平和を愛するコミュニティが、残虐《ざんぎゃく》で違法な南アフリカ政権に対する世界的な反アパルトヘイト運動を支持するために取ったものと同様の手段を取ることである」。

のちに発表された国連西アジア経済社会委員会の報告書にリマ・ハラフは関わっていなかったが、2016年4月から2017年3月にかけてのイスラエル軍の攻撃では、子ども19人を含む63人のパレスティナ人が死亡し、負傷者は子ども562人を含め、2276人に上るとしてイスラエルを非難した。これには「裁判なしの処刑」も含まれている。

誰かが「激怒」「侮辱」と入力して「実行」キーを押した瞬間、ダニー・ダノンが動きだした。シオニズムは、世界がそんな言葉を耳にするはるか前から政治的公正プログラムを実施していて、その後のさまざまな出来事に対処するための青写真を提供していた。彼らは開かれた議論を恐れているので、ユダヤ人の学者でさえ、イスラエルの行為や、土星を崇拝するロスチャイルド・マフィアがシオニズムの中核にいるシャブタイ派フランキストの秘密結社がしていることに反対する発言をすると、キャリア《経歴》を台無しにされる（図437）。

イスラエルを観察するだけで、残りの世界がどこに向かっているのかわかる。ブロガーやソーシャルメディアの投稿者は、法律によって、投稿前に内容をふるいに掛けられる。イスラエル議会で可決された法案は、フェイスブックやその他のソーシャルメディアのウェブサイトに、イスラエル政権が「煽動的」と主張するコンテンツを削除するよう命令する。どれが「煽動的」か、誰が決めるのだろう――彼らだ。

当然のことながら、これには正当な非難も含まれるし、最も基本的な言論の自由が標的となる。イスラエルによる抑圧についてのコメントを投稿したためにパレスティナ人が起訴されるのは、日常茶飯事になっている。詩人でさえ、芸術表現が根本的な不正行為について語っていれば投獄されてしまう。シオニストの検閲官や政治的公正の支持者は、一般にタッチェルの反論戦略を望まない。それでは開かれた議論が必要となるからで、そこにこそ政治的公正の存在理由がある。政治的公正は、開かれた議論を阻止し、検閲によって語りを管理できるようにするために存在しているのだ（図438）。

図437：一言で言うなら、まさにこういうことだ。

図438：文字通り何でも、だ。

不適切発言を大規模検閲→摘発→罰金！「現在」の知覚操作のため

賭け金を上げる——過去を消去

次にやってきたシオニスト検閲の不可避的拡張は、悪名高き名誉毀損《めいよきそん》防止同盟（ＡＤＬ）が２０１７年に発表した計画で、シリコンバレーに「最新式の司令センター」を設置して「ヘイト」と判断されるあらゆるものをオンライン上で監視するというものだ。この文脈での「ヘイト」の定義は、イスラエルを批判するものすべて、およびＡＤＬが「ヘイト」と判断するものすべて、ということになる。なぜなら、この検閲は〈クモの巣〉のアジェンダ《実現目標》に沿ったものだからだ。

ＡＤＬの最高責任者ジョナサン・グリーンブラットは新たな検閲センターの設立を発表し、アメリカでの「反ユダヤ主義」の成長はナチスドイツと比較しても決して誇張ではないと語った。当然のことながら、イスラエルと修正主義シオニズムの行為こそが、彼らに対する人びとの怒りの要因だという考えは一切なかった。グリーンブラットはバラク・オバマの特別顧問だった。

イーベイのオミダイア・ネットワークの創設者、ピエール・オミダイアが「開業資金」を提供したこのプロジェクトは、グリーンブラットによれば、司令センターで「クラス最高の技術」を用いて報告書を書き、データをまとめて「政府と政策立案者に洞察を提供する」のだそうだ。オーウェル語翻訳装置に通すと、これは「どの情報や意見は循環させられるか、させられないかを人びとに伝える」という意味になる。

きっと、シオニストが所有しコントロールしているフェイスブック、グーグル、アルファベット、ユーチューブがどこよりも熱心に支持してくれることだろう。これと同時に、イスラエル政府も検閲の範囲を広げていて、国内の大学の学生に奨学金を出し、海外の利用者に向けて、フェイスブックにイスラエル寄りの投稿をさせたりツイートさせたりしている。学生は政府とのつながりを隠し、独立した立場で自発的に活動しているように見せかける。

ADLはロスチャイルドが創設したブナイ・ブリス（「契約の息子」の意）から派生した組織で、このキャンペーン全体の先頭に立って、まずは何よりも、シオニスト・フランクフルト学派の目標だった「ヘイトクライム」罪を創設しようとしている。アップルが資金提供しているADLの歴史と背景については別の本で詳しく述べているが、それとは別に――これも基本的にはお笑い種《ぐさ》の反転なのだが――名誉毀損を防止するはずのこの同盟は、イスラエルとその関連組織の世界的ネットワークの行為に異を唱える者への名誉毀損を開始している。

ADLは、アメリカユダヤ人委員会の「プロジェクト・インターチェンジ」およびユダヤ国家安全保障問題研究所と共同で費用を出し、アメリカの警察官数百人をイスラエルおよびパレスティナ占領地域で訓練して、イスラエルの暴力的手法と軍による人種差別的「法執行」を学ばせている。その後はその警察官がアメリカに戻って仲間を訓練した。それ以後の成果はアメリカの路上で見ることができる。「平和を求めるユダヤ人の声」のセントルイス支部は、ADLおよびイスラエルのアメリカ警察とのつながりに真っ向から反対し、次のように述べている。

わたしたちは、ADLが、地元では人種選別的な法律の制定を推進する立場をとる一方で、セントルイス郡警察署長のティム・フィッチを含むアメリカの警察官をイスラエルに送り、集団管理のトレーニングを受けさせていることを恐れる。イスラエルはアパルトヘイトの警察国家であり、人種選別、大量投獄、入植植民地主義、ユダヤ教徒でない先住パレスティナ人を標的とした民族浄化に関して、60年を越える高度な専門知識を有する国なのである。

ADLの「反人種差別主義者」は、イスラエルと極めて親密だった南アフリカのアパルトヘイト政権のために監視を行っていた。イスラエル諜報部と軍諜報機関モサドは芸術的なフロント組織を立ち上げ、ほかの組織に浸透していって、自分たちの利益に奉仕させた（図439）。イスラエルの『ハアレツ』紙が暴いた2017年の公式文書によって、アムネスティ・インターナショナルのイスラエル支部が、1960年代から1970年代半ばにかけてイスラエル外務省のフロント組織だったことが明らかとなった。これは氷山の一角だ。さまざまな文書から、アムネスティ・インターナショナルがイスラエル政府から資金を、外務省から指示を受けていたこともわかった。一言で言えば偏見を買ったということで、これが今は世界中で、大規模に展開されているのだ。

カタールに拠点を置くアラビア語のテレビ局アルジャジーラは2016年、隠しカメラを使った取材で、ロンドンのイスラエル大使館の職員が、各種のフロント組織と主要政党内の「イスラエル

図439：ロスチャイルドのフロント活動が一国の政府を名乗って世界を操作している。

図440：人口わずか800万人の国がなぜいつも特別扱いされるのかと問うだけで、なぜ「人種差別」になるのだろう。

の友」のネットワークを通じてイギリスの政治を操作していることを暴露した。

大使館の上級政治担当官シャイ・マソットが、イスラエルに関するスタンスを理由に降ろしたい政治家のリストについて話しているところをカメラに収めたのだ。リストにはアラン・ダンカン外相も含まれていた。シャイ・マソットが撮影された映像には、労働党の「イスラエルの友」の会長ジョアン・ライアンも登場している。こちらは日頃から労働党党首ジェレミー・コービンを声高に非難してきた人物だ。イギリス政府と「野党」は外相降ろしの暴露話をほぼ黙殺したが、これがロシアだったら世界がどれほど激怒するか想像してほしい（図440）。

本書を書いている時点で、アメリカとイスラエルが支配するサウジアラビア、アラブ首長国連邦、エジプト、バーレーンは、なんとかしてアルジャジーラを閉鎖しようとしている。イスラエルも（言うまでもなく）自国で同じことをしていると発表した。シオニストの検閲の狙《ねら》いは人を人種差別主義から守ることではない。狙いは反対派を黙らせることであり、それはイスラエルに関してだけでもない。支配の中核にあるシオニズムにはもっと大きなアジェンダがある。

シオニストのニューヨーク州議会議員デーヴィッド・ウェプリンが提案した法案を見れば、彼らがわたしたちをどこへ向かわせたがっているのかが感じ取れるだろう。その法案が可決されれば、要求があってから30日以内に、該当する発言ないし投稿から「不適切な」「無関係な」「不十分な」あるいは「過度な」意見を削除しなければならなくなる。従わない場合には、検索エンジンあるいは発言ソースに1日当たり250ドルの法定損害賠償および弁護士費用が科されることになる。

ウェプリンは「リベラル派」と言われている。ここで「無関係な」という言葉が含まれているのには、ジョージ・オーウェルの小説『1984年』を思わせるメモリーホール《歴史抹消装置》を推進して「過去」に関する情報を消去するためだ。これはヨーロッパでは、EUの判事によってすでに実現していて、人に見られたくない情報がリストに挙がってこないように、誰もが検索エンジンに要求できるという裁定が下っている。これはつまり、その情報はまだネット上にあるのだが、基本的に検索前からその情報を知っていなければ誰にも見つけられないということだ。ウェプリンの法案には「もはや最近の公開の議論ないし会話に関わる題材ではなくなった」コンテンツの検閲も含まれている。では、それは誰が決めるのだろう——彼らだ。

　これは「過去」を消去することで「現在」の知覚を操作するということだ。さらに、真の動機を見事に表しているのが、法案中の、当該のコンテンツは「……そうした消去した……コンテンツを免責条項「または」削除通知で代替することなく」消去されなければならない、という条項だ。何を検閲したかという痕跡《こんせき》も、検閲したという事実さえも、一般の目に触れないようになっているのである。ミスター・ウェプリンとこの法案の支持者よ、あなた方は面汚しだ。『ワシントンポスト』の記事にはこう書かれている。

　したがって、この法案の下では、新聞や学術文献、グーグルブックやアマゾンの書籍のコピー、オンライン百科事典（ウィキペディアなど）などあらゆるものが、裁判官ないし陪審から「もはや最近の公開の議論ないし会話に関わる題材ではなくなった」と判断された場合には（または著者がそう判断されると予想した場合には）、必ず検閲を受けなければならなくなる（ただし、それが「有罪判決を受けた重罪犯と関係している」場合、または「暴力に関係する法的問題」があって対象の文章に「中心的で重要な」役割がある場合を除く）。

当然のことながら、この法案に例外はなく、純粋な歴史的関心による資料であっても対象となる。要するに、そうした文章は「もはや最近の公開の議論ないし会話に関わる題材ではなくなった」場合には、必ず削除されるということだ。自叙伝的な資料も、それが書籍であろうとブログであろうと例外ではない。政治家や著名な実業家などであっても例外とはならない。

これが、わたしたちの向かう先だ。しかも、抑圧的なアルコーンの力による大規模検閲はまだ、やっと始まったばかりだ。政治上の検閲は世界中で順調に進められていて、同調しない見解を持つ政治家は政治的公正（ＰＣ）の警察と直面させられている。南アフリカの野党民主同盟は、植民地主義はすべてが悪いわけではなかった、よい影響もあったとツイートした党員のひとりを、違法行為を働いたとして告訴した。党首のミッシュ・マイマネは、そのような意見は党のイメージを損なう可能性があると述べた。いやそれはありえない。自分と比べてみれば間違いない。

欧州議会は現在ライブでの議論の掲載をやめ、かつ「中傷的な、人権差別的な、あるいは外国人嫌悪の言葉や振る舞い」で有罪と判断した欧州議会議員に対して、攻撃的な発言の記録を消去するとともに、9500ドルの罰金を科している。あらゆるタイプの検閲を支持するバカ正直な政治家は、最終的には自分も対象にされること、それがすでに実際に行われていることに気づいていない。

「平和維持」のため大量薬漬けで、税金を懐にヘイト産業（PCマフィアも）大繁盛!! 専制政治への夢中歩行――周到な「反ユダヤ主義」対策

アルコーン・レプティリアンのコントロールシステムは、多次元的、多層的、多面的に、そして文字通り絶え間のない知覚攻撃を人間の精神に浴びせかけて思考や感情を断片化し、無力な孤立感を植えつけていく。人びとは世界に対するほかの見方から孤立し、彼らの望み通りの知覚の停滞を起こしている。表現の自由への抑圧はさらに極端になり、陰謀とそのプログラミングを暴く情報の循環を食い止めている。

大学キャンパスでわたしたちが見ているものは、人間社会全体について計画されていることの先駆けだ。人びとは、〈システム〉が認めないことは何も言えなくなり、精神に作用して抑圧する薬剤がキャンディのように配られている。心理に影響を与える薬剤は大人にも子どもにもすでに大量に流通していて、最終計画ではすべての人が法律で（「平和を維持するために」）薬漬けにされ、それが技術的に追跡される。

マイクロチップが埋め込まれ、患者が服用したことを医者に知らせる錠剤はもうすでに存在して

いて、あとは強制するだけの状態だ。調合薬は脳を混乱させ、波形の定常波振動に作用して、健康、思考、感情面で、そして最も重要な「向こう側」とのつながりという面で、肉体を狂わせる。まずもって重要なのは波形への作用で、〈エリート〉はそれをわかっている。

政治的公正とトリガーは学界から主流社会へ、速やかに浸透しつつある。コメディは、PCの熱心党によって大きな打撃を受け、さまざまな方法で破壊されている。彼らにはユーモアセンスなどないから、自分を嗤《わら》うように頼まれても恥をかくことしかできない。「反体制派」と思われている、いわゆる「オルタナティブ」コメディアンの大半は、進歩主義体制《エスタブリッシュメント》の枠内から一歩も出ないままで、怖いもの知らずを自称している。コメディアンは、本来なら瞬《またた》きもせずにPC独裁者の顔を睨《にら》みつけなければならないときに、頭《こうべ》を垂れてしまっているのだ。オレのジョークを聞きたくない？――それなら見なくていい、ほかのチャンネルに変えることだ。

『ワシントン・タイムズ』紙が、今では出版社が「感受性リーダー」という名の検閲官を使って新たに出版する本の言葉をふるいにかけ、偏見あるいは固定観念、ジェンダー、人種、身体障害、性的志向をほのめかす言葉を選別して「文化面での機知に欠けて」いないかをチェックするのが当たり前になっていると報じた。この本だったらどんな扱いになるのだろう。酸欠にでもなるか？　スペイン政府は芸術家、学生、さらには一般庶民まで、突出した水準の検閲の標的にしている。

ドイツの国際放送「ドイチェ・ヴェレ」のニュースウェブサイトによると、スペイン全国管区裁判所の検察官は21歳の大学生を「テロリズムを美化してテロの被害者に屈辱を与えた」として起訴した。彼女の「犯罪」は「独裁者についてのジョーク」をツイートしたことで、裁判所はなんと3年の懲役を求刑した。2016年にはマドリッドの路上でふたりの操り人形師が地元の警官を嗤《わら》いの種にする演《だ》し物をして逮捕された。そんなことで彼らを逮捕したら、そもそものネタの正しさを確認することにしかならないのだが、警官にはわからなかったのだろう。

世界は今、多様性の代理人に駆り立てられて、かえって多様性の封鎖に向かっている。そしてこの反転は偶然ではない。疑われないように麻薬を密輸したいなら、麻薬を取り締まる機関を通じてやればいい。多様性を破壊したいなら、暴徒と群衆を使ってもっと多様性が必要だと頻繁《ひんぱん》に声を上げさせればいい。すべてはひとつのマインドゲームなのだ。

今もなお潮目に対抗して立ち上がる学者はいて、たいていは経歴に傷をつけている。しかし多くの者は松明《たいまつ》を掲げているために、かえって独善に陥り、自分の専門と国際社会一般を黙らせるために設計されたもののためにキャンペーンを行っている。ちょうど政治家が、結局のところは自分たちを黙らせるための計画のために運動しているのとまったく同じだ。

ダラム・ロー・スクールの学長で教授のトム・ブルックスという奴《やつ》は、イギリス議会の委員会で、性犯罪者の雇用を制限する登録簿と同じような「ヘイトクライム違反者の登録簿」をつくるべきだと語った。「[登録簿]に掲載された者が子どもに関わる仕事や特定の専門職に就《つ》くことを制限する」よう、この知の巨人は強く訴えた。「これは分別のあることであり、現在実施されている方針を反映するもので、こうした犯罪がどれほど深刻なものかを明確に示す手助けとなるだろう」

「ヘイトクライム」の構成内容がつねに拡大されている中で、どうやって公正や自由の観点を調べるのだろうか。ヘイト産業は大繁盛だ。「記録的なレベルのヘイトクライム」とか、イギリスは「不寛容が蔓延《まんえん》している」といった主張がなされている。で、その証拠は――いやぁ、それは……。それはシオニストの民間警備組織「コミュニティ・セキュリティ・トラスト（ＣＳＴ）」などが示す数値なのだろうが、この組織の資金源は「反ユダヤ主義の台頭」を恐れるユダヤ人で、そのような「反ユダヤ主義の台頭」の根拠はＣＳＴの出してくる数値だ。

ＣＳＴはロンドンとマンチェスター、リードを拠点に65人以上のスタッフを抱え、２０１６年には内務大臣だったテリーザ・メイから１３４０万ポンドの税金が支給されている。ＣＳＴによる「反ユダヤ主義」の数値は毎年メディアを通じて発表されるが、算出方法は示されない。活動家のギルアド・アツモンは「ヘイトＰＬＣ」というタイトルの記事で次のように述べている。

イギリス政府がＣＳＴに数千万ポンドの送金を約束してからほんの数日で「反ユダヤ主義事件」は30パーセント増加し、１カ月で１００件余りとなった。この結果は、少なくともＣＳＴのその統計からすると、反ユダヤ主義と戦うために多くの公的資金が割り当てられるほど、イギリスは反ユダヤに向かうことになる。

もしそうなら、イギリスの反ユダヤ主義はすぐに解決できるかもしれない。反ユダヤ主義と戦うためには、ＣＳＴや同様の団体から納税者の金を取り上げればいいのだ！　反ユダヤ主義は現実の社会現象ではなく、数百万ポンド規模の産業だ。戦いに金を費やせば費やすほど、さらに多くの金を使わせるために、さらに多くの事件が「記録」されるのだ。

人種差別が存在しないと言っているわけではない。もちろん人種差別はある。それをしているのは、物理的に存在しない肉体に囚《とら》われた間抜けどもだ。そして最も残酷で醜悪な人種差別は、少なからず、シオニズムの過激派に見ることができる。わたしが言いたいのは、人種差別が誇張されているということ、そして今は、テロ攻撃を通じて秘密裏に、心理的に奨励されているということだ。すべては「ヘイトクライム」による表現の自由の封鎖を正当化するためだ。ブルックリンのユダヤ人墓地の墓石が「ヘイトクライム」で倒されたという見出しが躍ったので警察が調査してみると、そのような犯罪は起こっておらず、強風か土壌浸食か整備不備による被害だと判明した。プロパガンダ目的でユダヤ人が行う「反ユダヤ主義の攻撃」も忘れないでほしい。

２０１７年３月に「19歳のイスラエル人、アメリカなどのユダヤ人コミュニティセンターへの脅迫の疑いで逮捕」という見出しが出た。ＦＢＩとイスラエル警察との合同捜査によって逮捕された男性はアメリカとイスラエルの二重国籍者で、６カ月間に数カ国でイスラエル機関への爆弾脅迫に関わっていた。男性の父親も逮捕された。警察は、この19歳が数百万シケル相当のビットコインを所有していることを突き止めた。

ニュースサイト「コモンドリーム」は「ハーバード大卒の30代のユダヤ人」が同サイトに反ユダヤヘイトの投稿をした上で、偽名を使って自身の投稿に反論し、あたかも「反ユダヤ主義」の議論があるように見せ掛けていたことを報じた。このユダヤ人男性は、ヒトラーは仕事をやりきってユダヤ人をすべて殺してしまうべきだったという主旨の投稿をし、その上で、別名で自分を攻撃していたのだそうだ。

あるカナダ人男性は、匿名でログインし、恐ろしい人種差別のコメントを投稿して有名になると、自分の投稿とそれに同意するコメントを掲載したとして、そのサイトのことを当局に通報した。目的は、議論とウェブサイトの信用を落とすことだった。今ではあちこちの政府機関や企業が大量の人員を雇って、人びとに拒絶させたい話題を取り上げているウェブサイトの信用を落とし、混乱させるために働かせている。

あらゆる警察国家の基盤は、標的とする人びとに標的とする人びとのことを報告させることだ。この方針は大学キャンパスでも幅広い社会でも行われている。アメリカの政治サイト『ワシントン・エグザミナー』〔同名紙の電子版〕は、大学運営者が学生に、ほかの学生や大学関係者の「不適切な発言」を報告するよう奨励していることを暴露した。「適切」「不適切」は古典的なPC用語だ。この文脈ではどんな意味になるのだろう。どちらも完全に主観的だ。ある者が「適切」と考えることも、ほかの者にとっては「不適切」となりうる。だがこの不明確さは、当局の担当者が可能な限り幅広く解釈できるよう意図されたものなのだ。

『エグザミナー』は、230の大学に「偏見対応チーム」があって、攻撃的発言に対する訴えについて調査していると述べているが、そうした訴えの大半は匿名だ。こうした「偏見」の定義はPCマフィアがどう解釈するかで定義される。匿名のまま、見えないところでほかの学生を密告させるのは、ジョージ・オーウェルが描いた生活を生涯にわたって送らせるための訓練だ。

インターネットは自由の拡張を意味すると思われたが、実際にはアルゴリズム《問題解決手順（ソフト）》と世界規模の〈クモの巣〉企業によるコントロールを通じた検閲が当たり前となって、今では一時的な幻想に見えてくる。インターネットは自由なコミュニケーション手段として売り込まれたが、その目的は完全な監視の乗り物を生み出すことにあった。今はインターネットが公的な発話《音声言語》を支配しているため、ほかの情報源が消滅してしまい、アルゴリズムを使った直接の検閲によって、人びとが言うことも見ることも聞くことも、すべてコントロールできるようになっている。

トランプ政権が、いわゆるネットワークの中立性とインターネットアクセスの平等を終わらせることを計画しているのも、すべてこうした流れの一環だ。この動きは連邦通信委員会（FCC）のアジット・パイ委員長が推進しているもので、実現すれば、企業はコンテンツをブロックしたり、合法コンテンツ用に早いレーンと遅いレーンを作ったりなど、以前はできなかったことができるようになっていくだろう。「自由」なインターネットはただのセールスポイントであって、最終的にそうなるようには初めから計画されていなかったのである。

わたしは1990年代の本でグローバルなコンピュータシステムを取り上げ、〈エリート〉が自分たちの望む結果をプログラミングすれば、コンピュータが一般大衆の各段階での反応を予測して、目的達成に必要な一連の出来事を生み出すようになるだろうと述べた。

今、まさにその通りの〈システム〉がオープンな状態で、さらに進歩して、その名も「知覚世界のシミュレーション」と呼ばれて、アメリカ・インディアナ州のパデュー大学「分析・シミュレーションのための人工環境研究所」を拠点に、大量のデータを集めて人間の行動を予測（そして操作）している（これについてはあとで詳しく述べるが、そのときには「人工」という言葉が大きな意味を持ってくる）。それに加えて、世界中の人びとの個人データ、信条、行動特性が、アメリカ国家安全保障局（NSA）と国土安全保障省により、ユタにある「情報コミュニティ包括的国家サイバーセキュリティ・イニシアティブ」のデータセンターに集められている。その情報源は、Eメール、電話での通話、インターネットの閲覧、ソーシャルメディアへの投稿、クレジットカードでの取引、駐車チケット、領収書、旅行記録、書籍の購入などの行動や通信を履歴で、あらゆるものを収集してアルゴリズムで処理している（図441）。

必要な情報はすべてここに集められ、超高速で超高度な人工知能コンピュータを使って集団の反応と結果を予想する。そこで予想された反応へのトリガーとなるよう適切な出来事を引き起こせば、期待通りの結果と社会変化が得られるというわけだ。世界の人類に影響する壮大な（しかも拡大を続ける）規模の監視と自由の消去が本当にテロを食い止めるためだと信じるほど、人びとは純朴なのだろうか。しかしテロは理由ではなく、ただの口実だ。テロリズムが増えれば増えるほど口実の

図441：ユタにある国家安全保障局の世界規模のデータセンター。

効果は高まる。人類は、可能なことについてプログラミングされた知覚から解放されて、考え方を改めなければならない。そして、わたし自身の経験からこう断言できる——それさえできれば世界は違って見えてくる、と。

絶対に知っておかなければならないこと《誰が得しているの?だ!!》——〈PRS〉と〈忍び足の全体主義〉《〈問題-反応-解決〉と〈バラバラな一歩〉も一目標へ!》

この章の最後に、世界の出来事と、そして人類の知覚のための戦いを理解する上で不可欠な二つの最新式呪縛《じゅばく》テクノロジーを取り上げることにしよう。わたしがずっと以前から言っている〈PRS〉と〈忍び足の全体主義〉だ。この二つはひとつのユニットとして稼働する。大衆心理を操作することで世界の社会を絶え間なく変容させ、人びとがアルコーンのアジェンダ《実現目標》を支持するように、あるいは少なくとも実際に反対しないように仕向けるものだ。どちらもごくシンプルなものだから簡単に説明することができる。

〈PRS〉は問題(Problem)-反応(Response)-解決(Solution)の意味で、まず極秘に問題をつくり出す。テロ攻撃、金融破綻《はたん》、政治的激変など、可能性はいくらでもある。次の段階で欠かせないのが主流メディアのコントロールだ。誰が、あるいは何が原因なのかについて、大衆に信じさせたいバージョン《改版》を語らせる。このときに、疑問を呈《てい》したり調査したりして、枠の外から批判的に考えるようなメディアがあればそう簡単ではないのだが、そんなメディアはないので、第2段階ではたいした逆風は吹かず、名ばかりのジャーナリストがほぼ何の異論もなしに公式見解を繰り返すことになる。

操作者は、大衆がそれに反応して恐れや怒り、そして「なんとかしてくれ」いう要求が出てくるのを待っている。そして、それが出てきたところで第3段階の扉が開く。極秘に問題を発生させて偽の悪人の名を挙げた者が、自身が極秘に発生させた問題の解決策を、こんどはおおっぴらに示す。そうして提出される解決策は、つねに法改正やプライバシーの喪失、大規模な監視を含んでいて、多くの場合は戦争に関わっている。

こうして、でっち上げられた問題への反応によって、世界規模での専制政治を目ざすアルコーンのアジェンダが促進される。ただし、ここでいう問題を「極秘に発生させた」張本人は隠れた〈クモの巣〉のエージェントであって、公の場でおろおろした姿を見せる操り人形どもとは限らない。このテクニックの例はあとでいくつも取り上げるが、見え透いた例としては〈9・11〉がある。政権交代させたい国に対して「テロとの戦い」を始めようと思ったら、まず自国に大規模な攻撃を仕掛け、イスラム教徒のテロリストがやったと非難する。あとは世界の大半の国が喝采《かっさい》する中、最初からの計画通りに、イスラム諸国への爆弾投下を開始すればいい。

シリアへの爆撃を正当化したければ、アサド大統領が化学兵器で自国民を攻撃していると言うだけでいい。その主張ひとつで、メディアは血眼《ちまなこ》になって非難を繰り返すから、本当の証拠は必要ない。フェイスブックの行動変容実験に参加した科学者アダム・クレイマーは、感情は伝染すると述べている。「ポジティブな感情表現［投稿］が減ると、ポジティブな投稿が減ってネガティブな投稿が増えた。ネガティブな感情表現が減ると逆のことが起こった」。〈ＰＲＳ〉のＲ（反応）の本質は感情の操作なのである。〈ＰＲＳ〉で発生する「問題」は集団トラウマを生じるように設計されている（爬虫類脳《はちゅうるいのう》と大きく関係している）。トラウマを抱えた人びとは、心理的な暗示に極めてかかりやすい。

　これ以外では、わたしが〈ＮＰＲＳ〉と呼んでいるバージョンがある。これは「問題なし《ノープロブレム》－反応－解決」という意味で、現実の問題がなくても知覚だけで機能するものがある。わかりやすい例がイラクの大量破壊兵器で、イラクには大量破壊兵器など存在しなかったし、彼らもそのことを知っていた。〈ＰＲＳ〉への特効薬は、それで「誰が得をするのか？」という単純な問いかけをすることだ。もしあなたが、当局やメディアが信じさせようとするこのバージョンの状況を信じたとしたら、いったい誰が得をするだろう。それは間違いなく、人類支配のアジェンダ《実現目標》を進めたいと考え、コミュニティや国、世界をその方向に導くための「解決策」を正当化している連中だ。政治家や経済学者も、自分たちが起こってほしくないと思っていることをあなたも恐れるように、そしてあなたもそれが起こってほしくないと思うように仕向けている。ブレグジット《イギリスのＥＵ離脱》の反対運動を見ればわかるだろう。

　主流ジャーナリストないし自称ジャーナリストは、あまりの素朴さと無知からくる傲慢《ごうまん》のために、こうした操作について深く考えることができない。最もよい例がＢＢＣラジオの司会者ニッキー・

〝ザ・人為起源の気候変動に懐疑的な者を軽蔑している&戦争犯罪者のアサドを失脚させろと訴えた男〟・キャンベルだ。キャンベルは、２０１７年3月にマンチェスターのコンサート会場で起こった自爆テロについて、政府のスパイが裏にいると思うという二人の男性イスラム教徒の話を伝えた。

死者22人、負傷者２５０人というこのテロ攻撃を口実に、イギリス政府は直ちに全国に多数の警察官を配備し、インターネット上の情報、見解、意見の検閲をさらに強化する計画を発表した。キャンベルはふたりのイスラム教徒の話を頭から疑ってかかった。「政府の仕業だと言うのです！」と大声を上げて、軽蔑を隠そうともしなかった。「政府」という単語は、大勢の人間や機関を意味していて、その大半は世間から隠されている。しかしキャンベルの頭に浮かぶ「政府」は、わたしたちの目に見える者だけを意味している。そのときの彼はなかなかいいことを言った。「批判的思考はどこへ行った？」

本当なら隠しようなどないのだが、キャンベルが相手なら、隠す必要すらない。〈エリート〉が罪を逃れてのうのうとしていられるのは、キャンベルのような連中に批判的に考える能力がなく、異なる角度から物事を見られないからだ。ＢＢＣが彼に年間45万ポンドを支払うのは、彼がＢＢＣにとってうってつけの人物だからだ。キャンベルは、イスラム教徒の若者が政府を疑っていることに困惑した。本当はそれこそ彼の仕事のはずなのだが、彼はそれをしていない（図４４２）。

同じ日に「進歩主義」の体制派「活動家」シャミ・チャクラバティは、マンチェスターでのテロ

図442：〈郵便切手のコンセンサス〉の化身。

攻撃について「陰謀論」を唱えることはやめようと国民に促した。たしかこの女性は、非公選制の貴族院議員であり、自由と人権を守ると訴える団体「リバティ」の代表を務めたこともある人物だ。ここにも、誰もが自分たちと同じように無知にならなければいけないと主張する「進歩主義者」がいる。彼らは世界をどこへ連れて行きたがっているのか――それを理解することが、最も効果的な〈PRS〉解読法だ。彼らの提案する解決策によって、世界は警察国家と集権化に近づくだろうか。〈PRS〉の操作は裏の裏をかくこともある。

わたしはイギリスの警察ドラマ『ニュー・トリックス～退職デカの事件簿』の旧バージョンを見たことがある。イギリスの諜報工作員が警察のチームに、ある企業に絡《から》んだ殺人事件の秘密調査を命じる。しばらくして捜査が進んだところでチームの面々に、このままでは自分たちの発見がもみ消される、企業側は年金基金と「一般社員」を犠牲にして会社を助けようとしている、と信じ込ませる。工作員は心の中で、関わっている人間の思考パターンを知れば行動を予測するくらい簡単なことだ、とつぶやく。

やがて調査チームのひとりが、もみ消されると思った自分たちの発見をリークした。それを受けて、工作員が上司にミッション完了を告げるところで番組は終わった。彼らは、諜報ネットワークではないところから情報を漏らすことで、その会社にダメージを与えたかったのだ。

〈システム〉は、人びとの行動を予測する目的で、さまざまな刺激に対する人間の精神と感情の反応を驚くほど詳細に研究しているから、どの時点でどんなトリガーを使えば必要な行動と反応を引き出せるかがすっかりわかっている。精神面、感情面で社会の統制を強めることは、人びとの反応が今以上に予測可能になるということであり、したがって〈PRS〉による操作がさらに容易になるということだ。これは政治的な右派、左派、中道派について日頃から見られることで、本人たちは政府や体制《エスタブリッシュメント》に挑《いど》んでいるつもりでいるが、その実は、望まれるままのことを行っている。

ドナルド・トランプに関連する進歩主義派の行動がその今の例だ。彼らは体制《エスタブリッシュメント》に抵抗しているつもりになっているが、実際には国の分断支配に手を貸している。小枝ばかり見て、森が見えていないのだ。そしてそれは、まさに〈エリート〉が望んでいることだ。こうした状況の結果を観察することだ。ほかは瑣末《さまつ》なことにすぎない。聞かされることは気にしなくていい。現実に何が起こっているのか、何が変わったのか、それで誰が得をしているのかを見ることだ。

〈忍び足の全体主義〉は〈PRS〉と対になるテクニックだ。A地点から始めてZ地点（人類の完全な「支配的」隷属状態）へ行きたいとしよう。AからBへ、BからCへと1ステップずつ目標に向かうことは〈PRS〉でできる。

ここでのトリックは、各段階の出来事が、それ自体としてはばらばらに起こっていると人びとに信じ込ませることだ。一般大衆は、忍び足の一歩一歩につながりはないと知覚するが、すべては根本のところでつながっていて、見る人が見れば、明確にある方向に向かっていることがわかる。欧州経済共同体（EEC）、別名「共同市場」は、一歩ずつ中央集権化が進んで、現在のEUのような官僚独裁に変容した。EUは、少なくとも20世紀の初めの数十年には計画されていた。このことは『世界覚醒《かくせい》原論』と『知覚騙し』を参照してほしい。EUプロジェクトの「父」と呼ばれるジャン・モネは1952年の友人への手紙でこう述べている。

ヨーロッパの国々は、何が起きているのかを国民に知られることなく超国家《スーパーステート》へと導かれるべきである。これは連続したステップによって達成される。それぞれのステップは、表面的には経済上の目的のみを持つが、最終的には確実に連邦化をもたらすのだ。

これが〈忍び足の全体主義〉の仕組みだ。これを〈PRS〉と組み合わせることで、彼らは信じられないパワーを持った知覚の欺瞞《ぎまん》を生み出し、ごく微細な点に至るまで、社会を変容させていく。今日わたしたちが暮らしている世界はほとんどその状態に到達していて、公式見解に異を唱える自由な思考や発言、意見は検閲され、抑圧され、周縁に追いやられている。すべてはつながっているのだ。

追記（1）「反ユダヤ主義」らしきものなら何でも激しく非難するEUは、2017年にEUとイスラエルの関係を売り込む公式ビデオの主演に、イスラエルの「コメディアン」アヴィシャイ・イヴリを抜擢《ばってき》した。イヴリの過去の発言を見てみよう――「やっちまえ、ガザを全滅させろ」「パレスティナ人とは民族なのか？」「奴らは糞《くそ》だ」「……パレスティナ人はナチスだ。……奴らはガス室こそ造っていないが……間違いなくナチスだ」「まだ試されていない戦略がある。おれたちイスラエル人がひとり殺されたら、アラブ人を1000人殺すのさ。……先週からアラブ人はおれたちに5000人分の借りがあるってわけだ」。イヴリはこんなことも言っている。

あんたたちはいつもおれたちに「解決策は何だ」と訊《き》くだろ？　解決策は何だ、だって？　もしもし？　おれたちは語呂《ごろ》がいいから「アラブ人に死を」と叫んでいるわけじゃない！　それがおれたちの解決策だからだ！　壁にスプレーで「アラブ人に死を」と書いているだろう！　おれたちが解決策を隠しているなんて、どうすれば思えるんだ？

だが心配はいらない。シオニストは人種差別主義者ではありえない。それが法律だからだ（文字通りの意味だ）。EUはきまりが悪くなり、ビデオを削除した。しかしわたしはイヴリでも、誰であっても検閲を望まない。いつも「人種差別だ」と叫んでいる連中の人種差別の規模と深さを、世界に知ってもらいたいからだ。彼らの偽善行為と世界の人びとを黙らせようという取り組みを非難し、暴露していきたいからだ。ミスター・イヴリよ、ありがとう。君の貢献に感謝する。

追記（2）　この本の本文が完成したあとになって、シオニスト所有のグーグルとユーチューブによる想定内の発表があった。ガイドラインを改訂して、いわゆる「陰謀論」（グーグルが公式ストーリーを広めるためのツールにすぎないことを暴露するあらゆる説）と「ヘイトスピーチ」（前掲）を公的に標的にすることにしたのだ。

「陰謀論」はそもそもグーグルに開業資金を提供したＣＩＡが広めた用語なのだが、定義としては、いわゆる「確立された歴史的、科学的事実」を否定するウェブサイト、である。しかしそのような「事実」で、一度は受け入れられながら、今は滑稽《こっけい》なほど不確かだと示されているものがどれくらいあるだろう？　答えは、次々と現れる、だ。そうした「事実」に挑《いど》むことこそ、わたしたちの前進だ。今はオーウェルがステロイド注射で筋肉の鎧《よろい》をつけている状況で、アップルが出資している超シオニストの名誉毀損防止同盟が、シオニスト所有のグーグルとユーチューブから、検閲機関に加わるよう求められている。計算ずくでの情報抑圧から何が起ころうとしているのか——今それが見えなければ、これからも絶対に見ることはないだろう。

もうひとつ、シオニストに支配され、巨額資金が供給されているアメリカの「反ヘイト」団体で、何もかもナチス呼ばわりする突出した検閲のフロント機関がある。「南部貧困法律センター（ＳＰＬＣ）」という名の組織だ。この組織は２０１７年8月、巨額の金をオフショア口座に送り、シオニストのリチャード・コーエン社長兼ＣＥＯ以下の企業幹部に年間35万ドル超を支払っていたことが暴露された。「言論の自由」の破壊者を非難することで定評のあるアメリカのＴＶ番組司会者タッカー・カールソンは、アップルが出資しているＳＰＬＣを「著しく腐敗した、不誠実で、吐き気のするような」組織だと評した。まったくその通りだ。だが、それはここだけではない。

第12章 あなたの目の前で

月の前で星の見える者はいない。

――アミット・カラントリ［インド出身の作家］

統一性・方向性を見よ！
重要なのは文脈――見える領域、見えない領域
戦争・紛争で呻吟させ、エネルギー源の恐怖が狙い

　ここからのいくつかの章では、これまでわたしが暴露したり強調したりしてきたことのすべてがどこへつながっていくのか、それがどのように結論に向けて計画されているのかを織り合わせていくつもりだ。これには、世界の出来事について〈主流派エブリシング〉が日々紡ぎ出している説明とは大きく異なるものも含まれてくるだろう。

　重要なのは文脈だ。人びとや出来事を別々に見ていてもそれなりの形には見えるだろうが、それをつないでみると見え方ががらりと変わるものだ。主流メディアは、起こった出来事をすべてランダム《無作為》な、つながりのない点として報道する。理由は彼らの90パーセントがつながりや背景に関して無知だからだが、おそらく10パーセントは、すべては見かけと異なるということにある程度気づいている。だが、そんなわずかなメディアさえ、大部分は自分のキャリア《経歴》を守るため、あるいは陰の存在を支持しているために、自分の知っていることを無視している。

　陰の存在は、こうした無知で従順なメディアに依存して、実際に起きていることと、起きていると大衆が聞かされていることとの大きな違いを隠蔽《いんぺい》しているのだ。

　わたしの30年近くにおよぶ作業のすべての基盤は、人と出来事を文脈に位置づけ、すべてがつながって共通の結末に向かっていることを明らかにすることだった。糸がつながれば〈クモの巣〉が

見えてくるし、画素の点《ドット》がつながれば全体像が見えてくる。政治家やメディアのように、それを分離したままにしておくと、何もかもが、統一性も方向性もない、当惑するような、偶発的な出来事の連続に見えてしまう。

実際の出来事には統一性も方向性もあるのだが、〈エリート〉はそれを知られることをひどく恐れている。人や組織や出来事を本当につながった文脈に位置づけられれば、途端に世界がまったく違って見えてくるからだ。

こうしたつながりは複数のレベルで機能していて、「見える」領域だけでなく、「見える」領域と「見えない」領域の両方にまたがって作用している。だから、見える領域で何かの理由のように思えるものが、見えない領域でははるかに深い意味を持つことがある。戦争を例にとってみよう。主流による戦争の説明は、メディアの背後にいる支配勢力（ほとんどが西側の政治家と企業）が口にするものだ。

「独裁者による自国民の殺害を止めるために侵攻しなければならない！」

見える領域で点をつないでみると、これは標的にした政権を排除するためにでっち上げた口実に過ぎず、本当は、世界を手に入れて支配するための、もっと大きな戦略の一部だということがわかる。見えない領域、すなわち、人間の恐怖をはじめとする低振動の感情を食い物にするアルコーンの力の領域へ入っていくと、戦争という行為そのものが最も重要なものになる。

見える領域では、人びとを分断して支配し、土地、資源、自由を奪うための、理想的なアルコーン的戦争が連続して行われているが、その最大の焦点は、どんな種類であれ戦争や紛争が立て続けに起こり、それによって野獣どもが、人びとの感情的な反応を通じてエネルギーという餌《えさ》を得ているということだ。絶え間ない戦争と紛争それ自体が、アルコーンの歪《ゆが》みにとっての最大の優先事項なのだ。何のために戦っているのか――戦いが続いているかぎり、本当はどうでもいい。何を恐れているのか――恐怖が続きさえすれば、本当はどうでもいいことなのだ。

世界の出来事の真実を理解するには、見える領域で起こっていることのすべてが、見えない領域で仕組まれていることを知らなければならない。

過酷管理の「すばらしい新世界」法改悪で政府による白昼強盗!!
「ハンガー・ゲーム社会」――に着々と歩を進める!!

見える世界は、二つの疑問に答えさえすれば明白なものになる。その質問とは「わたしたちはどこへ連れて行かれようとしているのか」ということと、そのために「どんな心理的テクニックが使われているのか」だ。二つ目の疑問には、すでに〈P《問題》R《反応》S《解決》〉と〈忍び足の全体主義〉ですでに答えている。さまざまな出来事についての集合的な知覚を混乱させて操作するマインドゲームはほかにもあるが、人間の精神をターゲットにした世界的な精神プログラムと呼べるものには二つの柱がある。

少数の人間が多くの人間を「物理的=肉体的」に支配するのは不可能だから、精神や現実知覚をコントロールすることで支配するしかない。そこでひとつ目の疑問の「わたしたちはどこへ連れて行かれているのか」だが、わたしは長年の計画である「すばらしい新世界」を「ハンガー・ゲーム社会」と呼んでいる。『ハンガー・ゲーム』はディストピア《暗黒郷》を描いた映画シリーズで、そこではごく少数の超富裕層《メガリッチ》が、邪悪で無慈悲な警察ないし軍事国家を使い、世代を超えて続く奴隷状態に置かれて貧困にあえぐ人びとに、自分たちの意思を押しつける。これは、日ごとに導入が進んでいるのが明らかな、ある国際社会の構造を描写したものだ（図443）。

　この計画では、わずか1パーセントがすべてをコントロールして、残りの人類はほぼすべて、生存基盤を完全に依存した状態で、警察ないし軍の管理システムによって奴隷化される。

　そのための管理システムは今、多くは「テロから人びとを守る」という口実で、世界中で導入が進んでいる。これは、同じネットワークによって仕組まれた同じテロリズムだ。そのネットワークは次に、彼らがコントロールし、武装させ、資金提供するテロリストからわたしたちを守るために、わたしたちの自由を消去しなければならないと言い出す。まさに〈PRS〉だ。

　計画では、基本的な三つのレベルの「人間」社会だけが存在する。上記の1パーセント、警察ないし軍による管理体制の中で彼らに奉仕する者、そしてそれ以外の、貧困と依存の中で奴隷となるすべての人びとだ。現在でも、当局は貧困層や極貧層を侮辱しているが、あれは、1パーセントの連中とその警察部門が99パーセントの人びとに加える攻撃の一例だ。人びとはホームレスにされているのだが、法律では野宿は禁じられている。ホームレスに食べ物を与えることを違法としている

「ハンガー・ゲーム社会」

図443：「ハンガー・ゲーム社会」の構造。

図444：アルコーン・レプティリアンの名刺――同情するな。

都市もいくつかあるし、そうした人びとの世話をすると逮捕される。ある美容学校の生徒は、ホームレスの髪を無料でカットしたために「無免許営業」の疑いで取り調べを受けた（図444）。

こうした当局による非人道的行為の例は枚挙にいとまがない。もしあなたが、今は家と車を所有していて銀行預金もある、経済的な「勝ち組」だからそんなことは自分には当てはまらないと思っているなら、考え直した方がいい。1パーセントの連中と、その1パーセントよりはるかに少ない支配者どもは、あらゆる人の富と資産を狙《ねら》っている。その一味でない限り、現時点で何を所有していたとしても、あなたも99パーセントに含まれる。

すでにアメリカでは、過去に立派な家や高給の仕事のあった人が大勢テント村で暮らしている。歴代の政府は何かと理由をつけて、国民の銀行口座から直接金を取り上げてきたし、ギリシアでは法律まで変えて、財務省の検査官が金融資産や貸金庫の中身を没収できるようにしようとしている。

さらには、第10章でふれたベイルインという詐欺まであって、彼らが意図的に破綻《はたん》させた銀行を救済するために、預金者の金を巻きあげる手法となっている。これは財政破綻が起こった際に富をくすねる主要な方法で、実行されれば、2008年の財政破綻が小さなことに見えてくるだろう。わたしは、これには金融派生商品市場が重要な役割を果たすと確信している。そうなれば、数百兆ドルの価値があるはずの市場が、実際にはただの空気を基盤にしたものだということが明らかになるだろう（その点では、これ以上ないほど有効な瞬間ではある）。

2014年に警察（という名の違法執行機関）がアメリカ人から没収した財産は50億ドルにのぼ

っていて、押し込み強盗の被害額350万ドルよりはるかに上回っている。そう考えれば、国家が盗みとった国民の金と資産は相当な問題になりつつある。彼らはこれを「市民財産没収」法を使って行っている。この法律では、警察は起訴も証明もなしに財産を取り上げて保管できる。しかも犯罪の種類は無関係だ。そして、犯罪者ではないという証明も資産の返還を求める計画も、すべての責任は標的にされた人物に課される。この政府による強盗が急増しているのは、トランプ政権の司法長官ジェフ・セッションズが、犯罪の証拠がなくても警察が財産を容易に没収できるようにすると約束したことが原因だ。

ビル・ゲイツ、マーク・ザッカーバーグ、ジェフ・ベゾス、ウォーレン・バフェット、アマンシオ・オルテガ、カルロス・スリム・ヘル たった5人のメガリッチ、こーんなにも!!――37・5億人分の財産独占

クレジットカード負債の狂乱は――これもすべて巧妙に操作されたものなのだが――今や多くの人びとを財政破綻へ追いこんでいる。ノースウェスタン・ミューチュアル社の2017年の調査によると、アメリカ人の45パーセントが月給の半分を借金の返済に使っている。しかも、これには住宅ローンは含まれていないという。

すでにこの世界では、1パーセントの超富裕層《メガリッチ》が富の50パーセントを所有していて、2016年初めの時点で、世界で最も裕福な62人が、世界人口の貧しい方の半分を合わせたのに等しい富を所有している。なお、この62という数字はそのあと急減している。理由は1パーセントの中でさえ、

年々富と資源の支配が集中しているためで、2017年の調査では5〜6人――ビル・ゲイツ（マイクロソフト）、マーク・ザッカーバーグ（フェイスブック）、ジェフ・ベゾス（アマゾン）、ウォーレン・バフェット（投資会社のバークシャー・ハサウェイ）、アマンシオ・オルテガ（アパレルと不動産業）、カルロス・スリム・ヘル（中南米の電気通信会社）――にまで絞られてきた。

この上位5人は、7億5000万人の財産を合わせたのと同等の財産を各自が所有している。1パーセント未満が所有する企業はグローバル経済を掌握していて、たとえばアメリカ人がオンラインで使う2ドルのうち1ドルが、イギリスでは10ポンドのうち4ポンドが、アマゾンへ入る。アマゾンは今も支配の強化と製品範囲の拡大を続けていて、人間の経済活動の全領域から今まで以上に競争相手を駆逐している。公正さ、分かち合い、人のために何かを残しておくといった言葉はアマゾンの辞書にはない。

ベゾスはすべてを――世界の人びとが購入するほぼすべてのものを――完全に独占することを求めている。

そしてその同じ筋書きを、グーグルやフェイスブックがそれぞれの活動範囲でなぞっている。アマゾンが特許申請中のシステムでは、顧客が店内で電話を掛けて他店の価格を調べることすらできなくなる。まったく血も涙もない。報道によると、ベゾスは激怒してよくかんしゃくを起こすらしく、2014年には、国際労働組合総連合から「世界最悪の経営者」に選ばれている。

今や、世界の巨大経済機構の上位100のうち、51は国ではなく企業だ。世界最大の企業200

社の価値は182カ国の富を合わせた額を超え、147の企業が世界の貿易の40パーセントを占めている。ここでも国際的な「貿易協定」に助けられて、日々権力の集中が強化されている。そうした協定は、政府から企業への権力の移行にほかならない。しかも法的拘束力を伴うので、もし企業の利益を損なう（と企業が言う）法律を通過させたら、政府（国民）は多額の罰金を科されてしまう。

このような法律が人びとや環境にとって有益かどうかなど、このファシズムにはどうでもいい。重要なのは利益（支配）だけだ。詰まるところ、彼らはアルコーン・レプティリアンの悪魔のようなサイコパス《精神病質者》だから、共感のかけらも持ち合わせていない。子どもを生贄《いけにえ》にするのも人びとの人生を破壊するのも思いのままだし、一般市民にマスタード爆弾を落としても一片《いっぺん》の感情も動かない。

官僚委員会独裁
EUから地球規模の官僚制国家世界政府へ――目的は管理と監視――着々と〈忍び足の全体主義〉キャッシュレス世界

「ハンガー・ゲーム社会」の構造は世界政府が基礎になる。これが実現すれば、世界のあらゆるコミュニティ《共同体》に命令が下ることになるだろう（図445）。「政府」といっても、これは選挙で選ばれた政府とはまったく違う。選挙なしに任命された者と、さらにその連中が任命する者によって、欧州連合（EU）のようなやり方で運営される。現にEUでは、何億もの人びとの生活に影響を与える重要な決定が、ダークスーツの官僚によって下されている。

官僚はEUを自分の領地のように運営する一方で、秘密の主人に仕えている。「ヨーロッパ《欧州》議会」

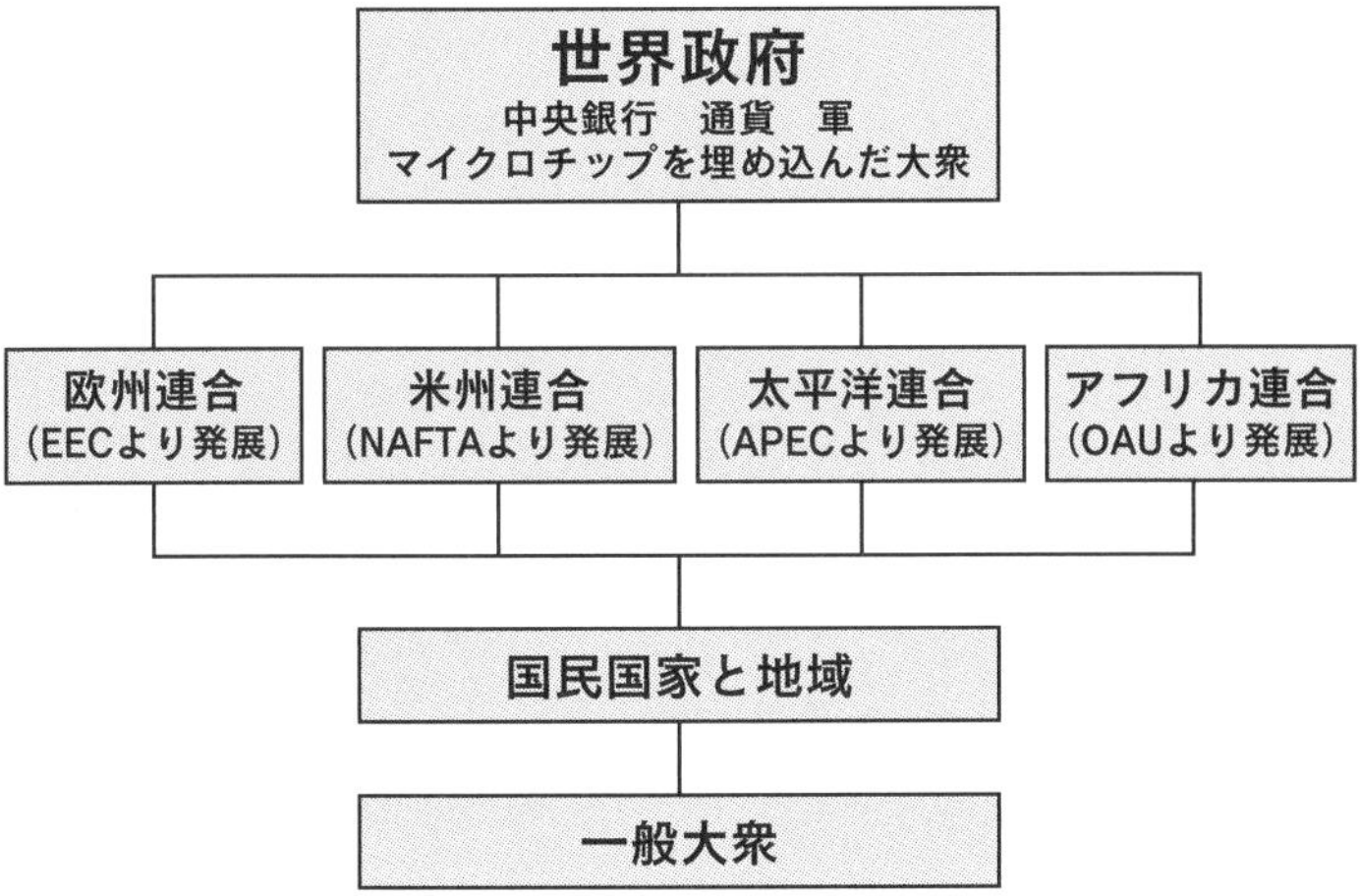

図445：世界政府を頂点とする「ハンガー・ゲーム社会」のヒエラルキー。

という冗談は――他の国ではＥＵ官僚委員会と呼んでいて、こちらの方がふさわしい――幻の権力を行使し、ＥＵを「民主的」と呼ぶためだけの存在で、実際の財政・法律面は、官僚による専制国家として運営されている。

「世界政府」も同じような、しかし地球規模の官僚専制国家として運営されることになる。世界政府はすでに〈忍び足の全体主義〉を通して事実上、導入されている。国連安全保障理事会がそうだし、Ｇ７、Ｇ８、Ｇ20などの首脳国会議もそうだ（Ｇのうしろの数字は何でも同じだ）。次に待ち構えている世界政府は別名「国際社会」と呼ばれ、毎年、世界首脳会議を開催してグローバル・ガバナンスを検討し、推進している。

わたしは１９９３年の*The Robots' Rebellion*（ロボットの反乱・未訳）以来、世界政府のアジェ《実現》ンダ《目標》に光を当ててきたが、今や彼らは、まさにその通りのことをおおっぴらに主張するようになっている。社会を変えるような出来事はランダム《偶然》に起こっているのだろうか――そんなことはありえない。イギリスとフランスは、アメリカ、ロシア、中国とともに国連安全保障理事会の常任理事国５カ国を構成し、どこを爆撃すべきか、すべきでないかなど、多くのことを決定している。

爆撃を実行するのはふつうアメリカ、イギリス、ＮＡＴＯ諸国だが、アメリカが国連を無視して爆撃することも多い。人口では世界第21位と第22位であるイギリスとフランスが、どうしてこのような機関で常任理事国を務めているのだろう。それは世界に広がる〈クモの巣〉のヒエラルキーで、この２国が占めている地位が理由になっている。国の大きさは関係ない。

世界政府は世界中央銀行を通して世界の金融をコントロールするが、その意思を伝える下位のレベルは、すでに欧州中央銀行（ＥＣＢ）などのかたちで存在している。世界共通の単一電子通貨が使われるようになり、現金は消滅するだろう。

わたしは１９９０年代初頭からキャッシュレス社会を警告しつづけているが、今や現金は、かつてない速さで姿を消しつつある。いくつかの国はすでにほぼキャッシュレスになっているし、クレジットカード最大手のＶＩＳＡは、企業に金を払ってまでも、硬貨や紙幣の受け取りをストップさせ始めている（クレジットカードやスマートフォンを持たない人びと、特に高齢者にとっては打撃だが、それはＶＩＳＡの知ったことではない）。国際通貨基金（ＩＭＦ）は現金を消滅させる方法に関して各国政府への助言を発表したが、その提言は現実になりつつある。

いくつかの国では数年のうちに現金離れが進む可能性が高いが、完全なキャッシュレスへの移行は段階的に行われるべきである。現金離れのプロセスは、初期の概して無競争の段階においては、たとえば高額紙幣の段階的廃止や現金取引の上限設定、現金が国境を超えて移動する場合には報告させるといったかたちで構築することができるだろう。

さらに進んだ段階では、取引における現金使用を減らす経済的インセンティブ《刺激策》の創設、譲渡可能な預入金の口座開設や使用の簡素化、金融システムのさらなるコンピュータ化などの手段が考えられる。

これは昔ながらの〈忍び足の全体主義〉だ。キャッシュレス世界の本質は管理と監視だが、現金廃止の背後にある本当のアジェンダ《実現目標》を知らないために、各種の世論調査では、ヨーロッパ人の3分の1がキャッシュレス社会を歓迎している。もしその結果がわかっていれば絶対に歓迎などしないだろう。キャッシュレス世界になれば、何を購入しても即座に〈システム〉にわかってしまう。物々交換は、課税できないことを根拠に禁止されるだろう。

当局に抵抗したり、異を唱えたり、正体を暴いたりする者は、「クリック、クリック、エンター」で簡単に資金へのアクセスを削除されてしまう。手元にある現金は全面的な財務管理に対する防塁だ。だからこそ現金が消滅しているのだ。「だけど、スマホをかざすだけで物が買えるのはすごく便利だ」。人びとは自分たちが何をやっているのかわかっているのだろうか――彼らは奴隷化という究極の不便をつくり出しているのだ。

奴隷への道から必死で逃れよ！
英国民の延命はEU離脱!!――断平ブレグジットを決行できず(メイ首相も)認知的不協和の進歩主義者

世界政府による支配の次の段階は、一連の超大国の出現だ。これはEUと同じ形態をとる。かつての主権国家を分解して小さな地域に置き換え、圧制と押しつけの体制に対する統一的な反応を薄めるためだ。〈システム〉とその代理人や取り巻きは、2016年にイギリスで行われたEU離脱の国民投票で、過半数が離脱に投票したことに大きなショックを受けた。彼らの計画に反することだったからだ。

ブリュッセルの官僚とその代理人、〈システム〉への奉仕者、それにイギリスの愚かな進歩主義者は、あらゆる手を使ってEU離脱を妨害し、離脱をできるかぎり困難にすることで、あとに続こうとする者へ警告を発している。なぜなら、多くのヨーロッパ人が離脱を望んでいるからだ。EUをコントロールしている連中は、少しでも多くの国を受け入れたがっているが、離脱者は出したくない。

何という光景だろうか――何が起こっているかまったくわかっていない進歩主義者は、認知的不協和（二つの矛盾した正反対のものをどちらも真実であると信じること）に支配されて、一方では自由と民主主義を語りながら、他方では、6600万人のイギリス国民の暮らしを細目まで、他国での決定に――それも選挙で選ばれたのではない、名前も知らない官僚どもの決定に――委ねろというキャンペーンを繰りひろげている（図446）。欧州委員会のジャン＝クロード・ユンケル委員長（選挙で選ばれていない官僚）は勤務時間中に泥酔したことを何度も非難されているし、実際にその通りであることがインターネットの動画ではっきり確認できる。彼はユンケル（Junker）の英語読み「ジャンカー」と引っかけて、ジャン＝クロード・ドランカーとかジャン＝クロード・ジャンケットと呼ばれてきた。ユンカー（ユンケル）がEUでキプロス問題を協議している最中に

七面鳥がわたしたちに

クリスマスを棄てるな、と要求！
（EU 残留デモの一場面）

図446：役立たずの老人どもよ、われわれを刑務所から出すな！

「明らかに泥酔していた」とか、周囲の人が困惑するほど若い助手と「親密にしていた」とか、外交官の非難の言葉もマスコミに引用されている。

ユンケルの行動は「異常」だと言われたが、酔っ払っていたのなら、さほど異常ではないだろう。検索エンジンに「Jean-ClaudeJuncker」と入力したところ、名の次に出てきた候補は「Jean-ClaudeJuncker drunk」だった。そうだ、いい考えがある――5億人以上の人びとの暮らしを彼に預けてみたらどうだろう。

2017年のイギリス総選挙は、EU離脱を回避し、イギリスに対するEUの支配権を維持することを狙《ねら》った明白な目くらましだった。保守党のテリーザ・メイ首相は、法律によって必要となるまでは選挙は行わないと何度も言明していて、その頃にはEU離脱交渉はすべて終わっているはずだった。メイ首相は議会の過半数を握っていたから、離脱希望国の手続きを定めたEU条約第50条を発動して脱退の意思を通告することもできた。そうなれば同条約218条3項に従って離脱交渉が開始されたはずだし、実際に交渉は数週間後に迫っていた。ところがメイ首相は、出し抜けに総選挙を行うと宣言した。圧倒的多数を背景に強い立場で交渉に臨むことが必要だというのが理由だった。

世論調査ではメイが勝つという見方が多かったが、ふたを開けてみると、与党によるものとしてはイギリスの政治史上、最悪の選挙運動としか言いようのない結果だった。しかも、これには遺言のようなマニフェストも含まれていて、メイが過半数を獲得するために必要な保守党の中核支持者が、財政面でのターゲット《標的》になっていたのだ。

　メイは初めから負けるつもりで選挙運動をしたに違いない。メイの保守党は辛うじて第一党の地位は保ったが、過半数を割りこんで「進歩同盟」にチャンスがめぐってきた。「進歩同盟」は大部分がＥＵ離脱をまったく望んでいないから、２０１６年の国民投票で国民が賛成票を投じたはずのＥＵ支配からの完全離脱にストップがかかるかもしれない。欧州単一市場にとどまるか穏健な離脱《ソフト・ブレグジット》ということになれば、たとえ公式にはＥＵ加盟国でなくなったとしても、ＥＵの官僚支配から完全に逃れることはできない。進歩同盟が同意するのはせいぜいその辺《あた》りだろうが、もしそうなれば、ＥＵ離脱はほとんど見せかけだけになってしまう。

　野党第一党の労働党メンバー数人が、完全な離脱《ハード・ブレグジット》でメイ首相を支持すると表明したので結果はわからないが、ＥＵ離脱に向けて進んでいた中での総選挙での大敗には、怪しい臭《にお》いがする。決定はメイ首相に近い少人数で下され、党全体への相談はなかった。また報道では、欧州官僚のジャン＝クロード・ユンケルから、圧倒的多数を確保してＥＵ離脱交渉を有利に運ぶために解散総選挙を実施するよう何度か促されたという。しかしこれは、ユンケルが最も望んでいないことだ。もしユンケルの言葉がメイ首相の決断に何らかの役割を果たしたのなら、そのバカ正直さだけでも、彼女に国を治める資格はないと判断するべきだ。

　さっきも言ったように、これはすべてが怪しい。同時に、ＥＵを崇拝する進歩主義者の大半はグローバル化に、また企業に大きな権限を与える貿易協定に反対して抗議を続けている。しかし、そのアジェンダを推進しているのは、EUで官僚権力の継続的集中化を推進しているのと同じ、世界的な陰謀団だ。

ブリュッセルには3万人のロビイスト《圧力団体の代理人》がいて（EUの官僚組織とほぼ等しい）、世界最大級の企業を代表する者も含めたこの連中が、グローバル化を通した世界の企業支配を目指すEU立法の約75パーセントに影響を与えていると推定されている。ここでもう一度頭を振り、深呼吸をして続けよう。無知の傲慢《ごうまん》さだけでは、無知、愚かさ、偽善、自己欺瞞《ぎまん》の規模を表すことはできない。「進歩主義的」な、白か黒かのPC《政治的公正》精神はそれほどひどい、子どものような当惑ぶりを見せている。彼らは、官僚による中央管理を望まない者や、自分の国が移民の規模を決められないことを望まない者はそもそも人種差別主義者に違いないのだから、これ以上の討論や考慮には値しないと確信している。PC進歩主義過激派の観点からすると、彼らには投票する権利さえ与えるべきではない。これは一種の精神疾患だ。精神的な不安定のあまり、ファシストのように行動しているのに、自己アインデンティティーは自由を愛するリベラル派なのである。[しかし2019年12月の総選挙でようやくEU離脱は確定した]

北大西洋テロリスト機構　147カ国で軍事介入 世界軍NATOと米軍――〈クモの巣〉取立人ジョージ・ソロスの操作ネットワークで!! バルカン半島各国を凌辱!!

世界政府の独裁者の意思を強要するのは世界軍になる。世界軍は、各国の軍隊を解散させ、その人員と資源を世界的ネットワークによる管理に譲渡して編成されるもので、究極的には中央制御された単一の軍および警察組織として、国内外を問わず、あらゆる法の執行に責任を負う（実をいうと、これは最終的に人工知能にコントロールされたテクノロジー的な世界軍ないし警察隊になるのだが、それについてはあとで述べる）。

アメリカ合衆国とNATO諸国（これも実質はアメリカ合衆国）は〈忍び足の全体主義〉を通して世界軍を導入するための隠れみので、国際連合の平和維持活動とEU各国の軍もすべて世界軍組織に吸収される運命にある。アメリカ合衆国の軍事費は、2位以下の10カ国を合わせたより多い（図447）。

ロシアは大きく後《おく》れをとっているが、それでも世界にとって脅威《きょうい》だとされ、その一方で、世界で最も好戦的な国は、軍事費に年間6兆ドル以上（隠れたコストを含む）を費やしながら、いくつもの国からの脅威にさらされているとつねに主張している。多くの仮想「敵国」で脅かせば、国民は、自分たちが飢えて路上生活をすることになっても、政府が何兆ドルもの軍事費を使うことを受け入れてしまう。

アメリカ軍は現在、世界196カ国中147カ国で軍事行動を行っていて、世界をいくつかの指揮系統に分けている（図448）。具体的にはアメリカ北方軍（USNORTHCOM）、アメリカ南方軍（USSOUTHCOM）、アメリカ欧州軍（USEUCOM）、アメリカ中央軍（USCENTCOM）、アメリカアフリカ軍（USAFRICOM）、アメリカ太平洋軍（USPACOM）

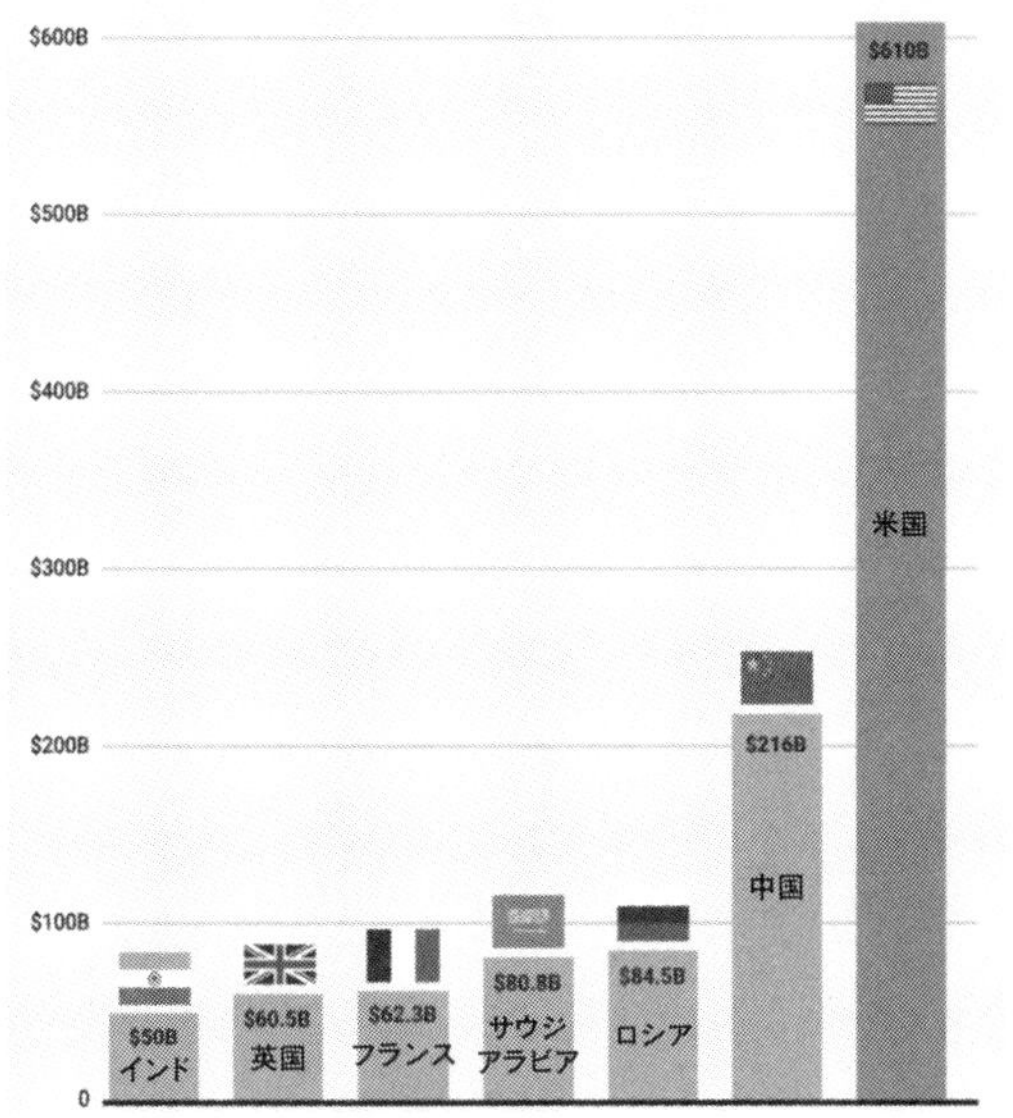

図447：アメリカ軍と他国の軍事費の比較。ロシアは大差のついた３位で、それにサウジアラビアが迫っている。

図448：世界軍への引き継ぎを待つアメリカ軍の世界的な指揮系統。

だ。この傲慢《ごうまん》さも信じがたいが、重要なのは、この組織が究極的にはアメリカ軍のためのものではないということだ。これは、世界軍に引き継ぐための準備的な構造区分なのだ。

　これと並行してＮＡＴＯがあるが、こちらも事実上アメリカが支配していて、世界軍になるため待機中の主要な集団だ。わたしは１９９４年に書いた『世界覚醒《かくせい》原論——真実は人を自由にする』で、ＮＡＴＯが北大西洋地域の外へ活動の場を広げていることに注意すべきだと言った。そもそもＮＡＴＯは、捏造《ねつぞう》された冷戦時代に、西側諸国に対する「ソビエトの脅威」に歯止めをかけるために創設されたもので、それを正当化するために活動範囲を「北大西洋地域」に限定していた。ところが実際のＮＡＴＯは「北大西洋テロリスト機構」と呼ぶべき殺人マシン《機構》で、リビアの無辜《むこ》の民を爆撃し、アフガニスタン、アフリカ、地中海、コソボを含む世界中で軍事活動を展開した。

　特に１９９０年代末には、コソボ（当時は旧ユーゴスラビアに属していたセルビアの一部）を空爆し、無実のセルビア人を多数死傷させた（図４４９）。わたしは２０１７年、セルビアで講演を行った際に、松葉杖を使って苦労して歩いている男性に出会った。戦争犯罪人のビル・クリントンとトニー・ブレアが推進した紛争のとき、ＮＡＴＯ軍によるベオグラード空爆で脚を吹き飛ばされたのだ。セルビアの弁護団は、ＮＡＴＯが空爆で10トンから15トンの劣化ウランを違法に使用したとして訴訟を起こしている。あの空爆は人民や環境に大惨事を引き起こした。弁護団を率いるセルビア人弁護士スルジャン・アレクシッチは、禁止されている武器の使用は、人びとを保護するあらゆる国際協定と規則に違反しているとしている。

図449：NATO はパートナーの米英と並ぶ世界最大のテロリスト組織だ。

図450：驚くほどの偽善。

「われわれはNATO加盟国が、がんに苦しんでいるセルビア国民に治療を提供することを期待している」。その上で、NATOは「セルビアから劣化ウランのあらゆる痕跡《こんせき》を取り除くために必要な技術と装備を提供」しなければならない、とアレクシッチは語っている。これもまた、NATOのおぞましい歴史の一場面だ（図450）。

コソボとセルビアをはじめとするバルカン半島の国々で起こったことは、どのようにして〈隠れた手〉が機能しているか、どのようにしてNATO世界軍とEUのための兵士を確保しているかを示す実例でもある。アメリカ・イギリス・NATOの悪の権化同盟は、いわゆる「コソボ解放軍（KLA）」に資金提供して武装させたが、このKLAはアルバニアが支援するテロリスト集団で、そのアルバニアはアメリカが100パーセント所有している。セルビアとモンテネグロがKLAの攻撃に反応したとき、クリントン、ブレア、NATOはベオグラードとその他地域への爆撃を「人民を保護するため」だとして正当化した（リビア、シリアなどを見よ！）。

コソボの国際平和維持軍に参加したヨーロッパ人将校は、のちにメディアに対し、コソボ「解放」軍の背後にはCIAがいて、セルビア南部の「反乱軍」に、当時のユーゴスラビア大統領スロボダン・ミロシェビッチを狙うよう促したことを確認している。旧ユーゴスラビアと旧ソビエト連邦の崩壊も、世界軍とEUのアジェンダと関連するものだった。

計画は、これらの集団を構成国に分割し、その後NATOとEUに吸収するというものだった。計画通りのことが起こり、現在もそれが続いている。これらの国々が東側の共産主義を離れて西側の共産主義とファシズムに吸収されたときのスピードが、すべてを物語っている。わたしがベオグラードにいたとき、モンテネグロ近郊で大規模な抗議活動があった。議会が国民の意思を問うことなしにNATOへの――ほんの20年足らず前にこの国を爆撃した組織への――参加を決めたためだった。無神経にも程があるが、アルコーンの政治家階級が責任を負っているのは別の支配者であって、国民ではない。

アメリカを崇拝するドゥシュコ・マルコビッチ首相率いるモンテネグロは、2017年7月にワシントンDCで開かれた式典で正式にNATOに加盟した。これによってNATOの兵力に、兵士1950人、ヘリコプター13機、フリゲート艦2隻、監視船3隻が加わった。これはモンテネグロがNATOに入ったのではなく、逆にNATOがモンテネグロ（の領内）に入ったということで、NATOはアドリア海の両側で、ほぼすべての海岸線の支配権を確保したことになる。

嘘《うそ》つきマルコビッチは言った。「これは多大な犠牲を耐え忍んだ国と国民にとって歴史的事件である。われわれは十九世紀と二十世紀に、自由に生きる権利、自らの将来を決める権利を守るために、そして自らの名で、国の象徴によって世界に認識されるために戦ったのだ」。これが、直近の時代に自国民を爆撃した勢力に自国軍の指揮権を譲り渡しておきながら、その一方でEUへの――モンテネグロが自らの将来を決める権利を奪う組織への――加盟の準備をしていた男の言い草である。信じがたいというほかはないが、進歩主義者の自己欺瞞《ぎまん》はこれほどのものなのだ。

アメリカは、アルバニア人とアルバニアの傀儡《かいらい》政権（NATO加盟国）を利用して北へ浸透し、バルカン半島の各国を政治的に乗っ取ろうとしている（図451）。こうした影響力が十分に強くなれば、彼らはNATOとEUに加盟するよう、それぞれの国に圧力をかけるだろう。ドイツの立法府は、国連「平和維持軍」の監視下にあるコソボでワッハーブ派の教義（シャブタイ派フランキズム）が広まることに以前から警告を発したが、これは理にかなっている。

バルカン半島には〈クモの巣〉の取立屋ジョージ・ソロスの操作ネットワークが全域に張りめぐらされていて、セルビアでのスロボダン・ミロシェビッチの打倒や、最近ではマケドニアでの、アルバニア系住民と進歩主義者（ソロスが資金提供している）を巻きこんだ騒乱に関わっている。

ソロスが資金提供している活動家は、マケドニアでは「ソロソイド」と呼ばれていて、あるコメンテーターは「ソロスはマケドニアにトロイの木馬のように現れたが、今では大ダコのようになっている」と発言している。同様の話はソロスが活動している場所ではどこでも――ということはあらゆる場所で――耳にする。彼は金を使って進歩主義者、広範囲の左派、メディアに影響を与え、支配するからだ。

ソロスが設立したオープン・ソサエティ財団からリークされた文書によって、アメリカ市民のシオニスト・ソロスが、ヨーロッパのポピュリスト候補者や反EU運動を止めるために大金を使ったことが明らかになった。28カ国の約100の組織に1万ドルから35万ドルの資金を提供していたという。

ポピュリズムは、進歩主義のアジェンダを守るために悪者扱いされている。ポピュリズムは辞書

図451：NATO と EU によるバルカン半島奪取の状況。これが、旧ユーゴスラビアを解体させた最大の眼目だった。

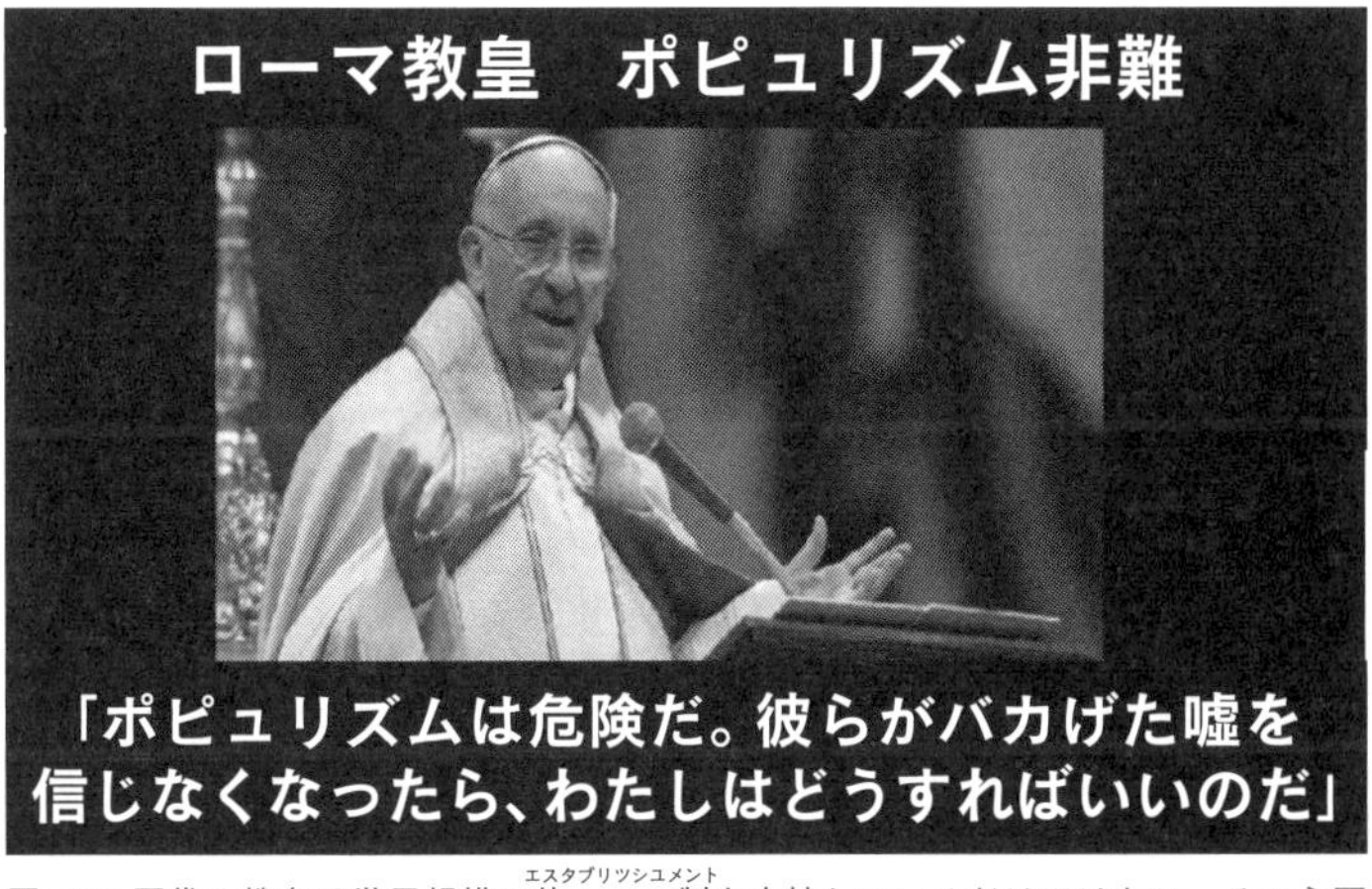

図452：歴代の教皇は世界規模の体制《エスタブリッシュメント》を支持しているだけではない。その主要な柱だ。

の定義通りなら「さまざまな反体制的または反知性的政治運動あるいは哲学。しばしば型破りな解決法や方針を提供し、従来の政党や党派的イデオロギーと調和するよりも、一般人にアピールする」ものだ。これが、ソロスのような連中や彼が代表するあらゆるものが、左右の別なくポピュリスト運動を破壊したがる理由であり、ローマ教皇まで出てきてポピュリズムを非難した理由だ（図452）。「イエス」は神話上の人物だったかもしれないが、あのストーリーを文字通り受け取るなら——ローマ教皇はそうしているはずだ——イエスはポピュリスト運動の先頭に立っていたことになる。

ソロスは2013年から、当時のモルドバ首相ユリエ・レアンカの主要な側近3人に給料を払っていたことが発覚した。ドイツの非営利団体を通じて金を送ることでモルドバの法律をくぐり抜けていたのだ。

アルバニアの首相エディ・ラマは、アルバニアをEUに加盟させるためにトニー・ブレアをアドバイザー《顧問》として雇った。そのブレアの下で「スピンドクター《情報工作員》」として情報操作に当たったアラステア・キャンベルは、イラクの大量破壊兵器について嘘を並べた「怪調査書類」の共同作成者でもある最低男だが、この男も、ラマの社会主義政党が政権を取る途上でアドバイスしている。ベオグラードなどを標的に空爆を実施してコソボ解放軍を支援したことで、アルバニアがブレアに好意を持っているのは明らかだ。

クロアチア、スロベニア、スロバキア、ルーマニア、ブルガリアはすでにNATOとEUの両方に加盟している。同じことはポーランド、エストニア、リトアニア、ラトビア、チェコ共和国、ハンガリーなど、旧ソビエト連邦の構成国でも起こっている。これ以外のバルカン半島と旧ソビエト連邦構成国も加盟の途上にある。

セルビア国民はこれまでのところNATOとEUへの加盟に抵抗しているが、現在の大統領アレクサンダル・ヴチッチは本音では加盟を望んでいて、彼が任命したセルビア初の女性首相で同性愛者であることを公言しているアナ・ブルナビッチは、自分の優先事項はEU加盟と「近代化」だと言っている。ここでいう近代化とは要するに、世界を乗っ取りつつある古典的な進歩的「中道派」の過激思想のことだ。

彼らは、人びとの目が進歩主義者の憎悪の的であるトランプに向くことを望んでいる。そうすれば、次々に国を乗っ取っているのがリベラルではなく進歩主義者だということに気づかれなくて済むからだ。イギリスとアメリカで教育を受けたブルナビッチは、EUは「わたしたちが支持する価値観」を代弁していると語っている。おお、何と「EU」と「価値観」が同じ文で使われている――これはコレクターズ・アイテム《珍奇物》だ。

アレクサンダル・ヴチッチはセルビア人をひどく軽蔑《けいべつ》しているので、やはりブレアを「アドバイザー《顧問》」として雇い、キャンベルを投入して、EUでのセルビアの立場を確保しようとしている。この取引の代金を支払ったのは、どう見ても奇妙なことだが、アラブ首長国連邦の偽王族だ（彼らは〈クモの巣〉の代理人で、その財産は国民から石油資源を盗み取ってつくったものだ）。ヴチッチは、ブレアがベオグラードとセルビア政府への爆撃を主導してから20年も経たないうちに——しかもヴチッチはその政府の大臣を務めていたというのに——再びブレアを雇った。ヴチッチの節操のなさというか、セルビア国民に対する敬意の欠如は驚くべきものだ。しかしその影響はセルビア国民に及ぶ。彼は58パーセントの票を獲得して大統領に当選したと主張しているが、わたしがベオグラードに滞在していた1週間、ヴチッチに投票した者にはひとりも会わなかったし、投票をした人を知っている者もひとりしかいなかった。

軍警一体の強力警察国家
（文字通りの）憲兵——国家管理が探し求める「聖杯」
恐れ怯えてする自己検閲も「正常」化!!

計画は、世界軍が各国の警察をひとつの軍隊ないし警察組織に吸収するためものだが、すでにアメリカでは、はっきりこれが出現している。ペンタゴンが、米軍による余剰装備品の国内警察機関への譲渡を認めた「１０３３プログラム」を通じて、軍用車両とテクノロジーを郡の警察部隊にまで、ただ同然で譲渡しているからだ。今では警察がコミュニティ《地域社会》を戦車で移動するようになり、警察と軍隊の違いは、服装や武器の面でも急激に消えつつある（図４５３および４５４）。

死に至る可能性のあるテーザー銃や、殺傷力のある拳銃、機関銃がありふれた標準装備になりつつあるのは、でっち上げのテロリズムやテロの恐怖が悪用されて、住民が、殺傷力のある武器を携帯した警官や監視国家を受け入れるよう操作されているからだ。

図453：すばらしい新世界での交通パトロール。

図454：計画では、警察と軍をひとつの世界的な管理組織に融合させる。そのため警官はますます兵士に似てきている。

イギリスでは２０１７年のマンチェスターでのコンサート会場へのテロ攻撃などがあって以降、公開イベントに軍服のような制服を着た多数の武装警官が配備されるようになっている。警察はますます軍のように見え、軍のように振る舞うようになってきた。これは、最終的にこの二つを融合させる計画だからだ。世界中で、軍化した警察が新たに生まれてくる警察国家を監督しつつある。それを支えているのが、すでに極端なレベルになっている監視と管理で、これはどんどん強化されていく。また、知能を厳しく制限された精神病質者《サイコパス》が組織的に採用されてきている。今も残っている本物の警官、誠実にバランス感覚を持って仕事をしたいと思っている警官にとっては、今の警察の仕事は悪夢のようなものに違いない。

監視テクノロジーによって、当局はわたしたちの行動をほぼすべて追跡できるようになっているし、間もなくこの「ほぼ」も取れてしまうだろう。これを書いているあいだにも、イギリス政府は電気通信事業者のＯ２、ＢＴグループ、ＢスカイＢ、ケーブル・アンド・ワイアレス、ボーダフォン、ヴァージン・メディア、および各種の通信傍受機関と提携して、すでに実施されている巨大規模での状態追跡《ステイト・トラッキング》をも超える、大幅な監視強化を押しつけるための新しい法律を準備している。これが成立すれば、情報通信会社は政府とその機関に対して、指名された人が１営業日以内に投稿したコンテンツやその他の「二次情報」へのリアルタイムのアクセスを提供する法的責任を負うことになる。暗号を解除する義務も負うはずだ。

電子通信とは、ウィキリークスやエドワード・スノーデンのような元インサイダー《内部告発者》による暴露が示すように、人びとの行動にもはやプライバシーはないことを意味している。しかも、これでも全体像のほんの一部にすぎない。知識が区画されているということは、インサイダーが見ているのは〈ビッグ・ブラザー《独裁的支配者》〉組織のあるレベルだけで、全体像ではないことだ。

知る必要のあることだから、内部告発者のしたことは素晴らしいが、だからといって、深部国家《ディープ・ステート》は監視の目が届く範囲が公になることを喜んでいないと思っているなら、それは甘い。多くの調査から、人は自分が監視されているかもしれないと知り、電子的にすることはすべて検索可能だということを知ると、自己検閲を始めることが確認されている。見つかるかもしれないという恐れから人びとが自ら何かをするのを控えるようになる——それこそ国家管理が探し求める「聖杯」だ。もし〈システム〉に挑《いど》む気骨が人びとになく、恐れで凍りついて沈黙してしまうなら、国家による監視の規模が明らかになればなるほど、かえって自己検閲は厳しくなっていくだろう。

管理の次の段階はドローン（武装無人偵察機を含む）で、それに合わせて極めて精巧な追跡技術による監視が行われる。たとえば人間の耳では聞き取れない高周波音を傍受する電話アプリを使ってウェブサイトによる放送、ラジオやテレビの放送、宣伝、あるいは店や競技場の音などを拾っていけば、そうした情報から、あなたの生活のプロフィールを作成することができる。

衛星が宇宙からアホウドリの数を数えているくらいだから、人間の活動がどれほど広範囲かつ詳細に追跡し、記録できるかわかるだろう。家々や、さらに広範囲の地域のホログラフィック《立体映像》版が、Wi-Fiトランスミッションを使って作成されている。

ミュンヘン工科大学のエミー・ネーター量子センサーリサーチグループのフリードマン・ラインハルト所長によれば「このテクノロジーを使えば、まるでマイクロ波放射が見えるかのように、Wi-Fi送信機の周囲の空間の三次元映像を作成できる」という。彼らがすべての家や、その他のあらゆる場所にWi-Fiとスマートメーターを設置したがる理由のひとつはこれだ（ただし、ほかにも多くの理由はある）。ホログラフィー《立体映像》の技術を使えばプライベートスペースをリアルタイムで監視することも可能になるだろう。ウィキリークスが暴露した文書から、ＣＩＡは「アルキメデス」と呼ぶシステムを使って、トラフィック《詳細情報》をコンピュータからリダイレクト《転送》していることが明らかになった。リダイレクトする先は、これもＣＩＡが管理する「エクスプロイテーション・サーバー」だ（ちなみにエクスプロイテーションには「搾取」という意味がある）。

まったく信用できない元ＦＢＩ（連邦捜査局）長官のジェームズ・コミーはサイバーセキュリティ会議で、アメリカにはもはやプライバシーというものはなく、国民は会話も通信も人に知られているかもしれないという事実を受け入れるべきだと発言した。「司法の手の届かない場所はない」。もっともここで「司法」という語を使うのは不誠実というものだ。何か司法による監視のようなことを臭わせようとしているが、実際には、こうした機関は自分たちのやりたいことをやっている。

国家情報長官は、２０１６年だけで1億５１００万通の通話記録を追跡したと報告しているが、これは当局が認めている数にすぎない。コミー発言は、〈ビッグ・ブラザー〉を生活の一部として日常化させ、現在の状況やこれからのあるべき姿を受け入れさせるためのキャンペーンの一例だ。

子どもたちには、こうしたすべてを当たり前として受け入れるよう、カメラや指紋、虹彩《こうさい》スキャン技術を使った条件付けが行われている。そのため、学校はますます刑務所に似てきている（図45）。

わたしは1952年生まれで、監視社会が本格的に始まる前の状況を知っているからフィルターが身についている。今の若者は監視された学校、町、コミュニティ《地域社会》しか知らず、それに慣れているので、正常とはほど遠い強制に対して「正常」という感覚を抱いてしまう。わたしたちはこのことを、機会あるごとに強調していかねばならない。人びとがインターネットでどのサイトを訪れるかを追跡すること、家でスマートテレビやスマートフォン、スマートメーター、テクノロジーによる「オフィスアシスタント」、それにインターネットとつながっているあらゆるもの（玩具《がんぐ》もそうだ）を使って何をしているかを追跡すること、監視カメラやドローン、電話、タブレット、腕時計、マイクロチップによって人びとがどこへ行ったかを知ることは、絶対に正常ではない。そんなことは言語道断で、不必要で、常軌を逸している。

テロリズムからわたしたちを守るためだと聞かされているが、それは真っ赤な嘘だ。わたしたちの目の前で、毎日のように警察ないし軍の組織と「ハンガー・ゲーム社会」の構造が持ちこまれ、1パーセントの意思がそれ以外の人びとに押しつけられていっている。だが、それも一部のことにすぎない。決して忘れてはならないのは、1パーセントと世界的な〈クモの巣〉など導管にすぎないということだ。この怪物のようなレベルの人間管理を実際に指揮しているのは、陰の領域から糸

図455：学校は、子どもが日常的な監視と当局による管理を「正常」として受け入れるように訓練している。

を引くアルコーン・レプティリアンの操作者なのである。

自立！自給自足を消去!! ロックフェラー一族の稀なるも良心的人士
世界を所有する――リチャード・デイ博士の怖い予言《知っている計画》

『ハンガー・ゲーム』シリーズに出てくる〈エリート〉は、警察と軍の複合体に守られて、奴隷たちとは隔絶した生活をしている。現在、地下や山中には巨大な都市がいくつも存在している。〈エリート〉は、人工知能（ＡＩ）で秘密の場所からコントロールされる軍に人びとが服従するまで、そこに身を隠しているつもりなのだ。

『ハンガー・ゲーム』の奴隷はいくつもの区域に分割され、互いに混じり合うことも会話することもできずにいた。見るための精神が残っている者だけが、同じパズルのピースが移動させられてそれぞれの場所に嵌《は》められていくのを観察することになる。こうした区域は「キャピトル」に住む〈エリート〉に奉仕するため、それぞれ特定の生産部門を担当することになる。これは、わたしが別の著書で詳細に説明してきたように、元はＥＵの計画だった。

たとえばイギリスは、金融とサービスを担当し、漁業、鉄鋼、石炭、製造業を衰退させることで秘密裏に同意した上で、小児性愛者で、悪魔崇拝者で、連続小児殺人者のエドワード・〝ザ・ブラックアイ〟・ヒース首相の下でＥＣ《欧州共同体》（現在のＥＵ）に加盟した。さっき述べたのは、それ以後の40年あまりで起こってきたことだ。

わたしは前著『幻の自己』で、ロックフェラー一族のインサイダー《部内者》で「プランド・ペアレントフッド《全米家族計画連盟》」の幹部でもあるリチャード・デイ博士による、１９６９年の極めて正確な予言を詳細に取り上げた。デイ博士は、新しいグローバル・システムでは、各国は何も自給自足できなくなり、特定の領域のみを担当するようになるだろうと述べていた。また、ペンシルバニア州ピッツバーグの小児科医の会議で講演したときには、これから世界がどのように変化していくかを話すので、録音機器のスイッチを切り、メモも取らないように求めて、聴衆を愕《おどろ》かせた。

誰も理由がわからないようだったが、わたしは博士の行動をうれしく思っている。なぜなら博士の話から、この人間社会の変容がいかに早くから計画されていたかを深く理解することができたからで、もちろんオーウェルの『１９８４年』やハクスリーの『すばらしい新世界』など、ほかの「予言的な（＝計画を知っている）」例も合わせてのことだ。実はその夜、ローレンス・ダネガンという医者がメモを取っていて、２００４年に亡くなるまでに何度かインタビューに応じ、デイ博士の言葉を詳細に伝えてくれている。デイ博士の予言は、ワールド・ワイド・ウェブについては正式に発明される20年前に、スマートテレビについては導入される40年前にふれていた。

ジョージ・オーウェルがこれを描いたのは１９４８年で、小説の中では「テレスクリーン《監視映像器》」と呼び、家にいる人びとを映したり、監視したりさせていた。現在のスマートテレビはまだ最初のバージョンだが、インターネット最大手のサムスンはすでに新しい超薄型のスマートテレビ「ザ・フレーム」を発表している。これはずっと電源が切れず、壁に掛けると絵のように見える「アートモード」機能を搭載しているという、まさに監視のためのものになっている。ローレンス・ダネガンによると、リチャード・デイ博士はこれを新世界の経済、商業システムと呼んだそうだ。

博士が述べた計画では、統合された世界システムの中で、世界のさまざまな地域に産業や商業のさまざまな役割が割り当てられる。ずっと続いてきたアメリカの優位性は、その相対的自立と自給自足とともに変化を余儀なくされるだろう。

これは、製造業をはじめとする多くの産業をアメリカやイギリスから大幅に外部委託し、委託先の国で搾取労働を行うことで実現している。これによって西側の労働市場と収入が抑制された。そこへ移民が大量に流入したことで、今度は搾取労働が西側へ逆輸入されるようになり、今は人類全体が下方スパイラルに入って「ハンガー・ゲーム社会」へ向かっている。増大する失業やホームレス、低賃金、ゼロ時間契約（雇用者が最低労働時間を提示する必要がなく、必要なときにスタッフを呼びだして、その分だけ賃金を支払う制度）など、すべてはこれと関連している。

自分や家族を養っていけない人たちのためのフードバンクの数は、イギリスでは２０００以上にまで増え、緊急食料パックの需要も9年連続で増加している。しかも今は、就労機会をロボットやＡＩ（人工知能）へ大規模に置き換えることが世界的に行われているため、このプロセスはさらに加速している。この動きは始まったばかりだが、これから劇的に増加するだろう。

ドナルド・トランプは有権者に、自分は外部委託を転換する男だと売りこんだが、そんなことは決して起こるはずがないから、せいぜいが、あちこちに白粉《おしろい》をはたいて、そんな転換は起こっていないという真実を隠すのが関の山だろう。

超国家的《スーパー・ステート》なグループ分けと巨大企業による世界的な中央集権化が進むということは、専門化によって各国が自給自足の能力を失い、コントロールできない力に依存するようになる一方で、世界の中心にいる連中は〈システム〉全体をコントロールし、命令することができるということを意味している。その役割を担うのが世界政府と世界中央銀行で、その決定は世界軍によって実行される。ロスチャイルド家とロックフェラー家の〈エリート〉が作った世界貿易機関（WTO）や世界保健機関（WHO）などはその準備の一環で、すべての対象分野をひとつの屋根の下に世界規模でコントロールし、自分たちの意思をすべての男性、女性、子どもに押しつけるためのものだ。これは絵空事の予言ではない。実際に起こっていることなのだ。

規制や法律の氾濫《はんらん》によって多くの中小企業が、とりわけEUで倒産に追いこまれているのも、まさにこれを目的としたものなのである。「ハンガー・ゲーム社会」には巨大企業しか存在しなくなり、それ以外のものはすでに消去されてしまう。グローバル化は偶然の出来事ではない。ごく少数の人間が大多数をコントロールするのには、これが不可欠なのだ。

人類はかつて部族の中で暮らし、その進む方向や活動の方法を自分たちで決定していた。その後、部族がまとまって国家が生まれ、多くの部族は中央から管理されるようになった。今はそれが、E

Uのような超大国や世界規模の団体が集中管理する国家に移行した。この流れはすべて、見えない領域からアルコーンが操っていることだ。

新しく中央集権化が進むたびに、多くの人びとに対するコントロールが強化され、今度はその力によって、中央集権化がさらに加速する。だから、グローバル化のペースはどんどん上がっていく。企業支配が強まることのもうひとつの側面は、政府が企業に所有されることで、公共の資産が市場価格よりはるかに安価で売却されるようになることだ。

これはイギリスをはじめ世界中で何度も目にしてきていることで、無能だからという言い逃れがされているが、実はそうではない。非情なコーポレートバンク《営利銀行》（ゴールドマン・サックスを見よ！）、IMF、EU、そしてブリュッセルの欧州委員会を取り囲む3万人の企業ロビイストが引き起こした経済破綻の直後、孤立したギリシアは、企業によって資産を剝《は》ぎ取られた。次々と打ち出される緊縮財政策を条件に、返済できるはずもない新たな救済措置が提示されても、アレクシス・ツィプラス首相の哀れなギリシア政府は黙って従うしかなく、国民は飢えて死んでいく。これこそが、共感のかけらもないシャブタイ派フランキズムと悪魔崇拝の本質なのである。

真の権力者はアルコーン・レプティリアンの〈クモ〉とつながっている！

政権「選択」――悪趣味な冗談

世界規模の独裁政治に向けてこのような段階的な変容をもたらすには、政治的な意思決定をコントロールする必要がある。さまざまな政党があって、人びとが投票すれば、どの党にも政権に就《つ》く可能性があるという状況では、これは大問題のように思えるかもしれないが、実はそうでもない。いったん政治的、財政的な構造ができあがって、自分の望む人物をほぼ確実に政財界の高い地位に送り込めるようになれば——あるいは逆に、例外的な人物が選出されて本当の変化が起こってしまう可能性を制限してしまえるようになれば——まったく問題はないのだ。

「疑似乱数」のテーマに話を戻そう。そこでは「異なっている」が「同じ」の同義語になる。たとえ多くの政党があっても、重要なポイントは、ほぼどの国でも、政府を形成する可能性がある政党は二つか、せいぜい三つしかないということ、そして、法律をつくって社会を変えるのは政府だということだ。政党Aに投票し、その政党が政権を取る。その政党のすることを気に入らない場合、政党Bに投票する。政党Bのすることが気に入らなければ、その政党Bを排除する唯一の方法は、再び政党Aに投票することだ。これが、政権「選択」とか「民主主義」とか「自由」とか呼ばれているものの実体だ。

さらに、どの政権政党（および大半のミニ政党）も背後では同じアルコーン勢力に操られていることを考えれば、政権選択という神話はさらに滑稽《こっけい》なものになる。政治的な右派と左派との往復は文字通りの電磁波システムで、そこから二つの「陣営」や極がつくり出されるが、それで発生するのは定常波だから、何の変化も起こりはしない（図456）。

先に述べたように、定常波ないし定在波は、同じ周波数の二つの波動が同じ媒体中を反対方向へ

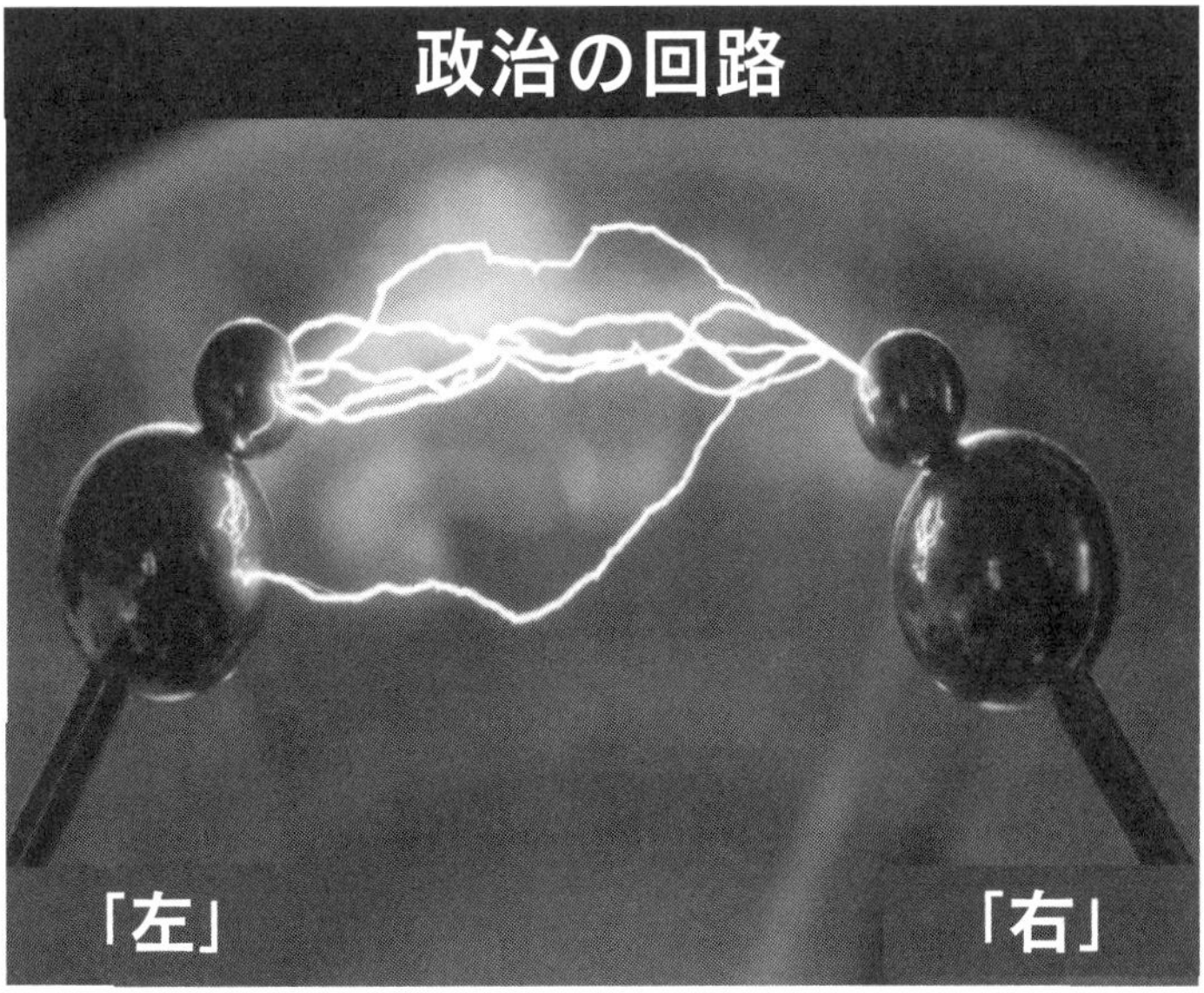

図456：政治とは文字通り電気的な振動システムで、極と極とのあいだに定常波を形成する。これはその場駆け足だからどこへも行きはしない。

進みながら相互に干渉したときに発生する。二つの波は結びついて、同じ位置で振動する波を生み出す。その場駆け足のようにも見えるし、ＤＮＡの二重らせん構造のようにも見える――決して変わらない政党政治あるいは政治的ＤＮＡの表現としてぴったりだ。これは波形ないしホログラフィ《立体》ック・バージョン《映像版》の定常波構造であり、シミュレーション《模擬実験》そのものだ（上の如《ごと》く下も然《しか》り）。

最も誠実な政治家でさえ、この振動波を毎日体験することによって、やがては「政治体制」の振動数で拍動するようになり、部分（政治家）は全体の表現へと変わっていく。それが、例の「彼が政治の世界へ入ったときのことを知っているが、今はあの頃反対していたことばかり主張するようになっている」ということだ。

２０１１年にわたしがウクライナで講演したとき、大統領はヴィクトル・ヤヌコーヴィチだった。彼は２００４年の「オレンジ革命」で不正疑惑により退陣したが、国民は新しい大統領のことも気に入らなかったので、取り替えるには、選挙に勝てるもうひとつの政党に投票する以外になかった。そこでその党を率いていたのは……ヴィクトル・ヤヌコーヴィチだった！　国民は、革命で追い出した男を再選した。それが不正操作された〈システム〉が提供する唯一の「選択肢」だったからだ。その後の２０１４年にはアメリカ主導の「ウクライナ騒乱」が起こり、この「人民の」革命で、ヤヌコーヴィチは再び退陣に追いこまれた。

すべての政党をコントロールする必要はない。実際にはほぼそうなっているが、本当に重要なのは、政府を組織する可能性のある二つか三つの政党だ。同様に、政党内のすべての人間をコントロールする必要はなく、党の立場と方向を決定する者だけで十分だ。しかも、こちらの望み通りに動いているという自覚すら必要ない。前提として、彼らはこちらの望むことを望んでいるのだから、その前提に立って説得し、選抜すればいいのだ。

イギリスのマーガレット・サッチャー元首相が権力の座に就《つ》いたのは、サッチャーリズムと呼ばれる彼女の政治哲学が、１９８０年代に〈隠れた手〉が望んだこと、すなわち富と資産を国有から〈エリート〉の私有へと転換することと一致していたからだ。同じ時期にロナルド・レーガンがアメリカ大統領になり、サッチャーの政策とそっくりの「レーガノミクス」を導入したのは、本当に純然たる偶然だったのだろうか。

世界の指導者はただの操り人形にすぎず、その範囲は、内情に通じている者（少数）から、自分が政治的権力を手に入れてそれを守るためなら何でもする連中（多数）、さらには「顧問」にコントロールされた完全な愚か者（気が滅入るほど多数）までさまざまだ。

何もかも承知の上でアルコーン・レプティリアンの〈クモ〉とつながっている「真の権力者」は、正体を特定されて狙われる危険があるから、人前には出てこない。政治には独自の〈郵便切手《ちっぽけ&金太郎飴》のコンセンサス〉がある。つまり、ごく少数を除く大半の連中は、同じように世界を見ているということだ。増税を望む者もいれば、減税を望む者もいるかもしれないし、貧者に与える金を増やそうという者もいれば、減らそうという者もいるかもしれない。しかし根本は同じだ。

たとえば銀行は、各国の政府よりはるかに強い力で世界の出来事をコントロールしている。そのグローバルなパワーは、信用《クレジット》という名の実在しないマネーを貸し付けて、そこから利子を取ることによって生じている。だが、政府を組織する可能性のある政党が、もう空気のようなマネーに利子を課すことはやめよう、政府が無利子の通貨を創って、銀行による通貨（＝実在しないクレジット融資による負債）の発行を認めないようにしようと呼びかける可能性はない。ごく小さな政党でさえこれを要求しない。

わたしが個人的に出会った中で、そうしたことを主張した政党はクロアチアの「人間の盾党」で、この党はわたしの本で情報を得たことで議会で議席を獲得した。イギリス緑の党のある候補者にも、銀行が何もないところからマネーをつくり出すことについて党の方針を尋《たず》ねてみたが、その候補者はわたしの話をまったく理解できなかった。大部分の政治家は銀行制度の仕組みについて何も知らないし、知っている少数の政治家には、それを変えようという気力も願望もない。コーポレートバンク《営利銀行》が利子付きの負債として通貨を生み出すことを禁止しない限り、政治家が何をしても、最終的には何の違いももたらさない。経済統制は政治家のものではなく、銀行家のものであり、究極的にはその銀行家をコントロールするアルコーンの〈クモの巣〉のものなのだ。

「政党」は〈エリート〉〈血脈〉による詐欺
政界の「王家」——「自由」という幻想
反乱封じで露骨な「独裁」を糊塗

政党は、人びとが王家の血統による露骨な独裁政治を拒否するようになって生まれた。それ以後の〈エリート〉は、ダークスーツや政治家、ＣＥＯ、銀行幹部、メディアオーナーといった言葉の背後に血統を隠し、そのますべてをコントロールし続けてきた。しかしターゲットにされた人びとは、これからは誰が国を治めるかを自分たちで自由に決められるのだと信じた。自由という幻想は、支配を継続する上で、露骨な独裁政治を見せるよりはるかに強力なツールとなる。目に見える独裁ならどこかの時点で反乱が起こるが、大衆が自分たちは自由だと思っていれば、本当は自由でなくても反乱は起こらない。

　政党とは〈エリート〉による詐欺だ。政党に焦点を合わせると、強い意思のある者もない者も含めて、個人は否定される。知的で高潔な人は、よほど適切な選挙区ないし州で、よほど適切な政党に属さない限り、国会や議会に選出されることはないだろう。ほとんどの国民は、個人ではなく政党に投票する。重要なのは、政党のシンボルカラーを示すリボンなのだ。堕落した卑劣な人間でも、適切な選挙区ないし州で適切な政党に属しているかぎり、選挙によって権力の座に就《つ》くことができる。

　これにより、個々の政治家の支配権は政党を運営する人間の手に、そして最終的には、政党を支配する人間を支配する者の手に渡る。当選するためには、勝てる政党の候補者に選ばれなければならない。候補者に選ばれるためには、その党の支配層に彼らが聞きたがっていることを話し、支配層の指示する「党の方針に従う」ことが必要だ。当選しても、党の支配層が要求することをし続けなければならない。そうしないと、政府ポストに選ばれる見込みがなくなってしまう。こうして、党を支配する者は、党内にいる全員を支配するようになり、次のレベルでは、すべてを〈エリート〉に渡してしまう。

大政党の大部分には中核グループがあって、リーダーを選んだり政策を指揮したりしている。ジョージ・W・ブッシュ［ブッシュジュニア］が率いたアメリカ共和党は新保守主義《ネオコンサーバティブ》、通称ネオコンと呼ばれるシオニスト集団にコントロールされていて、裏にはロバート・ケーガン、ウィリアム・クリストル、リチャード・パールらが、政権内には副大統領のディック・チェイニー、国防長官のドナルド・ラムズフェルド、国防副長官のポール・ウォルフォウィッツ、それにペンタゴンの全予算を担当する国防総省監査担当次官のドヴ・ザクハイムらがいた（ブッシュを陰でコントロールしていたプレーヤーについては、次章の〈9・11〉と「対テロ戦争」のところでもう一度取り上げる）。

民主党にもわたしが「デモコン」と呼ぶ同様の集団がいる。名前を挙げれば、ロスチャイルドの取立屋ジョージ・ソロス、クリントン夫妻、ズビグネフ・ブレジンスキー（ジミー・カーター政権の国家安全保障担当補佐官。２０１７年5月死亡）がいる。デモコンはバラク・オバマを大統領在職中の8年間コントロールした。この党内派閥組織は、２０１６年の大統領選挙に向けて、人気で上回るバーニー・サンダースを抑えてヒラリー・クリントンを大統領候補にするよう請け負った（とウィキリークスの文書は示している）。

〈エリート〉の主要資産《アセット》は二つの党の間を容易に移動する。たとえば「共和党」の国務長官でウルトラ・シオニストのヘンリー・キッシンジャーは、大統領「顧問」としてジョージ・ブッシュ（共和党）、バラク・オバマ（民主党）、ドナルド・トランプ（共和党、というか、何であれ本人が明日はこれだと決めた党）と仕事をしている。

直近米大統領六人衆――その華麗なる犯歴一覧

レーガン、父ブッシュ、クリントン、子ブッシュ、オバマ、トランプ 戦犯、麻薬運び、小児虐待、連続殺人、女性虐待、詐欺…

さて、ここで人びとが絶対に知っておかなければいけないことを明かそう。それは、一歩先は闇《やみ》の世界に入ればネオコンも民主党も、シャブタイ派フランキストや両グループ内にいる〈クモの巣〉の資産《アセット》を通じて、同じアルコーン勢力にコントロールされているということだ（図457）。誰がホワイトハウスにいようと、その人物がどの政党を代表していると主張しようと、権力を握っている勢力はつねに同じだ。

十九世紀のアメリカの文豪マーク・トウェインは言った。「もし投票によって何かが変わるなら、彼らはわれわれに投票などさせないだろう」。権力を中央に集中させ、戦争を遂行し、〈ビッグ・ブラザー〉国家を推進し、貧しい人びとを踏みつぶして金持ちに奉仕するという方向性は決して変わらない。誰が権力の座に就いても同じことが起こる。なぜなら、つねに支配権を握っている〈隠れた力〉がそれを要求しているからだ（図458）。

彼らはレトリックやイメージを使ってこのことを隠し、次の政治指導者は違う、本物の選択肢を提供してくれるという好印象を与える。それが最も明白になったのがブッシュのあとを受けたオバマの選挙戦で、彼は60秒ごとに「チェンジ」を訴えた。政治家はよくこの言葉を使う。理由は、ほ

図457：どちらの「党」が権力を握っても何も変わらず、絶えず同じ進路を取り続けるのはなぜだろう。それは権力が幻想だから、〈陰の存在〉がつねに権力を握っているからだ。

とんどの人びとが現状にうんざりしているからで、大衆は、現状を変えると言う政治家なら誰にでも惹《ひ》かれてしまう。しかしその現状というのは、実は「チェンジ」を訴えた前の政治家がもたらしたものだ。政治家は何も変えないし、変えるつもりもない。すべては票を獲得し、〈エリート〉が望むことを実現する力を確保するために繰り返されるでっち上げにすぎない。

〝ミスター・チェンジ〟オバマもブッシュの継承者にすぎなかったし、この「平和の男」は、初めからの予定通り、戦争をもたらす男になった。オバマが大統領だった8年間でアメリカが戦争をしていなかった日はただの1日もなく、テロ容疑者を収容する恥ずべきグアンタナモ湾拷問収容所も、オバマの「1年以内に」閉鎖するという公約にもかかわらず、今も閉鎖されていない（図459）。大統領職最後の年である2016年、オバマ政権は年間推定2万6000発の爆弾を落とした。1日24時間、1時間に3発ずつ落としつづけた計算になる。

彼が当選したとき、わたしは「裸の王様」というタイトルの記事でオバマを非難した。彼が詐欺師でペテン師であることは明らかだったからだ。彼が〈エリート〉の銀行と機関から記録的な額の選挙費用を引き出したという事実からだけでも、彼が絶対に「民衆の味方」にならないことは明らかだった。

3億2600万の国民に、口だけの「選択肢」を与える政治体制を導入したのは、次に挙げる直近の6人の大統領だ。すなわち、ロナルド・レーガン（大統領在職中から認知症、マインドコントロールされた女性を虐待、軍事行動と他国への隠れた支援を行った戦争犯罪人）、ジョージ・ブッ

図458：左派と右派の権力闘争という自己欺瞞《じこぎまん》。

図459：最初から最後まで欺瞞。

シュ・シニア（麻薬の運び屋、小児虐待者、連続殺人犯、ＣＩＡの深部国家《ディープ・ステート》工作員で戦争犯罪人）、ビル・クリントン（ブッシュ一族の友人、麻薬の運び屋仲間、連続女性虐待者で戦争犯罪人）、ジョージ・ブッシュ・ジュニア（ほぼ非識字者で発達障害の幼稚な戦争犯罪人）、バラク・オバマ（ペテン師のフロントマン、ミスター・チェンジ・ナッシング、戦争犯罪人）、そしてドナルド・トランプ（部外者《アウトサイダー》を演じる部内者《インサイダー》、リアリティ・テレビ番組のスターで戦争犯罪人、この本を執筆時点で大統領在職１００日）だ。

では、過去40年近くを振り返って、何億人ものアメリカ人の中から、この連中よりましな人材は見つからないということなのだろうか。もちろんそんなことはない。だが、それは許されていない。候補者を選択し、メディアと資金を操作しているのは〈エリート〉だから、わたしたちには彼らが選択したものしか与えられないのだ。これが現実に存在する唯一の政権の「選択肢」、すなわち〈エリート〉と〈クモの巣〉が自分たちの利益になるように選んだ支配者なのだ。

ここでレーガン、ブッシュ、クリントンについて述べたことの背景については『世界覚醒原論――真実は人を自由にする』と『大いなる秘密』を読んでほしい。誠実な人物で政権を握った者もわずかながらいたが、いずれも銀行による経済支配に封じこめられてしまった。また自分自身の〈郵便切手のメンタリティ《精神状態》〉の限界から、改善に向けた真の変化に必要なものが見えないままに終わっている。

トランプは自称「アウトサイダー」「反体制派」!!

シオンのドルンフ大統領——その創造主が与えた使命

米国民の分断——混沌は〈隠れた手〉の通貨だから

最近のインチキ話の調達人はドナルド・トランプというかたちでやって来た。本当の名字は「ドルンフ」で、ドイツ・フランクフルトから車で約1時間半のカルシュタット村に起源がある。食品メーカーの「ハインツ」王朝一族も同じ村の出身で、どうやら親戚《しんせき》らしい。

トランプは、アメリカの自称「オルタナティブ」メディアを含めた潜在有権者に、自分はシオニストが所有するゴールドマン・サックスのような銀行と戦う、メキシコとの国境に壁を築いて不法移民を防ぐ、これ以上米軍を使って他国に干渉するのをやめるなど、彼らが聞きたがっていることを話した。トランプがこの発言を取り消したスピードは過去の記録を更新した（図460）。

彼はまだ「泥池から水を抜く」［政治家や官僚と巨大企業との癒着《ゆちゃく》を一掃《いっそう》する］という公約を果たしていないが、歴史上のどの政権よりも多くの億万長者を閣内に取り入れて泥池を広げることはした（図461）。大統領選に勝つやいなや、トランプは、シャブタイ派フランキズムでシオニストの知覚を持つ同類で政権内を満たしたのだ。

アメリカ経済は、スティーブン・ムニューシン（財務長官）とゲイリー・コーン（国家経済会議委員長でゴールドマン・サックスの社長兼COO）を通じて、シオニストが所有するゴールドマン・サックスの手に渡った（図462）。

図460：アメリカの最新の標識。

図461：「言葉しかないんだよ、きみの心をさらうには」（ビージーズの『Words』より）。

図462：ゴールドマン・サックスのシオニスト、ゲイリー・コーンとスティーブン・ムニューシン。

ビル・クリントン（「民主党」）とブッシュ・ジュニア（「共和党」）も、ゴールドマン・サックス出身の財務長官を指名している。同時に、民間団体にもかかわらず「アメリカ」の中央銀行と呼ばれ、アメリカ経済を基本的にコントロールしている連邦準備制度理事会（FRB、別名「フェド」）も、過去30年にわたって、アラン・グリーンスパン、ベン・バーナンキ、ジャネット・イエレンと、シオニストが議長を務めている。イエレンはバーナンキ時代の副議長だったし、そのイエレンの副議長は、イスラエル中央銀行の元総裁スタンレー・フィッシャーで、やはりシオニストだ。

アメリカ合衆国の連邦準備制度理事会で議長、副議長をシオニストが占める割合は驚くべきものだ。だが、なぜこれほど多いのかという当然の疑問は、いつもの「反ユダヤ主義」の防御反応にブロックされてしまう。

アメリカ国内でユダヤ教徒を自任する人の数は3億2600万人中400万人強で、1・2パーセント余りでしかいない。シオニストはそれより少ないし、秘密結社のシオニストに至ってははるかに少ない。しかし、もし同じフェド《政府職員》／人口比率をアフリカ系、アイルランド系、ヒスパニックに当てはめたりすれば、シオニストは先頭に立って津波のような疑問を浴びせかけることだろう。疑問を抱いて当然のところで、なぜ彼らは、誰の手も届かないアンタッチャブル《触れてはいけない〝聖域〟》でいられるのだろう。

わたしたちは、ユダヤ人がどれほど差別を受けているかというプロパガンダ攻撃にさらされている。だが、list of Jewish American business people（ユダヤ系アメリカ人実業家のリスト）をキーワードとして検索エンジンに入力してみると、実業界でのこの「差別」がどれほどのものかがわかるだろう（政府内の役職は言うにおよばず、だ）。

シオニストのスティーブン・ムニューシンは、トランプ政権（＝ゴールドマン・サックス政権）に入るまでは、この一党独裁国家で民主党に多大な寄付をしていた。もともとはジョージ・ソロス――デモコンでロスチャイルドないしロックフェラーの非凡な操作者――に仕え、ワンウエスト銀行（元インディマック銀行）という企業のＣＥＯだったが、ムニューシンはそれを売却して、共同経営者とともに約20億ドルの利益を上げた。２００８年の金融恐慌を受けて、今なお「差し押さえマシン」と呼ばれる何万件もの住宅差し押さえを強行した揚げ句のことだというから、まったくすご腕だ。ああ、そうそう、ワンウエスト銀行の主要な支援者は誰だったかというと……もちろんジョージ・ソロスだ。

トランプ大統領は――と綴《つづ》るのさえ極めて辛いが仕方がない――ウィルバー・ロスを商務長官に任命した。ロスはロスチャイルドのもとで24年間働いてきた投資家・銀行家で、なんと「１パーセントは政治的理由で選ばれている」と主張している。ああ、よしよし。まあいいだろう。彼は「カッパ・ベータ・ファイ」という、１９２６年に創立された「ウォールストリートの最高の秘密結社」を率いる「グランド・スワイプ」でもある。カッパ・ベータ・ファイの「任命式」に押しかけたジャーナリストのケビン・ルースは、女装した億万長者の銀行家が「99パーセント」をあざ笑い、銀行家〈エリート〉の巨額の救済措置について冗談を言うのを目にした（あの救済措置は、「ハンガー・ゲーム社会」をめざして数兆ドルの公金を〈エリート〉に振り込む以外の何ものでもなかった（図463））。ケビン・ルースは『ニューヨーク・マガジン』誌にこう書いている。

ここには……あるグループがあって、2008年から2009年にかけて世界経済を破綻させた企業集団のエグゼクティブが多数参加している。そして、陰ではあの大惨事を、まるで懐かしいいたずらのように笑い飛ばしている（というより歌っていた――その夜の最後の寸劇は自ら自分たちを称賛するもので、タイトルはアバの「ダンシング・クイーン」をもじった「ベイルアウト・キング《銀行の公的救済王》」だった）。どれもが中小企業に巨大な中指を立てる行為だから、もし公になれば彼らのキャリアは終わり、世間の評判にも傷がつくだろう。

これが「反体制派」のドナルド・トランプから指名されたウィルバー・ロスのメンタリティだ。しかし、ではなぜトランプは、これまでずっと汚泥で泳いできたのに、その泥池から水を抜こうと思ったのだろう。彼は、オバマがいわゆる進歩派を騙《だま》したように、労働者階級とアメリカの「オルタナティブ」メディアの大部分を騙し、自分を支持させたのだ。主人は同じ、テクニックも同じ、違うのは詐欺師だけ、というわけだ。

トランプは、自分は「アウトサイダー」で「反体制派」だと主張して人びとを手玉に取り、〈システム〉が不正操作されているという集合理解を利用して勝利した。国民に彼らが聞きたがっていることを話し、国民はそれを買ったのだ。この「アウトサイダー《部外者》」対「インサイダー《部内者》」という詐欺

図463：ウィルバー・ロスは政府に最適の人物だ。

図464：ドナルド・トランプと並ぶ合衆国大統領《ネタニヤフ》。

は、ロスチャイルドの使用人であるフランスのエマニュエル・マクロン大統領の売り込みにも利用された。彼らは大衆意識が変化していると知っていたのでマクロンを「アウトサイダー」として描き出したが、実際のマクロンは違う。

トランプもマクロンも、体制《エスタブリッシュメント》への挑戦者ではなく、その創造物だ。わたしは、トランプが〈システム〉に反抗し、あらゆる不利をはねのけて勝利したなどとは、一瞬たりとも信じていない。彼は選ばれて勝利し、ホワイトハウスに入ったのだ（少なくとも短期間は）。トランプは突っ込み所満載の男だから、彼らがその気になれば容易に当選を阻止できたし、今でも、望めばいつでもトランプを追い出すだけの力がある。トランプの重要な役割のひとつは、分断支配の大規模実践によって社会を二極化し、アメリカ人を自分たち自身との戦争状態に置くことだ。混沌《こんとん》は〈隠れた手〉の通貨だ。流動的な状態は操作が極めて容易になる。そしてトランプ政権内には、万一彼が捜査や暗殺などで執務室から除去された場合に備えて、とてつもない大変動を起こす可能性を秘めたキャプテン・カオス《混沌帝王》がいる。

ネオコン、ゴールドマン・サックス、「キャプテン・カオス」ペンス、ネタニヤフ人脈ｅｔｃ

ホワイトハウス――超快適なシオニスト御殿

トランプも、必要に応じて使われる操り人形にすぎない。万一何かが起こってトランプがダメになっても、根っからのネオコンであるマイク・ペンス副大統領が後を引き継いで、ネオコンを完全に満足させるだろう。それに、ペンス以外にも、同じ穴のムジナはたくさんいる。民主党を支配しているデモコンがクリントンを選んだことは明らかで、だからバーニー・サンダースは候補者指名争いに勝てなかった。

共和党を支配するネオコンも、その気になれば同じことをして、トランプを止められたはずだ。トランプは、ネオコンの望むことすべてに同意していないかもしれないが、それを克服する方法はある。いわゆるロシア疑惑がその例で、あれは、ロシアが選挙で不正に介入したという話をでっちあげて圧力をかけることで、トランプがウラジーミル・プーチンと何らかの合意をして、ネオコンの野望（＝アメリカをロシアとの紛争に引きずり込むこと）を邪魔させないようにしたのだ。

トランプはシオニストの資本家のおかげで破産を免れているから、彼らに借りがある。その見返りとして、トランプは史上最もイスラエル寄りのアメリカ合衆国大統領となった。トランプが大統領選で勝利を収めるやいなや、イスラエルのネタニヤフ首相は、パレスティナ占領地区へのユダヤ人の違法入植地の急速な拡大を承認した。もう好きなことをできるとわかっていたからだ（図46＝243頁）。トランプは、アメリカ大使館をテルアビブからエルサレムへ移転すると発表したが、これはパレスティナ人にとって極めて象徴的で挑発的な動きだった。潜在的な反対や影響を考えて移転の時期は延期したが、ペンス副大統領は、これは実施されると「強く繰り返した」。

ペンス副大統領は、緊密な関係にある「イスラエルのためのキリスト教徒連合」がワシントンで開いた首脳会議で次のように発言した。「これは、するかどうかの問題ではなく、いつするかの問題である」。そして明白なことも語った。「ドナルド・トランプ大統領政権下において世界は、たとえほかのことは何も知らなくとも、これだけは知ることになるだろう——アメリカは今もこれからも、つねにイスラエルの味方である」。アメリカ合衆国大統領としてのトランプの最初の海外訪問先は、イスラエル（シャブタイ派フランキズムが支配）、サウジアラビア（シャブタイ派フランキズムが支配）、バチカン（シャブタイ派フランキズムが支配）だった。

国務長官レックス・ティラーソン［2018年3月13日に解任］は、この訪問はイスラエルへの支持を「結集」してイランに対抗するためのものだと語った。もう欠伸《あくび》が出そうだ。トランプはさらに、ドンメ派（シャブタイ派フランキズムから形式上イスラム教に改宗したユダヤ教徒）のサウジ偽「王家」と、3500億ドル相当の武器を追加提供する契約にも署名した。サウジは国民を暴力的に抑圧し、テロリズムに資金供与し、罪なき人びとを爆撃し、女性を信じがたいほど極度に抑圧している国家だ。トランプ自身、かつては〈9・11〉の黒幕だと名指しした国なのに、である（サウジは実際の黒幕とは違うが、それなりの役割は果たしていた）。

トランプがゴールドマン・サックス関係者を指名したおかげで、シオニズムはアメリカの金融政策を牛耳っている（というか、コントロールし続けている）。そして、シオニストのカール・アイカーンは、トランプ大統領の規制改革担当特別顧問として、完全にシオニストが独占するトランプ政権の財務チームと仕事をしている。それ以外では、あちこちに顔を出す筋金入りのシオニストで、トランプの義理の息子で「上級顧問」のジャレッド・クシュナーがいる。イスラエルの狂人ネタニヤフとは子どもの頃からの知り合いだ。ネタニヤフは子ども時代のクシュナーの部屋で眠ったこともある。

昔クシュナーの父親と親しかったためだが、そのチャールズ・クシュナーは不動産業界の大物で、不法な選挙献金、脱税、証人買収の罪で刑務所に入った経歴の持ち主だ。ジャレッド・クシュナーはイスラエルが（ということはロスチャイルドが）ホワイトハウスに送り込んだ男で、彼と結婚したトランプの娘イヴァンカは、クシュナーの強い要望で、結婚前にユダヤ教に改宗している。

ベンヤミン・ネタニヤフの生涯の友で熱烈なシオニストがトランプの家族と結婚し、その後トランプが大統領になると、36歳で特別顧問になった――これもすべて偶然だと信じるべきなのだろうか。同じく大統領顧問になったイヴァンカは、幼児のような父親に根本的な影響力がある。トランプはそのナルシシズムのゆえに媚《こ》びへつらいに同期しやすく、容易に操ることができる。

これは、大変動と混乱を引き起こす能力についても同様だ。トランプのエゴの強さは伝説的だが、それは実は根深い不安を隠すためのもので、だから彼は、不安のない人なら無視するような批判にも反応しないではいられないのだ。クシュナーについては、ロシア要人との会合ばかりメディアで取り上げられているが、彼の本質は（メディアは見て見ぬふりをしているが）イスラエルやシオニズムとの強いつながりにある。

ジャレッド・クシュナーはＤＮＡまでイスラエルの人間で、以前から「アメリカ・イスラエル公共問題委員会（ＡＩＰＡＣ）」に寄付をしてきた。このＡＩＰＡＣは悪名高いイスラエルのフロント組織で、アメリカで最も潤沢な資金を持つロビー集団のひとつだ。彼らは連邦議会にもフロントマンがいて、上院のジョン・マケインやリンゼイ・グラハムは、当然のことながら、アメリカないしイスラエルの封土であるサウジアラビアの擁護者であり、ロビイストでもある。マケインの「財団」は、ロスチャイルド一家とシオニストの億万長者ジョージ・ソロスから資金を受け取っている。

元下院議員のシンシア・マッキニーは、選挙に立候補した途端にその筋からアプローチがあり、イスラエルを支援するとの「誓約書に署名」し、つねにイスラエルの最善の利益に投票するよう念押しされたことを暴露した。従わなければ、AIPACを含めた全能のシオニスト・ロビーから支援も資金援助も受けられなくなる。マッキニーは、上院議員や下院議員に立候補するすべての人がこの対象になるとして、自身の体験を次のように語っている。

当時、下院議員の候補者はすべて誓約書を渡され、それに署名するよう言われました……誓約書に署名しないと資金が得られないのです。ほとんど水責めのようなものでした。両親もそれを見ていました。電話が掛かってきて、受話器の向こうから「あなたのために資金集めのパーティを開きたい」と言うのです。これで計画を進めることができます。わたしはとても興奮しました。もちろん、選挙運動にはお金が必要だからです。それから2週間、3週間と計画を進めていくと、相手は「誓約書に署名したか」と言ってきます。わたしが「いいえ、誓約書には署名していません」と言うと、資金集めパーティの話は立ち消えになりました。

それでもマッキニーは当選したが、次の選挙では、誓約書に署名した対立候補にＡＩＰＡＣが資金提供したため、議席を失った。上院議員、下院議員になりたいなら、ＡＩＰＡＣの機嫌を損ねてはいけない。そしてこれが、クシュナーが泳いでいる泥池なのだ。

クシュナーは〈クモの巣〉の終身代理人ソロスとのあいだに財政面での太いパイプがあって、所有企業への2億5000万ドルの「投資」や、イスラエル最大級の富豪スタインメッツ一家への投資もこれに含まれている。クシュナーがオーナーを務める『ニューヨーク・オブザーバー』紙はシオニストのアジェンダを推進する新聞で、政府が発表した〈9・11〉のおとぎ話に疑問を唱える人びとを激しく非難している。クシュナー自身の特別顧問はシオニストのアヴラム・バーコウィッツだし、クシュナーとともにトランプ大統領の上級顧問を務めているのはシオニストのスティーブン・ミラーだ。

この大統領には、ほかにもシオニストの「特別顧問」がずらりといる。トランプは、自分の弁護士でシオニスト過激派のデーヴィッド・M・フリードマンを駐イスラエル大使に任命した。トランプおよびトランプ・オーガニゼーションの執行副社長兼最高法務責任者で、トランプの「イスラエル問題顧問」でもあるジェイソン・グリーンブラットは、イスラエルとパレスティナ間の交渉を含む国際交渉特別代表になった［2019年9月5日に辞任］。同じくシオニストのヤエル・レンパートは、大統領特別顧問兼イスラエル、エジプト、レヴァント地方担当上級部長である。

パレスティナ人はこれまで何度も裏切られてきたが、ネタニヤフの最初のホワイトハウス訪問では、トランプはイスラエルとパレスティナの二国家解決にアメリカ大統領として初めて疑問を投げかけ、一国家「解決」が好ましいとした（もちろんイスラエルによる、だ）。シオニストはトランプ政権のいたるところにいて、アメリカにいるユダヤ人の人口比率から予想されるよりはるかに多い。これはオバマの財政担当チームや、ジョージ・ブッシュ・ジュニア時代に〈9・11〉に関わった重要人物についても同じだった。こんな連中がホワイトハウスにいるのは、アメリカの利益を代表するためなのだろうか。それともイスラエルとロスチャイルド家の利益を代表しているのだろうか。彼らは「反ユダヤ主義」という切り札を強硬かつ声高に使って、こうした正当な疑問が上がってくるのを阻止しようとする。まあ、わたしのことなら何とでも、好きに言えばいい――わたしは気にしない。真実は真実だし、語られるべきときはすでに来ている。シオニストのネットワークはそのままロスチャイルドのネットワークだし、中枢にある秘密結社のシオニストは、シャブタイ派フランキズムのフロント組織だ。そして総体としてのユダヤ人は、ほかの世界中の人びとと同じで、こうしたシオニストとは無関係だ。

金《カネ》をたどれば……どんな政権も最凶最悪の人種差別主義者たちにシオニストにぶちあたる

シオニストの億万長者はアメリカの政党（民主党と共和党）の主要な資金提供者で、両方の党をコントロールしている。その見返りには、それだけの価値のあるものが求められる。シオニストのジョージ・ソロスは「進歩主義者」と民主党の大義に資金を提供しているが、トランプの大統領選出馬で最大の資金援助者になったのは、イスラエル系アメリカ人のカジノ経営者で、イスラエルでメディアを所有している億万長者、シェルドン・アデルソンだ。両方の陣営を所有していれば負けることはありえない。

同じ原則（というか原則の欠如）は、今日のアメリカの大手企業や銀行すべてにも当てはまる。彼らはアメリカ国内で好きなだけ資金を使い、自分が望む候補者に投票するよう、あるいは望まない候補者に投票しないよう国民を説得することができる。ウォールストリートは２０１６年の各選挙での政治献金に過去最高の２００億ドルを使ったが、これは新聞の見出しに出た数字にすぎない。「資金提供の見返り」とは、誰がどのポストに就くかを彼らが決めるということだ。トランプとゴールドマン・サックスの関係を見ればいい。トランプは選挙運動中、反体制派の支援者に迎合するために、ゴールドマン・サックスを痛烈に批判していた。

ウィキリークスは、シオニストの銀行家でシティ・グループのエグゼクティブであるマイケル・フローマンが、次期大統領となるバラク・オバマの政権移行チームの共同議長であるジョン・ポデスタに宛てた２００８年のＥメールを公開した。フローマンはオバマ政権で指名されるべき名前を挙げていて、そのほとんどが実際に指名された。フローマンが財務長官として挙げた3名は、ロバート・ルービン（シオニスト）、ラリー・サマーズ（シオニスト）、ティモシー・ガイトナー（シオニストの所有）で、全員がビル・クリントン政権で財務長官を務めていた。オバマはガイトナーを財務長官に任命し、サマーズを国家経済会議委員長にした（後者のポストには現在シオニストのゲイリー・コーンが就いている［2018年4月2日退任］）。

わたしの『知覚騙し』の経済に関する章を読んでもらえればわかるが、歴代の政府と政党でシオニストがアメリカ経済を支配してきた様子は衝撃的で、名前とポストをリストアップするだけで、もうまったく否定のしようもなくなってしまう。そしてこれは、トランプ政権になった今も続いている。

一部の者がオルタナティブメディアで語っていたことだが、シオニストによるアメリカと世界情勢の操作は、あまりに大胆かつ目の前で行われているために、かえって証拠が見えない。世界の人口約75億人に対してユダヤ人はわずか1500万人、アメリカでも人口3億2600万人に対してユダヤ人は400～500万人しかいないことを考えると、ユダヤ人は世界情勢にどれほど影響を与えているのかと思わない方がどうかしている。

わたしが問題にしているのはいわゆる「ユダヤ人の陰謀」などではない。問題にしているのは、異なる背景や集団の人びとと結束した、中枢ないしロスチャイルド系シオニストの行動だ。「反ユダヤ主義」という切り札を出せば、人びとは怖《お》じ気《け》づいて黙ってしまう。このような明白な疑問を投げかける人は誰でも、直ちに人種差別主義者と見なされ、組織的に非難される。その一方で、イスラエル国家がユダヤ人に対して、ユダヤ人以外とは結婚するな、子どももつくるな、と公然と勧告してもまったく問題にならない。

シオニズムは、シオニスト以外を片端から人種差別主義者だと糾弾《きゅうだん》しているが、実際は、シオニズムこそ世界で最も人種差別的な思想だ。ここでも反転が見られる。シオニストのネットワークは、ブリティッシュ・フレンズ・オブ・イスラエル、ヘンリー・ジャクソン・ソサエティ、CRIF（フランス系ユダヤ人の傘下組織で「フランスのAIPAC」と呼ばれる）を含め、あらゆるところで活動している。

ヘンリー・ジャクソン・ソサエティは、アメリカネオコンの熱烈な親イスラエル版で、シオニスト過激派のロバート・ケーガン、ウィリアム・クリストル、リチャード・パール、マイケル・チャートフなどが国を超えて支援している。

エマニュエル・マクロンが大統領選に勝利してから最初に行ったことのひとつは、同じ党のある候補者を落選させたことだった。これはCRIFをはじめとするユダヤ人ロビー団体から圧力を受けたためで、彼らはその候補者について、反ユダヤ主義者でイスラエルボイコット運動（BDS）を支持したと主張していた。マクロンと敵対するマリーヌ・ル・ペンも、反イスラムの人種差別主義者というラベルを貼られてはいるが、やはりシオニストの支援を受けている。人口わずか800万人のイスラエルという国に、どうしてこれほどの世界的影響力と、世界の舞台への発言力があるのだろう。これからその答え――というかその一部――について述べていこう。

超A級戦犯トニー・ブレア

「穏健な」過激主義者――世界はエピゴーネンだらけ

オバマ、サルコジ、オランド（支持率4%!!）、マクロン、メルケルetc

〈クモ〉と〈クモの巣〉は「進歩主義」という言葉を乗っ取って、ファシズムと大量殺人を偽装するために使い、かつその過激派の役人を「中立の立場」「中道派」「穏健派」として官職に売り込む。しかもこれが、いわゆる「左翼」の進歩主義者ばかりか「右翼」の保守政党内でも増加している。トニー・ブレアのような「中道派」の戦争犯罪人は、一方で過激派を非難しながら、他方では偽の調査書を口実に罪なき人びとを虐殺したし、今も何千万という人びとを殺害し暴力を加えている。

ブレアはいろいろな意味において、この「中立の立場」を主張する過激派の青写真（というか典型）だ。彼らは親EU、親NATO、主戦論者、親イスラエル・シオニズムで、地球温暖化の作り話を支持するほか、〈システム〉が望むあらゆることを支持し、反ロシアをはじめ、〈エリート〉が標的にして悪者扱いするすべての者に反対の立場を取る。

オバマは基本的にブレアの焼き直し《エピゴーネン》だし、フランスのマクロン、ドイツのアンゲラ・メルケル、ベルギーのシャルル・ミシェル、カナダのジャスティン・トルドー、オーストラリアのマルコム・ターンブル、スウェーデンのステファン・ロベーン、アイルランドのレオ・バラッカー、スコットランドのニコラ・スタージョン、セルビアのアレクサンダル・ヴチッチとアナ・ブルナビッチ、モンテネグロのドゥシュコ・マルコビッチ、アルバニアのエディ・ラマ、ギリシアのアレクシス・ツィプラス、イタリアのパオロ・ジェンティローニと前任者のマッテオ・レンツィ（中央管理の強化を求めて国民投票で敗れた）のようなリーダーたちも同様だ。

世界は溺《おぼ》れてしまいそうなほど、ブレアの焼き直しであふれている。彼らは独裁政治を穏健派だと見せかけつつ、陰では「すべての人にほほ笑みかけ、ほかの誰かを使って背中を刺す」という政治哲学に従っている。各国の〈クモの巣〉のネットワークは、そんな連中を権力の座に就《つ》けるためにさまざまな出来事を操作している。そしてそこには、支配下にある主流メディアの大きな支持がつねにある。

マクロンはその教科書的な例だ。彼はロスチャイルドの銀行家で、ある日突然「新党」を率いて登場し、どこの党にも属していないと主張したが、それまでの大統領で「別の」党だったオランドやサルコジと同様に、100パーセント体制《エスタブリッシュメント》の創造物だった。マクロンは、醜態をさらしたオランド政権で大臣を務めていた。マクロンの「新党」は、信用を失った与党の烙印《らくいん》を克服するためだけのものだった。そうでもしなければ、4パーセントというフランス政治史上最低の支持率を記録した最悪男のフランソワ・オランド前大統領をそのまま引き継いだと見られてしまっただろう。

イタリアの心理学者アドリアーノ・セガトーリはあるビデオインタビューで、24歳年上の恩師と結婚したマクロンは重症の精神病質者《サイコパス》で、フランスを破滅させる可能性があると語っている。政権を握ってからの彼の言動はこれを裏付けている。あの連中はすべてサイコパスだ。だからポストに就けたのだ。

セガトーリによれば、マクロンは「ナルシシズムの完璧《かんぺき》な例《自己愛》」なのだそうだ。つまり「悪意に満ちていて」、重度の劣等感を補完するために、つねに人からの称賛《しょうさん》を必要とする（トランプを見よ）。この心理学的評価は、〈クモの巣〉がその職に送り込んだ「世界のリーダー」全員に当てはまる。

オランドがマクロンを大統領として承認したのは、政界、メディア、財界の全体を含めた体制《エスタブリッシュメント》が、さらにはEUのダークスーツ連中やアンゲラ・メルケル、バラク・オバマを含めた〈クモの巣〉の創造物やクローンが、マクロンを承認したということだ。外国の選挙に他国が干渉することについては、どうなっているのだろう。

ロシアは確たる証拠もないまま、つねにこのことで非難されているが、西側の指導者がおおっぴらに同じことをしても、アルコーンの選択を支持しているかぎり、何も言われない。EU離脱キャンペーンでは、オバマがイギリスのEU残留を支持すると声明を出したし、国際通貨基金（IMF）、世界のリーダーたち、イギリスの体制《エスタブリッシュメント》の大半、左翼から右翼までの政治的階級も同様だった。

これはすべて、〈クモの巣〉の調整と、政治的関心へのクローン的認知プログラミングの成果だ。2017年フランスでは十分な数の国民がマクロンに投票し、反EUで大量移民反対のマリーヌ・ル・ペンを打ち破ったが、あれはメディアや政界の既成勢力が国民にそう命じたからだ。テクニックは単純だ。望みの候補者を新しい救世主として（イギリスメディアがブレアにしたように）持ち上げる一方で、対立候補を悪の権化、選んではいけない最悪の人物だと非難するのだ。ル・ペンは、選挙結果がどうなろうと女性がフランスを率いることになると言った。つまりEU離脱派の自分か、EUの盟主ドイツのメルケル首相か、ということだ。

勝利の数分後、マクロンが最初に電話をかけたのは、母のようなメルケル首相だった。それから外へ出てルーブル美術館へ向かい、古典的なアルコーンの象徴であるブラックピラミッドを背景に、フランス国歌ではなくEUの歌が流れる中で、支持者に挨拶《あいさつ》したのである。大統領就任式の翌日には、ベルリンまで出かけて政治上のお母さんと会っている。

マクロンは親の言い付け通りにする半ズボン姿の男の子だが、しかし1100万人はル・ペンに投票したし、その上フランスの有権者のうち、1969年以後で最大となる3人に1人が、両方の候補を拒絶して、投票を棄権するか無効票を投じるかしたことを忘れてはならない。世界中の人びとが、自分たちの意に反する操作がなされるのを見て、ますます嫌気が差してきている。

邪悪な血統のヒラリー・クリントンはマクロンを支持し、お笑い種《ぐさ》のようにロシアを引き合いに出して、これは「民主政治を妨害する人びとの敗北」だとした。その文章を書いた本人は、政治生活のすべてを通じて民主政治を妨害しつづけたのに、である。マドンナ、シェール、ケイティ・ペリーもマクロンの勝利を祝った。キーワードはここでも「進歩主義」で、これはもう、マドンナ、シェール、ペリー、ボノ、ゲルドフなど、汚い金にまみれた無知な「セレブ」の同義語だ。おお、何という偶然だろう、ボノとゲルドフはトニー・ブレアを支持していたじゃないか。

こうした自称進歩主義者は、マクロンのようなブレアの焼き直し《エピゴーネン》を支持し、民主的なEU離脱投票を覆《くつがえ》すキャンペーンを繰りひろげ、地球温暖化の作り話を推進し、政治的公正を押しつけて反対意見を黙らせ、異議を唱える者には頑固者、人種差別主義者、あるいは（自分たちのすばらしい新世界に居場所のない）老害といったラベルを貼る。

彼らはあまりに知覚を支配されて、左翼と右翼の分極化された政治操作にとらわれているから、ブッシュの戦争には抗議して街路を埋め尽くしても、「進歩主義者」の英雄オバマが同じことをしたときには沈黙を守る。「進歩主義者」バーニー・サンダースは、クリントンの支配する民主党指導層による露骨な操作で大統領候補の指名争いに敗れたのに、民主党大会になるとヒラリー・クリントンを承認し、自分は指名争いから身を引いた。理由は『向こう側』に勝たせるわけにはいかない」からだという。しかし、彼らはみな同じ勢力にコントロールされているのだから、結局は「向こう側」も同じことをするのではないのだろうか。

本当に体制《エスタブリッシュメント》に立ち向かうことを70代半ばのバーニーに託せないなら、いつ行動を起こせばいいのだろう。もしバーニーが、クリントンもトランプも同じくらい酷《ひど》いからどちらも承認できない、アメリカ人はなぜこのような幻の「選択肢」を提供されたのかを疑問に思うべきだ、と世界に向けて告げていれば、どれほどの貢献になっただろう。だが、それはダメだバーニー。善良な「進歩主義者」のようにゲームを進めるしかないのだ。「左翼」「右翼」「中道」という政治のパラダイムは、真実を隠すために使われる作り話で、基本となる精神構造《メンタリティ》はみな同じだ。人びとは情報も意見も知覚も、すべて主流メディアと〈主流派エブリシング〉から得ている。「進歩主義者」の新聞を読む者もいれば「右翼の」新聞を読む者もいるだろうが、どちらの新聞も、情報は同じ〈郵便切手〉から得ている。

〈クモの巣〉統治の定番《標的はコロコロひっかかる！》——「民主主義《〈隠れた手〉独裁の乗り物》」「小児性愛《脅迫の絶好アイテム》」

これ以外にも、〈クモの巣〉があなたを騙《だま》すのに用いる政治的トリックやテクニックがいくつかあるので、挙げておこう。

勝たせたい候補者の対立候補には、絶対に当選の見込みのない候補者を立候補させる。たとえば、彼らは1980年代を通してマーガレット・サッチャーに首相を続けさせたかったので、対立候補にはマイケル・フット、ニール・キノックという、当時の労働党党首を立たせた。このふたりが相手なら、サッチャーは白昼に幼児を射殺でもしない限り、負ける気遣いなどなかった。

新しく労働党党首になったトニー・ブレアが選ばれたときには、保守党の党首はウィリアム・ヘイグ、イアン・ダンカン・スミス、マイケル・ハワードで、直前にバイパス手術を施されたかのような、カリスマの欠片《かけら》もない面々だった。

新鮮で若いバラク・オバマが大統領候補として「変化《チェンジ！》」と「反戦《ピース！》」を掲げたとき、対峙《たいじ》したのは年老いた戦争屋のジョン・マケインで、副大統領候補は頭のおかしいサラ・ペイリンだった。2度目の選挙の相手は、億万長者で爪《つめ》の先まで体制《エスタブリッシュメント》そのもののミット・ロムニーだった。それと知って〈クモの巣〉の機構の一部になっている者の場合には、選ばれたのは相手候補だとわかっているから、初めから負けるつもりで出馬して、あとから報酬を受け取るというパターンもある。

ジョージ・ブッシュ・シニアはビル・クリントンとの選挙戦で本気で勝とうとしなかったが、2000年の大統領選では、フロリダ州の開票集計で露骨なブッシュ・ジュニア寄りの操作が行われた――そして当然のことながら、対立候補のアル・ゴアはほとんど異議を申し立てなかった。メディア操作とは、〈クモの巣〉が推す候補が唯一可能な選択肢として提示され、対立候補はいつも敗れ、笑いものにされ、追い払われるということだ。

もっと極端なケースでは、スキャンダルが暴露されたりでっちあげられたりして権力の座に就《つ》くのを阻まれたり、周囲の環境を操作されて現職にとどまれなくなったりする。

アメリカは他国でこれをすることで悪名が高く、たいていはペンタゴンやCIAの煽動《せんどう》する「革命」、金融システムによる経済攻撃、IMFなどの〈クモの巣〉の命令を受けた国際機関を通して遂行される。

ほかのテクニックとしては、政党内に〈クモの巣〉の資産《アセット》を組織して、標的にしたリーダーを失脚させるというのがあって、1990年のマーガレット・サッチャーはこれに当たる。サッチャーは、〈クモの巣〉の望む政策を行っているあいだは「鉄の女」だったが、EUへのさらなる権力集中とイギリス統治の着実な弱体化に公然と抵抗するようになると、あっという間にいなくなってしまった。

単純な脅迫も、政治家をコントロールするのによく使われる方法で、たとえ本人が同意していなくても、アジェンダに忠実に従わせることができる。小児性愛は政治家をはじめ影響力を持つ人びとを脅迫するために広く使われていて、子どもを提供しておいて隠しカメラを回す。第7章（第②巻189頁）で紹介したオーストラリア人の悪魔崇拝者は「死の床」でこう言っている。
「政治家を誘い込む場合には、注意深くレベル分けされた基準と状況が設定されているので、被害者のことを『ちょっとした秘密』程度のものとして受け入れてしまう」。しかしそれを秘密にしておいてもらえるのは、彼らの望むことをしているあいだだけだ。政党内で「院内幹事」と呼ばれる連中は、イギリスの下院議員、アメリカの上院議員、下院議員に圧力をかけて、党のヒエラルキー〈クモの巣〉の望み通りに投票させることが仕事で、そのときには脅迫がお好みの武器になる。ティム・フォーテスキューは1970年から1973年まで、小児性愛者で悪魔崇拝者のエドワード・ヒース首相の下で院内幹事を務めていた。彼はBBCにこう述べている。

どんな意味であれトラブルに遭《あ》うと、誰もが院内幹事のもとを訪れ、真実を話してこう言う。「わたしは窮地に立っています。助けてください」。それは借金だったり……少年を巻きこんだスキャンダルだったり、とにかく議員を悩ませるスキャンダルがあると、わたしたちのところへやって来て、力になってもらえないかと言ってくる。わたしたちも、力になれるなら助けてやる。

で、こちらとしても、できるだけのことはする。点数を稼ぎたいからだが……それはあまりにひどい理由かもしれないが、やはり理由のひとつなのだ。もしそいつをトラブルから救ってやれば、その後はずっとこちらの頼み事を聞いてくれるからだ。

〈クモの巣〉は、隠すべきスキャンダルのある公職者を利用するのが好きだ。見つけたぞ！　政治指導者が突如として政策を変え、それまで信じていると主張していたことすべてに反対するようになるのは、これが理由だ。これが特に目立つのは、急に態度が変わるときだ。政党も党の指導者も、有権者と契約書を交わしているわけではないから、選挙運動では言いたいことを言っておいて、当選したら正反対のことをしても構わない。投票した人びとの意思に反するように社会を変えても、4、5年経てば次の「民主的な選挙」が始まって、また同じ茶番劇が繰り返される。

今では「議会制度の生みの親」であるイギリスの構造が世界中に真似られていて、どこの「民主的な」国を見ても、ひとつか二つ、せいぜい三つの党くらいしか、政権を樹立するチャンスはない。そしてそのすべてが、陰では同じ勢力の命令を受けている。いわゆる「民主主義」は「自由」と同じことだと教えられているが、本当は〈隠れた手〉による独裁の乗り物であって、最終的には人間の形さえとらなくなる。「見えない領域」の政治、経済構造は「見えない領域」の存在の乗り物にすぎないのだ（図465）。

しかしそれは蜃気楼《しんきろう》であり、幻想であり、ボードビルショーだ。トランプもオバマもブッシュも

あなたが見ている連中は
「見えない存在」の使い走りにすぎない

図465：この世界を、そして本当は何が起こっているかを理解するために、決して忘れてはならない事実。

クリントンも、幻想の権力の中心として人びとの注意を引きつけるから、重要なように見えるかもしれない。だが彼らは、人類全体の奴隷化を目指す長期的アジェンダ《実現目標》を有する「見えない勢力」の召使いであり、使い走りにすぎない。

これこそが大いなる秘密であり、彼らが絶対に知られたくないことなのだ。

追記　トランプは、超シオニストで義理の息子のジャレッド・クシュナーと、超シオニストで「交渉責任者」のジェイソン・グリーンブラットをイスラエルとパレスティナの「和平交渉」に送り込んだ。そしてこれにはEUないしイスラエルにコントロールされたサウジアラビア、アラブ首長国連邦、カタール、ヨルダン、エジプトも参加する。これを見て政治的偏見がないというなら、あなたは彼らの嗤《わら》いものだ。

第13章

戦争、戦争、戦争
——われらの愛するもの

「人を殺すことは禁じられている。よって、人を殺した者は罰せられる。トランペットの音に合わせて大量の人間を殺す場合を除いて」

——ヴォルテール

貧困飢餓を救うゼニはビタ一文なし！
「戦車を食わせろ」——経済貴族・軍事貴族の合い言葉
「泥池の水を抜く」をしないトランプもお仲間

〈新たなプシケ〉の出現から6000年以上にもなる人類の歴史は、戦争によって定義されてきた。アルコーンに支配されたレプティリアンとグレイは、混血種の〈エリート〉を通して世界中の戦争や紛争を操作し、人類を分断支配して互いを攻撃させることで、止めどない錯乱状態を生み出してきた。そこで生じる暴力と恐怖、苦しみ、死を、隠れた支配者が餌《えさ》として貪《むさぼ》るこの状態は今日も、続いている——しかも毎日、だ。

戦争にはつねに金がからんでいる（図466）。政治指導者が、金がないから戦争ができないと発言するのを聞いたことがない。貧困層やホームレス、飢えた人びとのために使う金がないとは主張するが、戦争のための金はまったく問題にならない。これには極めて多くの理由がある。〈エリート〉が所有する軍需産業の大手企業にとって、戦争は信じられないほどの利益をもたらす。そうした企業は「国防」を請け負っているのだと、バカげた表現をされるが、連中の頭の中には、罪なき人びとを攻撃することしかない。

アメリカは、すべてのホームレスに100万ドルの住宅を供給できるほどの費用を「国防」に注ぎ込んでいる（図467）。「戦車を食わせろ」が、現代の経済貴族、軍事貴族の合い言葉なのだ（図468）。2017年4月、トランプが1週間のうちに二度の攻撃を許可したときには、シリア

だが戦争に使う金は
いつもある

図466：なぜこうなるのか？〈エリート〉とその主人であるアルコーン・レプティリアンが日常的な戦争状態を望んでいるから、そして、それによってどれほどの人びとが苦しむかなどまったく考えていないからだ。苦しむ人が多ければ多いほど、彼らには都合がよいのだ。

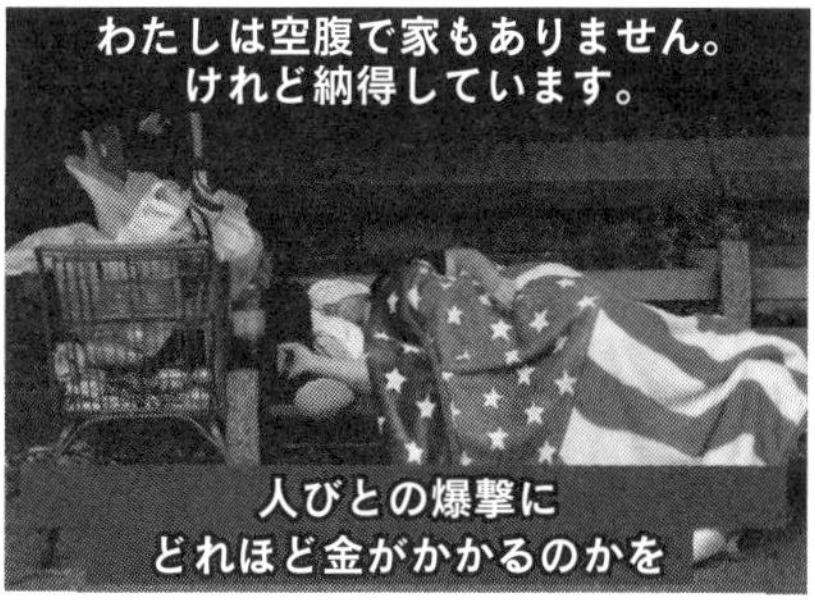
わたしは空腹で家もありません。
けれど納得しています。
人びとの爆撃に
どれほど金がかかるのかを

図467：狂気の沙汰《さた》。

空腹だと？
奴《やつ》らには戦車を食わせろ

図468：食わせるな——殺せ。

巡航ミサイル59基で約１億ドル
「すべての爆弾の母」１発で1600万ドル
だが、少なくとも彼は自分のベッドで安全に眠るだろう

図469：死のカルト集団の優先事項。

の空軍基地に向けて59基のトマホークミサイルを発射するのには最低でも1億ドルがかかったし、アフガニスタンに大規模爆風爆弾《GBU・43／Bミサイル》を投下するのには、さらに1600万ドルがかかっている（この「すべての爆弾の母」は非核攻撃として世界最大の衝撃度で、市民の健康に恐ろしいほど長期的な影響を与えた）（図469）。こうした数字はミサイルの価格だけを反映したもので、その他のコストはまったく含まれていない。

「泥池の水を抜く」はずのトランプは、政府を著しく軍事化し、将軍やその他の防衛関連ポストに軍需産業につながりのある人物を指名した。国防長官のジェームズ・〝ザ・狂犬《マッド・ドッグ》〟・マティス、国土安全保障省長官のジョン・F・ケリーなどがその例で、マティスは潜水艦や戦車、軍事物資を製造するジェネラル・ダイナミックス社の役員だったときに24万2000ドル、さらに既定のストックオプションで50万ドルを受け取っている。

ケリーは民間軍事企業ダインコープ社の顧問だったし、それ以外にも軍事産業とコネクションがある（のちにトランプは、ケリーを大統領首席補佐官に任命し、右腕としてホワイトハウスに置いたが、理由はこのポストに「将軍が欲しい」からだった）。

国家安全保障問題担当の大統領補佐官ハーバート・レイモンド・マクマスターは多くの軍事産業のフロント組織とつながりがあって、たとえば戦略国際問題研究所（CSIS）は、エクソンモービル社（国務長官レックス・ティラーソンが元CEO）、ヘス社、シェブロン社、ボーイング社から資金提供されている（ついでに言うと、ティラーソンはCSISだけでなく、ロッキード・マーティンやレイセオンといった兵器製造企業の代表者とも関連がある)。

だからマクマスターは、マティスと同様に反ロシア、反中国、反イランなのだ。CSISはメディアに対して、北朝鮮の「脅威」に対処するためには韓国に終末高高度防衛(THAAD《サード》)ミサイルシステムを早急に配備することが必要だと語ったが、数十億ドル相当の取引になるTHAADの事業主体がロッキード・マーティンであること、そのロッキードがCSISのミサイル防衛構想プログラムに資金提供していることには、まったくふれなかった。

これ以外にも、トランプは「防衛」機器大手レイセオンの幹部マーク・エスパーを陸軍長官に任命している。軍事産業が政府およびペンタゴンにこれほどの影響力を確保しているのは、戦争と死と破壊が、彼らのビジネスに大きな利益をもたらすからだ。彼らは政治家やメディアに戦争のアジェンダを売り込むために「シンクタンク」を立ち上げ、支援する。その一例がカナディアン・グローバル・アフェアーズ・インスティテュート(CGAI)で、アメリカの海外紛争にカナダが関与していくべきだというキャンペーンを行っている。かつて委託された「調査」から「カナダ人は、たとえ死や負傷の危険があっても、軍事目的の意義を信じられるものであるかぎり、進んで危険な地域に兵士を派遣する」と主張していた。

この組織は、カナダにもCIAやMI6のような諜報《ちょうほう》ネットワークを構築するよう求めているほか、独自に「軍事ジャーナリズム」の講座を開設して、研修中の記者が、この組織にふさわしい方法で世界を見られるようにしている。当然のことながら、CGAIは大手兵器製造企業から資金援助を受けている。

『ハフィントン・ポスト』紙によれば「ジェネラル・ダイナミックスとロッキード・マーティン・カナダだけでなく、エッジ・グループ、C4i、コム・デヴ、エンマックス、スマート・テクノロジーズ、ディフェンス・ニュース・メディア・グループ、カナダ経営者評議会もすべてCGAIを支持している」という。同様の組織はすべての主要国で活動していて、カナダの開かれたドアに押し寄せ、ジャスティン・トルドー首相（自由党）とその前任者のスティーブン・ハーパー前首相（保守党、〈クモの巣〉）の姿を借りて、カナダを一党支配の国に変えてしまった。

このふたりは、アメリカとイスラエル、そしてその衛星国であるサウジアラビアの軍事アジェンダを卑屈なほど支持してきている。トルドーは〈クモの巣〉の創造物で、マクロンとその仲間をモデルとする既製服のような男だ。父親で悪魔崇拝者のピエール・トルドー（1919〜2000年）から家業を譲り受け、カナダ政府の最高レベルのポストに就いている。ピエール・トルドーについてさらに知りたい方はわたしの『大いなる秘密』と、キャシー・オブライエンの『恍惚《こうこつ》のうちに作り変えられるアメリカ』を参照してほしい。

社会を迅速・恒久的に変える「創造的破壊」の優等生「戦争」——世界規模の権力集中「ハンガー・ゲーム社会」へ

しかしわたしが強調したいのは、〈クモの巣〉の深いレベルでは、金は戦争の第一の理由ではなく、大きな理由でさえないということだ。戦争にはもっと重要な役目がある。金はボーナスにすぎず、陰の世界の存在や「知っている」連中にとっての究極の動機ではない。

戦争が起こる理由は、これほど社会を迅速かつ恒久的に変えるものはないからだ。だから爆撃は「道徳的な西側」の名刺となっているのだ（図470）。一国であれ世界であれ、その影響は同じだ。何もかもが変わってしまう。このプロセスは「創造的破壊」と呼ばれているが、これは戦争によって現状を変えて新しい状況を導入することも含めてのことだ。だから、まさにその現状を破壊して、新しい状況を導入するのである（図471）。

新しい「現状」になるたびに、世界支配と「ハンガー・ゲーム《悲惨な階級管理》社会」への道が進む。これは二つの世界大戦を見ればわかる。第一次世界大戦のあと、権力は以前よりも少ない人間の手に握られ、第二次世界大戦後はそれがさらに進んだ。「戦争を防ぐ」という口実で国際連合をはじめとする世界的機関がつくられた（まだ戦争を防げていないのは、そんなつもりはないからだ）。

戦争によってアルコーン・レプティリアンの血統は、問題のある政府や指導者を消去し、地図を書き換え、それまで以上に土地と資源を手に入れて、世界規模での権力集中を劇的に加速させた。部族を国家に、国家を超大国に置き換えるプロセスは、大部分が戦争によって達成されている。

欧州経済共同体（ＥＥＣ。現在のＥＵ）の設立は、ヨーロッパで再び戦争が起こるのを防ぐ手段ということを最大の目玉として売り込まれたが、そう主張している勢力は、すでに別のところでいくつも戦争を始めていた。大規模な戦争は自然発生的に起こるのではなく、長期的に計画されたア

図470：つねに戦争があるのは、現状を打破して新しい状況に置き換えてくれるからだ。

図471：これは絶え間ない変容プロセスの中、知られている人類の歴史を通して起こってきたことだ。

ジェンダと順序に従って、「見えない領域」から指示されて起こるのだ。旧約聖書の「デミウルゴス」であるヤハウェないしエホバは、昔から死と破壊と犠牲と戦争を求めていた。『ヨシュア記』から「主《しゅ》」（ロード・アルコーン）がエリコの破壊を求めた場面の例を挙げておこう。

エリコは、イスラエルの人々の攻撃に備えて城門を堅く閉ざしたので、だれも出入りすることはできなかった。……彼らは、男も女も、若者も老人も、また牛、羊、ろばに至るまで町にあるものはことごとく剣《つるぎ》にかけて滅ぼし尽くした。……彼らはその後、町とその中のすべてのものを焼き払い、金、銀、銅器、鉄器だけを主《しゅ》の宝物倉に納めた。（「ヨシュア記」6章1節、21節、24節）

これは、剣をミサイルと銃に置き換えれば、そのまま2004年4月のイラク・ファルージャ攻撃でアメリカ海兵隊が行った大量殺戮《さつりく》の描写になる。大虐殺が始まる前には脱出ルートがすべて封鎖されていたため、サッカー競技場を墓地にしなければならないほど多くの市民が殺された。この戦闘の中心となったのが、トランプが国防長官に任命したジェームズ・〝ザ・狂犬《マッド・ドッグ》〟・マティス将軍だった［2019年1月に国防長官を辞任］。このときから「狂犬」と呼ばれるようになったマティスは精神病質者《サイコパス》で、こんな発言もしている。

わたしは平和の裡《うち》にやって来た。大砲は持ってきていない。だが、涙を浮かべて訴える――わたしに逆らえば皆殺しだ。

[アメリカ民主主義における] この実験の終結を望む敵を見つけたら、ひとり残らず殺せ。奴《やつ》らが死人の多さに気分が悪くなり、わが国とわが国の自由に手を出さなくなるまで殺せ。

礼儀正しく、プロフェッショナルであれ。ただし、出会った相手は誰でも殺せるよう準備しておけ。

だから、奴らを撃ち殺すのは実に愉快だ。実際、彼らと戦うことはとても楽しい。実に愉快だ。特定の連中を撃つのは楽しいことだ。すぐそこへ行こう。乱闘騒ぎは大好きだ。

マティスはこんなにすてきな奴だ。こういうとてもバランスのとれた人物が、同じくサイコパスのトランプとともに、両面からアメリカ軍を担当しているのである（図472)。聖書で大量殺戮《さつりく》の背後にいた「主」は今日も同じことをしているが、今は無制限の殺人と破壊が可能な武器があって、すべての人、すべての物を破壊することができる。同時に、政治家は否定しているが、憎悪に満ちたテロリストをつくり出しているのは彼らの「殺人株式会社」だ。テロリストからすれば、自分の家族や国にこのような仕打ちをされて、黙っていられるはずがない。

▼ジェームズ・“ザ・狂犬《マッド・ドッグ》”・マティス米国防長官（2019年１月退任）

「狂犬」と呼ばれる男
今はこの男が、世界が戦争になるか
どうか決めようとしている！

［2020年１月現在、この男の敷いた路線が現実になろうとしている］

図472：ぐっすり眠れ。

わずかでも共感や思いやりや知性がある人なら、男性、女性、子ども――そのほとんどは茶色い顔をしている――がこうした西側のサイコパスによって計画的に情け容赦なく殺され、破壊されていることが理解できないだろう。だが、ここで取り上げているのは、子どもを生贄《いけにえ》にするメンタリティの持ち主だ。

彼らのソフトウェアは共感や思いやりを感じないようにプログラミング《設計》されているので、その悪意と残酷さには限界がない。実際に彼らは、わたしたちが理解する意味での人間ではない。これは何度も繰り返してきたことだが、こうしたソフトウェアの〈プログラム《実行計画》〉のすることを、自分たちがすることを規準に判断してはいけない。あの血統の連中はあなたと同じではない。彼らは行動の安全機構である共感というものをまったく理解していないし、ましてやそれを表に出すことは絶対にしない。共感と思いやりがなければ、自分がしたことで感情が影響されることはない。だから限界がないのだ。

デモコン→ネオコン「体制転換」で至福!?――イラク、リビア、シリア、レバノン、イラン…中国!!

点を結ぶ……獅子奮迅の大活躍「PNAC」

わたしはこれまでの本で、膨大な調査結果と証拠を挙げて、多くの戦争やテロ攻撃が背後で操作されていることを暴露してきたが、2000年前後からの一連の出来事は、戦争が究極的には「見えない領域」で決定された青写真に従って計画され、遂行されていることを見事に示している。ここでは1998年の話を取り上げるが、計画はその数十年前からあったし、「見えない領域」では、もっと以前から計画されていた。

デモコンのズビグネフ・ブレジンスキーは、ジミー・カーター元大統領の大統領補佐官として国家安全保障問題を担当したほか、デーヴィッド・ロックフェラーとともに、〈エリート〉の日米欧三極委員会の共同設立者でもある。そのブレジンスキーは1998年に『地政学で世界を読む——21世紀のユーラシア覇権ゲーム』を出版した。彼は2017年に死亡したが、この本でブレジンスキーは、アメリカ（〈クモの巣〉）が世界を支配するためにはユーラシアを支配する必要があると述べている。ユーラシアは地球最大の大陸で、その範囲は、西はヨーロッパから東は中国、北はロシアから南は中東、インドにまでおよんでいる（図473）。

ブレジンスキーの本とその内容のポイントは、彼がこうなると思うと語るときには、実際にそのような計画があるということだ。ここでユーラシアの問題は少し横に置いて、まずは点結びの強烈なエクササイズ《訓練》をしよう。そうすればまたユーラシアに戻ってくるはずだ。この時点では、まずは〈隠れた手〉のブレジンスキー—デモコン組織から、ディック・チェイニー、ドナルド・ラムズフエルド、ポール・ウォルフォウィッツ、ドヴ・ザクハイム、ロバート・ケーガン、ウィリアム・クリストル、リチャード・パールらの、共和党ネオコンへと視点を切り換える必要がある（図474）。彼らは全員が、ワシントンに基盤を置く「アメリカ新世紀プロジェクト（PNAC）」のメンバーだ。

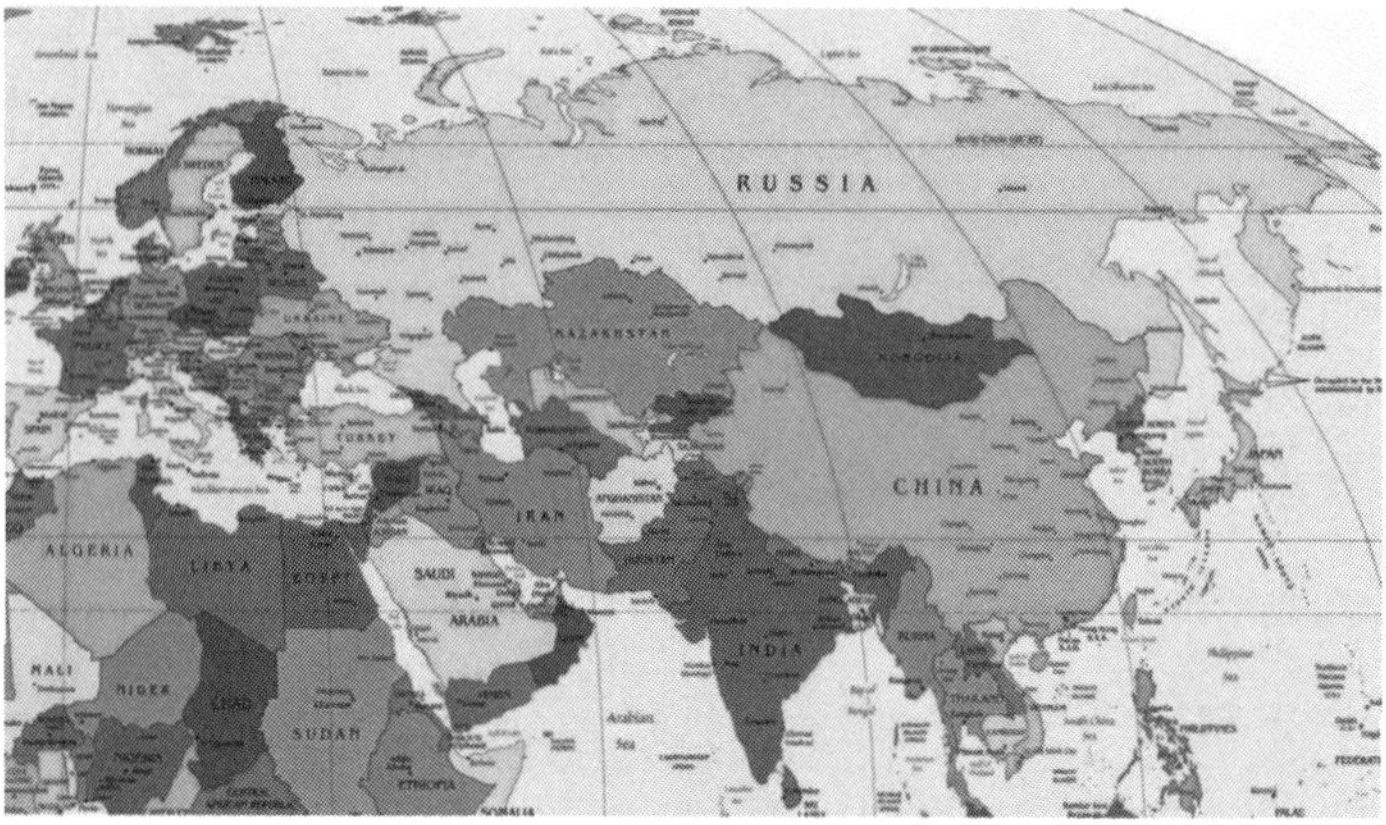

図473：ユーラシア大陸とその関連地域。

図474：ジョージ・ブッシュ・ジュニアとともに直接・間接的に権力を握る数カ月前、このシオニストのいじめっ子＆臆病者連中は、戦争と政権交代の青写真を発表した。以来、世界は一貫してそれに従って動いている。

ＰＮＡＣは１９９７年にシオニスト強硬派のケーガンとクリストルが共同で設立している。まずロバート・ケーガンだが、彼はＪ・Ｄ・ロックフェラーが外交政策を推進するために１９２１年に設立した〈エリート〉機関「外交問題評議会（ＣＦＲ）」のメンバーで、同じく〈エリート〉に支配されたブルッキングス研究所の上級研究員でもある。また、これも〈エリート〉の支配する『ワシントンポスト』（オーナーはアマゾンのジェフ・ベゾス）に週１回のコラムを連載している。ウィリアム・クリストルは、ネオコンのくず雑誌『ウィークリー・スタンダード』の「エディター・アット・ラージ」として、自分が関心のあることだけを取り上げて寄稿しているほか、同じく〈エリート〉が支配するテレビのネットワークにも「政治アナリスト」として定期的に出演している。「政治アナリスト」はネオコンないしデモコンが〈隠れた手〉のアジェンダを売り込むための偽装で、その目的は、アメリカの若者を〈エリート〉の征服戦争で外国へ送り出し、罪もない人びとを大量に虐殺させること、そしてアメリカやイギリスが標的にした国を番組で取り上げ、反政府テロを「市民革命」として提示することだ。ただし、だれかれ構わず爆弾を落とすケーガンとクリストルの狂気にもひとつだけ但し書きがつく。それは、怒りに任せて発砲される場面には、自分は決して出てこないことで、この意気地なしの臆病者《おくびょうもの》連中は、車がバックファイアを起こしただけで、大混乱になった街路から真っ先に逃げ出してしまうだろう。

ネオコンの指導層は秘密結社のシオニストとシャブタイ派フランキズム、および世界支配に向けたアジェンダのフロント組織に牛耳られている。２０００年９月、アメリカ新世紀プロジェクト

（PNAC）は「米国防衛力の再構築――新世紀に向けた戦略、軍隊、資源」という政策文書を作成した。これは「アメリカ軍が同時に複数の大規模地域紛争に勝利する」ことを要求するもので、そうした戦争による「体制転換《レジーム・チェンジ》」に向けて一連の国名をリストアップしている。

具体的にはイラク、リビア、シリア、レバノン、イラン、北朝鮮、中国で「アメリカと同盟国は、中国の民主プロセスに拍車［を掛けるべきである］」とした。数カ月後の2001年1月、PNACはペンタゴンを乗っ取り、国防長官にドナルド・ラムズフェルド、それ以上の権力を持つ「副」長官にシオニストのポール・ウォルフォウィッツ、ペンタゴンの予算管理者にシオニストのドヴ・ザクハイムなど、影響力の強いポストにPNACの資産《アセット》を配置した。さらには「副」大統領のディック・チェイニーを通じてホワイトハウスも乗っ取り、無能で無力なブッシュ・ジュニアを完全に牛耳った。

同じくPNACの資産《アセット》として極めて重要だったのが「闇《やみ》のプリンス」ことリチャード・パールで、ケーガンやクリストルとともに主として陰で活動し、ひょいひょいと身をかわしながら操作したりしていた（ソファの陰から出てきては、ほかの者に、出ていって戦えとけしかけるような奴だ）。シオニスト過激派のパールは、トランプやその義理の息子で上級顧問のジャレッド・クシュナーと同様に、イスラエル首相ネタニヤフの親友だ。パールは1996年に、ネタニヤフのために政策文書「決別――国土保全のための新たな戦略」を作成し、イラクのサダム・フセインの排除とシリアのアサド政権の弱体化を求めている。パールはこう書いている。

イスラエルはトルコおよびヨルダンと協力して、シリアを弱体化させ、封じこめ、場合によっては後退させることによって、戦略的環境を形成することが可能である。この努力はサダム・フセインをイラクの権力から排除するという、それ自体として重要なイスラエルの戦略目標に集中することが可能であり、それがシリアの地域的野望をくじく手段となる。

このとき以来、トルコとヨルダン（イスラエルの臣下）は「シリアを後退させる」ために使われてきている。PNACはパールの戦略に従い、これを拡大した。パールはそこに、ほかの一連のイスラエル資産《アセット》とともに中心的に関わっていった。このことをさらに裏付けているのが、アメリカ軍のウェスレイ・クラーク将軍の発言だ。クラークはコソボ紛争時のセルビア爆撃で大きな役割を果たし、自身も戦争犯罪人となるべき男だが、テレビ番組「デモクラシー・ナウ」のインタビューに答えているので、インターネットでその様子を観ることができる。四つ星の退役将軍でNATOの連合軍最高司令官も務めたクラークは〈9・11〉の10日ほどあとにペンタゴンを訪れ、PNACのドナルド・ラムズフェルド国防長官とポール・ウォルフォウィッツ副長官と会ったあと、下の階へ降りて、ペンタゴン統合参謀本部にいるかつての部下と会った。以下はクラークの言葉だ。

……将軍たちのうちのひとりがわたしを招き入れた。彼は「お入りください。少しお話ししたいことがあります」と言った。わたしは「そうか、忙しそうだな」と言った。彼は「いえ、わが国は決断を下しました。イラクと戦争を始めることになります」。この戦争は9月20日ごろに始まるという。わたしは「イラクと戦争をする？　何のために」と言った。彼は言った。「わかりません。ほかにどうしていいか、わからないからではないでしょうか」

それでわたしは「では、フセインとアルカイダを結びつける情報が見つかったのか」と尋ねた。彼は「いいえ、そちらの方では新しいことは何もありません。とにかくイラクと戦争をすると決定しただけです。テロリストを相手にどうすればいいか、わからないのだと思います。ですが、わが国には優秀な軍隊があり、政府を倒すことはできます。手持ちの道具がハンマーだけなら、すべての問題が釘に見えるのにちがいありません」

知識の区画化が徹底しているから、この将軍は、これほどの地位にあっても、きっとイラクを標的にする理由を知らなかったのだろう。だが、わたしなら当惑した彼を助けてやれる。それは、イラクが体制転換《レジーム・チェンジ》リストのトップに挙がっていたからだ。そのリストは、シオニストが生み出して支配しているＰＮＡＣとパール（本人もシオニスト）がネタニヤフのために作成したもので、その後に起こったことはすべて、ＰＮＡＣとパールが仕えている陰の権力が組織したものだ。それまで公然とイラクに言及する者などいなかったのに、２００２年になって急にフセインとイラクを名指しして不安を煽《あお》るキャンペーンが始まり、ついには2003年3月のイラク侵攻につながった。口実となったフセインの「大量破壊兵器」が存在しないことはわかっていたが、PNACのリストに従って体制転換をスタートさせるには、公的な理由が必要だった。最初の爆弾が落とされる直前まで、〈クモの巣〉の操り人形であるブッシュとブレアは、フセインがこちらの要求に従えば侵攻は避けられると主張していたが、実際には、戦争は以前から計画されていた。ウェスレイ・クラークが数週間後にペンタゴンに戻ってみると、アメリカはすでにアフガニスタンへの爆撃を開始していた。クラークは前回と同じ将軍に会って話を聞いたという。

わたしは「まだアメリカはイラクと戦争する気なのか」と言った。すると将軍は「いや、それより事態は悪化しています」と言って机に手を伸ばし、1枚の紙を取り上げた。「今日、上の階からこれを手に入れました」。上の階とは国防長官の執務室のことだ。「このメモには、5年間に7国を排除すると書かれています。イラクから始めてシリア、レバノン、リビア、ソマリア、スーダン、そして最後にイランです」

「それは機密扱いか」とわたしは言った。彼は「そうです」と答えた。「では、わたしに見せないでくれ」。そして、わたしは1年ほど前にこの将軍と会って「あのことを覚えているか」と尋ねた。彼は「わたしはあなたにあのメモを見せていません！ 見せませんでした」と言った。

クラークは、ＰＮＡＣが「中東を不安定化させ、根底から覆し、わが国の支配下に置くことを望んだ」とも語った。ＰＮＡＣはそのための乗り物だったのかもしれないが、それでも従属的な雑用係の組織にすぎない。彼らは恐怖のヒエラルキーの、さらに深い陰の部分からの指示を実行しているだけで、その〈陰の存在〉は、直接〈クモ〉から命令を受けている。彼らを見分けるルールはシンプルだ。実際に見ることができたら、それは雑用係やイエスマンであって、彼らが仕《つか》えている権力の源ではない。彼らは、言われた通りのことをしているあいだはすべて丸く収まるが、拒否したりすると……大きな間違いが起こる。

ＰＮＡＣは〈９・11〉のあと、オルタナティブメディアによって暗躍ぶりを暴露されて評判を落としたので、今は同じ勢力が、ほかのフロント組織を通して活動している。最も著名なものは、同じくケーガンとクリストル、それにこれもシオニストでコラムニスト兼政治顧問のダン・セナーが設立した「フォーリン・ポリシー・イニシアチブ《外交政策戦略》」だ。この組織は「狂犬」マティスと大統領補佐官（国家安全保障問題担当）のマクマスターがついている。

さて、こうした背景を踏まえて、ブレジンスキーのユーラシアに話を戻して、これがＰＮＡＣとイスラエル（どちらでも同じことだが）から標的にされた国々と、組織的に悪者扱いされたロシアのような国々がどこまで重なるかを見てみよう。これらの国々は、どこもユーラシア大陸の周辺にある（図４７５）。いや、もちろんこれもただの偶然だ。何も心配することはないさ。

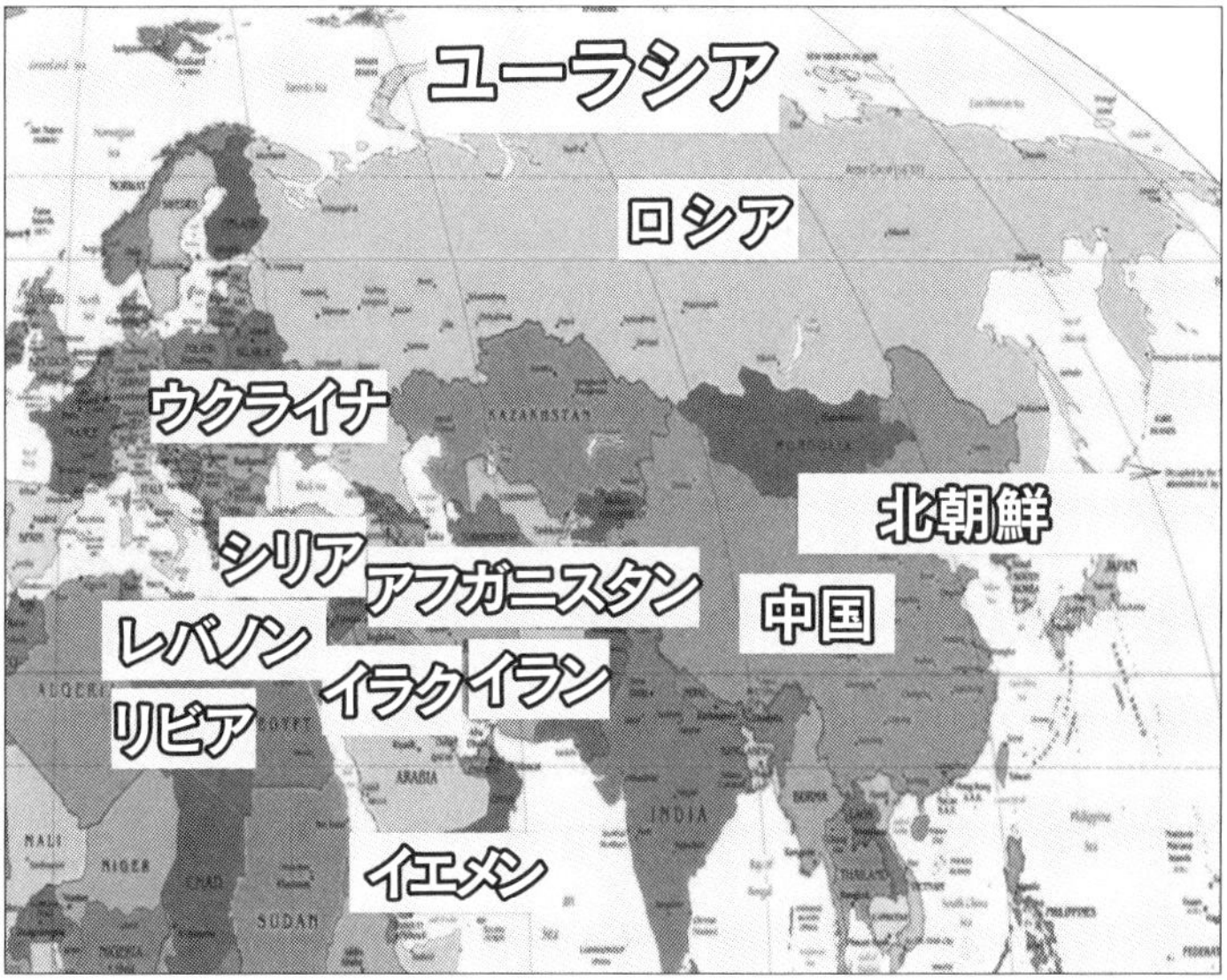

図475：ブレジンスキーがユーラシア支配の必要性について書いて以来、同地域の国々と近隣諸国は次々にアメリカと西側の標的にされてきている。

〈9・11〉の本当の理由《フセイン・イラクの体制転換》――「ノースウッズ作戦」の焼き直し《米政権中枢の自作自演テロでカストロ・キューバの体制転換を狙った(未遂)!!》

ネオコンは、計画したすべての戦争と体制転換を正当化するのが難しかったので、いつも頼りにしているＰＲＳ《問題-反応-解決》の実行を指示した。２０００年9月の文書には「変容のプロセス……［戦争と体制転換］……は、新たにパールハーバーのような壊滅的で触媒的な出来事がない限り、長いものになるだろう」と書かれていた。ＰＮＡＣの文書が公表されてちょうど1年後、それを書いた面々がブッシュを擁《よう》してホワイトハウスとペンタゴンで権力を握ってから9カ月後、アメリカは、当時ブッシュが「21世紀のパールハーバー」と呼んだ出来事を経験した。主流メディアに適切なジャーナリストがいたらすぐに結びつけて考えただろうが、わたしの体験では、彼らの大半は「アメリカ新世紀プロジェクト（ＰＮＡＣ）」のことなど聞いたことがなかったし、聞いたことがあっても、〈9・11〉とその後に続いたすべてのことにつながる根本的な重要性が見えていなかった（というより明確に無視していた）。でも、陰謀なんて存在していないはずだろう、それは単なる「論」じゃないか……？

〈9・11〉の公式ストーリーについては『究極の大陰謀――〈9・11〉テロの最終審判』と『恐怖の世界大陰謀』で（『知覚騙し』の主要な章でも）取り上げているので、ここで詳細は繰り返さない。ただこう述べておけば十分だろう――公式のおとぎ話は最も緩《ゆる》い精査にも耐えないほどバカげていて、しかもそれを語った口は、存在しないと知りつつイラクに大量破壊兵器があると嘘をついたのと同じ口だった、と(図476)。

主流メディアは、イラクに関して嘘を言われたことには同意するのに〈9・11〉についてはひと言残らず受けて入れてしまう。どちらのストーリーも同じ連中の――同じ機関でも政府でもなく、同じ連中の――口から出ているというのに、である。さらに悪いことに、メディアは、わたしのように自分の考えを持った人びとを――〈9・11〉はアメリカ、イスラエル、イギリス、サウジアラビアの政府、諜報機関、軍部のネットワーク中の要素が、世界的な「テロとの戦い」(=自由との戦い)を正当化し、PNACがリストアップした国々を標的にするためにでっち上げたものだということを暴露する人びとを――あざ笑い、攻撃する。

いわゆる「ジャーナリスト」の振る舞いと、彼らが狂ったサイコパス《精神病質者》による地球乗っ取りで果たした重要な役割は、情けないという言葉では表現しきれない。世界中でわたしが出会った中で、あまりの情報のなさに衝撃を受けたのは、ジャーナリストと政治家だった。

9月11日の攻撃は、1960年代初頭に初めて文書に記録された「ノースウッズ作戦」と呼ばれる青写真に基づいていた。これは1962年にライマン・L・レムニッツァーが議長を務めたペンタゴンの統合参謀本部が作成したもので、最終的にケネディ政権によって阻止された。ノースウッズ作戦は、アメリカ陸軍、CIA、およびその他の機関がアメリカをはじめとする各地でテロ攻撃を演出し、それをキューバのせいにして侵攻を正当化し、フィデル・カストロを排除するという計

図476：〈9.11〉はテロとの戦いを正当化するための口実で、ここから、長年計画されてきた中東の「体制転換」プロセスが始まった。

画だった。ABCテレビの元調査プロデューサー、ジェイムズ・バムフォードは著書『すべては傍受されている――米国国家安全保障局の正体』でノースウッズ作戦について述べていて、国家安全保障局（NSA）についてはこう書いている。

この計画は暗号名をノースウッズ作戦といい、統合参謀本部議長と三軍首脳の承認文書があるが、街頭で無辜《むこ》の米市民を射殺し、キューバから逃げる難民を乗せた船を沖合で撃沈し、首都ワシントン、マイアミなど各地で凶暴なテロの波を起こすというものだった。

身に覚えのない爆弾事件で犯人が仕立て上げられ、飛行機ハイジャックもおこなわれるはずだった。ニセの証拠を使いこれらを全部カストロのせいにして、レムニッツァーら陰謀グループに戦争開始に必要な口実と内外の支援をあたえる筋書きであった。

これが〈9・11〉において起こったことであり、それ以来、アメリカ、ヨーロッパ、中東などでは同じことが、やはり〈PRS〉や「偽旗作戦《にせはた》」のテロ攻撃を使って起こりつづけている。ほかにも、ペンタゴンのプロジェクトには「マングース計画」と呼ばれるものがある。これもやはりキューバを標的にした偽旗攻撃で、まず「キューバにあるアメリカの施設（GMO）への攻撃に見せかけた事件を起こし、それを口実に、アメリカの軍事力を使ってキューバの現政権を崩壊させる」といったものだった。

統合参謀本部議長のレムニッツァーは、ノースウッズ作戦を提示したことでケネディ大統領から解任されたが（軍産複合体は彼の解雇に不満だった）、その後はなんとNATOのヨーロッパ連合軍最高司令官に任命された！　ノースウッズ作戦が初めて明るみに出たのが1997年のジョン・F・ケネディ暗殺記録調査委員会がきっかけだったというのも、いかにも、という感じだし、その完全なバージョン《改版》が国家安全保障アーカイヴによってオンラインに掲示されたのが2001年4月30日、つまり文書の基本テーマが現実となる9月11日のわずか5カ月前だったというのも、何ともタイミングがよすぎる。

〈9・11〉の公式ストーリーがあまりにバカバカしく、受け入れがたいものなので、建築と構造の専門家たちは「〈9・11〉の真実を求める建築家とエンジニアたち」（ae911truth.org）という団体を結成し、ツインタワーが崩壊した理由の説明は工学的に理屈に合わないという事実に光を当てている。

プロのパイロットは「〈9・11〉の真実を求めるパイロットたち」（pilotsfor911truth.org）という団体を結成し、例の「イスラム教徒のハイジャック犯」がシミュレーター《模擬実験装置》と単発航空機で操縦を学んだだけで広胴型航空機を驚くべき技術で操縦したという公式ストーリーの明白な欠陥を、数え切れないほど暴露している。

ルフトハンザ航空で広胴型航空機を28年操縦したあるパイロットはわたしに、自分ならあんな飛行はとてもできないと語った。「ハイジャック犯のパイロット」のひとりは、あまりに単発航空機の操縦が下手だったので、担当教官は、彼が車を運転できたことさえ驚きだと言っている。

わたしが主張したいことは、ほかの人びとと同じように、あの9月の朝にボストン、ニューアーク、ワシントンの各空港を飛び立った飛行機は、ニューヨークでビルに激突したものや、ペンシルベニアとペンタゴンで墜落したとされるものとは違うということだ（あとの2機については、詳細を見たいと思っても、信用できる残骸《ざんがい》がないので証拠自体が存在しない）。

ツインタワーに衝突した2機は地上から操縦されたドローン《無人機》だった。テロ攻撃の直後、わたしたちは、乗っ取った飛行機をドローンとして飛行させる技術は存在しないと信じさせられた。ブッシュ大統領は事件の数日後、ハイジャックされた飛行機に使える遠隔操作技術を開発するために、連邦政府が資金提供すると語ったが、その技術は民間機用としては20年以上前から、軍用機に至ってはそれよりずっと以前から存在していた。地上基地からドローンの民間機を飛ばしてテロ攻撃を演出するというのは、1962年のノースウッズ作戦の一部だった。ノースウッズ文書には以下のような計画が記されていた。

エルジン空軍基地で、マイアミ地域のCIA系組織に所属する民間航空機にそっくり似せて1機の航空機を塗装し、登録番号を付ける。指定の時刻に、この偽装機は実在の民航機に代わって、選抜された客を搭乗させる。搭乗客は全員入念に準備された偽名を名のる〈9・11〉の飛行機に乗客が極めて少なかったことを思い出してほしい)。

実在の登録機は無人標的機に改装される。この無人標的機と実際の航空機の離陸時刻は、フロリダ南部で両機が遭遇するように設定する。

遭遇地点から乗客を乗せた航空機は低空ぎりぎりに降下、エルジン空軍基地の補助飛行場に直行。そこでは乗客を全員降ろし、機体を元の状態に戻す手はずになっている。無人標的機の方はそのまま当局に提出された飛行計画通りに飛ぶ。キューバ上空に来たとき同機は国際緊急周波数で「メーデー(SOS)」を発信し、キューバのミグ機の攻撃を受けていると伝える。

救難通信は同機の破壊によって中断される。破壊は無線で指令される。これでICAO(国際民間航空機関)の西半球各地の無線局は同機の消息をアメリカに伝えることができ、米国は事件を「売り込む」必要はない。

これが〈9・11〉という巨大な幻想を生み出すために使われたテーマとテクニックだ。彼らがそんなことをするはずがないだって? とんでもない。彼らは何世紀にもわたって、アルコーンに取り憑《つ》かれたサイコパスが指揮する仕掛けられた戦争で、何億もの人を殺してきた。〈9・11〉で亡くなった約3000人は彼らにとって何でもないと本気で考えているのかって? もちろんだ。あの人たちも、ほかのすべての人びとと同じ、目標を達成するための手段にすぎなかった。

ブッシュ政権は蹴飛《けと》ばされ、怒鳴りつけられ、つばを吐きかけられた揚げ句、やむをえず〈9・11〉国家調査委員会を設立して、何が起こったかを「調査」することにしたが、一方ではあらゆる手を尽くして、真実が明らかになるのを困難にしようと、資金を著しく不適切に割り当てるなどした。

ブッシュとチェイニー(ということは、つまりチェイニー)は、シオニスト過激派のヘンリー・キッシンジャーを委員会委員長にしようとまでしたが、この任命は隠蔽《いんぺい》の意図があまりに露骨だったので、さすがのチェイニーも引き下がらざるをえなかった。わたしはほかの本で、この委員会の最終報告にシオニストの関与があったことを暴露したが、共同委員長のトーマス・ケインとリー・ハミルトンはのちに、同委員会は「失敗するために設立された」ようなものだったと語っている。

3000人の死者を悼《いた》み、何が、どのようにして起きたのかをはっきりさせたいと思うなら、どうしてこんなことをするだろうか? これも答えはシンプルだ——彼らは何がどのようにして起きたのかを知っていて、ただそれを一般国民に知られたくなかったからだ。

そして、解決は……大儲け!! 「テロとの戦い」

「新たなパールハーバー」 無辜の民大量殺戮→麻薬・資源奪取!!

こうして「新たなパールハーバー」を実現したシオニストとアメリカの操作者は、標的にしたた国々の狙《ねら》い撃ちを始めた。まずはアフガニスタンを攻撃し、その流れでイラク以下、アメリカ新世紀プロジェクト（PNAC）のリストに載《の》った国々へと進むことになっていた。その口実は、オサマ・ビン・ラディンが〈9・11〉の「首謀者」だというもので、彼はアフガニスタンのタリバンに匿《かくま》われていて、タリバンは引き渡しを拒否しているとされた。アメリカ軍がまたもや栄光の大虐殺を始め、無辜《むこ》の市民への空爆を拡大して「巻き添え被害」を出していくと、イギリス軍はいつものようにそれに従い、イスラエルは傍観者の立場で陰から喝采《かっさい》を送った。

わたしは第②巻第8章209頁で映画監督の故アーロン・ルッソについて言及した。エディ・マーフィ主演の映画『大逆転』のプロデューサーを務め、受賞歴もあるルッソは、弁護士で実業家のニック・ロックフェラーから、女性解放運動と「ウーマンリブ」の起源に関する話を聞かされていた。また〈9・11〉の1年近く前の時点で、ある事件をきっかけにしてアフガニスタンとイラクへ侵攻し、油田を奪って中東に基地を築くことになっているとも打ち明けられている——そのうちに、兵士がオサマ・ビン・ラディンを求めてアフガニスタンやパキスタンの洞窟《どうくつ》を捜索する姿を見ることになるだろう、そして「実際には敵のいないところで終わりのないテロとの戦いが」起こるが、すべては「巨大なでっち上げ」なのだ、と。

さらにロックフェラーは「民衆は支配されるべき」だ、人口は半分以下に減らすべきだと言い、彼のいう「奴隷《サーフ》」に大量のマイクロチップを埋め込む計画についても語ったという。アフガニスタン侵攻の付加利益——であり、かつ大きな目的——は、タリバンの命令で中止されていたアフガニスタンでのケシ栽培を、再び記録的な水準に戻すことだった。今日、世界で生産されるヘロインの90パーセントはアフガニスタンのケシ畑から発していて、ヘロイン中毒は世界中に（もちろんアメリカにも）蔓延《まんえん》している。

CIAはパキスタンの軍統合情報局（ISI）と昔からつながりがあって、ケシからアヘンないしヘロインへと流れる麻薬取引を行っている。この取引は莫大《ばくだい》な金を生み出し、南アメリカからのコカイン密輸と合わせて、公式ルートや書類上の痕跡《こんせき》では追跡できない秘密プロジェクトの資金源となっている。ISIは他のすべての諜報機関と同様に〈クモの巣〉の組織で、多くの国々で活動している。

『ザ・タイムズ・オブ・インディア』紙は、当時のISI長官マフムード・アハメドが第三者を通して「ハイジャックの実行犯」ムハンマド・アターに10万ドルの送金を手配し、これが〈9・11〉の計画につながったと主張した。わたしの考えでは、これは実際にはCIAとISIによる麻薬密売とのつながりで、アターはその使い走りとして関わっていたのだろう。これによってCIAは、アターとその仲間を適切な時刻と場所に――アターたちにとっては不適切な時刻と場所に――配置して〈9・11〉の責任をなすりつけることができた。

「イスラム過激派」のアターは、白人でイスラム教徒ではない恋人とフロリダ州ベニスで一緒に暮らしていた。今ではベニス空港と飛行学校ですっかり悪名が知れ渡ったベニス空港の近くだ。彼女はあるインタビューで、アターはしょっちゅう酔っ払っていた、好物は豚肉で、コカインが切れるといつも空港へ行き、一抱えほど持って帰ってきたと話している。このインタビューはインターネットで見ることができるが、彼女の話は完璧《かんぺき》につじつまが合う。少なくとも当時のベニス空港はコカインの密輸ルートだったからで、CIAが南米から飛行機で運んできたものは、ここを通ってアメリカの街路でばらまかれていた。

クリントン夫婦とブッシュ親子もこの麻薬取引に関与していて、アーカンソー州（クリントンが大統領になる前に知事を務めていた）のメナインターマウンテン市営空港を通していた。クリントンーブッシュによる「死者数」には、メナで見てはいけないものを見た人たち（子どもも含む）や、彼らの関与について話しはじめた人たちが含まれている（『世界覚醒原論――真実は人を自由にする』を参照）。

イギリスの作家で活動家のショーン・アトウッドは２０１６年に *American Made — Who Killed Barry Seal? Pablo Escobar or HW Bush?*（アメリカ製――誰がバリー・シールを殺したのか？　パブロ・エスコバルかそれともＨ・Ｗ・ブッシュか・未訳）という本を出版し、パイロットのバリー・シールが、ブッシュ・シニアとビル・クリントンとともにこの麻薬密輸に関与していた話を語っている。最終的に、シールは秘密保持のために暗殺された。

同じタイトルの映画が２０１７年にトム・クルーズ主演で公開されたが（邦題『バリー・シール　アメリカをはめた男』）、現実の話からはほど遠いものだった。ショーン・アトウッドは寛大にも、*American Made* の執筆はわたしの著書に触発された部分があることを認めている。長い年月の間には、ほかの誰かがバトンを引き継ぎ、それぞれの関心領域で走りつづけてくれるようになるのだ。そういう人たちがいるのを目にすると非常にうれしいし、そういう人は多ければ多いほどよい。

アメリカがベトナムや東南アジアで起こした戦争は、ほかにも理由はあるとしても、やはり麻薬関連が中心で、麻薬は、〈エリート〉とそのエージェントによって、死んだ兵士の棺に入れて密輸された。本当の社会は、当然のことながら、ニュースで見るものとはまったく違う。

ISIのマフムード・アハメド長官は〈9・11〉の朝、ワシントンDCで上院議員のボブ・グラハムと下院議員のポーター・ゴスと一緒に朝食をとっていた。このふたりは、のちに上院諜報活動特別委員会委員長、下院情報特別委員会委員長として〈9・11〉の調査を担当するのだが、言うまでもなく、真実は明らかにならなかった。

グラハムとゴスは〈9・11〉のわずか2週間前に、合衆国代表団としてパキスタンのイスラマバードを訪れていて、期間中にはマフムード・アハメドをはじめとするISI職員のほか、パキスタン大統領のパルヴェーズ・ムシャラフとも面会していた。ポーター・ゴスは骨の髄まで諜報機関のインサイダー《部内者》で、CIAとは長い付き合いだ。2004年にはCIAの長官にもなっている。

〈9・11〉のハイジャック犯にされた連中は圧倒的にサウジアラビアとつながりがあったが、そのイギリスが王座に据《す》えた偽「王家」のサウド家に対しては何の行動も取られなかった。サウド家は相変わらずアメリカやイギリスからハイテク兵器を大量に提供され、それを使って国民を抑圧し、イエメンへの空爆を行っていた（イエメンではその後に起こった病気や飢饉《ききん》も合わせて大勢の市民が死んでいっている）。サウジの「王家」はシャブタイ派フランキズムのドンメ派で〈クモの巣〉の資産《アセット》なので、隠れた主人に仕えているかぎり、何でも好きなことができるのだ。

トランプは、邪悪なサウジアラビアの体制を「友人にして同盟者」と呼んでいるほか、トルコのレジェップ・タイイップ・エルドアン大統領――シャブタイ派フランキズムの邪悪な独裁者で、オスマン帝国の復活を望んでいる――に対しても同様の態度を取っている。

世界は人種、民族、宗教に基づいて細分化できるという神話に騙されないことが重要だ。この幻想は単なる大衆向けのものだ。〈クモの巣〉の人材にはそんな区別はない。なぜなら、彼らはそれがすべてナンセンスだということ、イスラム教の中心であるサウジアラビアも、シオニスト・ユダヤ教の中心であるイスラエルや「キリスト教徒」を自称するアメリカ、イギリスと同じ側だということを知っているからだ。

彼らは同じ〈クモの巣〉によって支配され、ひとつのユニット《単体組織》として機能している。イスラエルとサウジアラビアは反対陣営にいると思っているかもしれないが、サウジアラビアは、ユダヤ人を殺す連中には資金も武器も援助しないで、ドンメ派以外のイスラム教徒を殺す連中を援助している。サウジアラビア人のビン・ラディン一族は、サウジの「王家」やブッシュ一族と緊密な関係がある。これはジョージ・ブッシュ・シニアが、ワシントンDCに本拠を置くプライベート・エクイティ・ファンドで資産運用会社のカーライル・グループのためにビン・ラディン一族とビジネスをしていたためで、カーライル・グループはサウジ・ビン・ラディン・コーポレーションの資産を運用していた。

デモコンのズビグネフ・ブレジンスキーは1998年、フランスのニュース雑誌『ル・ヌーヴェル・オプセルヴァトゥール』のインタビューで、ジミー・カーター大統領の国家安全保障問題担当補佐官を務めていた1970年代後半に、のちに「ムジャヒディーン」となるアフガニスタンの「自由の闘士」の武装、訓練、資金を手配していたと語っている。

当時のアフガニスタンは旧ソ連の衛星国だったので、ブレジンスキーは、彼らを使って首都カブールを攻撃させ、旧ソ連がアフガニスタンへ侵攻せざるをえないように仕向けた。彼はこれを、旧ソ連に「奴らのベトナム」をプレゼントすると表現し、アフガニスタン国民150万人を犠牲にしてそれを遂行した。

アメリカとサウジアラビアはCIAの「サイクロン作戦」の下、イスラム教国40カ国からの戦士を含めたムジャヒディーンに数十億ドルの資金援助、軍事援助を行った。この資金をアフガニスタンに流したのはパキスタンのISIで、こちらはパキスタン軍やイギリスのMI6やSAS（イギリス陸軍特殊空挺《くうてい》部隊）と協力して、軍事訓練も提供した。ムジャヒディーンのテロリストはCIAからも訓練を施されていて、場所としては、バージニア州やニューヨーク州のブルックリン（皮肉なことにツインタワーにほど近いところ）が使われた。

こうした多くの、さまざまな組織がすべて〈クモの巣〉の資産《アセット》であり、こうした機関を導管として、旧ソ連に対する調整や、のちの〈9・11〉に向けた調整が行われた。ムジャヒディーンもタリバンも最初は「善玉」で、続く1980年代のレーガン‐ブッシュ政権のときに、ソ連に対するムジャヒディーン抵抗運動のフロントマンとなったのが……そう、オサマ・ビン・ラディンだったのだ。アフガニスタンでのブレジンスキー‐カーター（「民主党」）からレーガン‐ブッシュ（共和党）への移行は、一党独裁国家で予想できる通り、切れ目なく行われた。ムジャヒディーンはその後アルカイダに姿を変え、かつての「善玉」はアメリカから悪者扱いされるようになった。それが計画の次の段階にふさわしかったからだ。

イギリスの元外務大臣ロビン・クックは、2005年に急死する直前、いわゆる「アルカイダ」は「基地」あるいは「データベース」の意で、ソ連と戦うために結集したムジャヒディーン戦士に関するCIAデータベースのことだと語った。クックはこう言っている。

本当は、アルカイダと呼ばれるイスラム軍もテロリスト集団も存在しない。情報に通じた諜報部員はみなこのことを知っている。だが、今はプロパガンダ宣伝が行われていて、大衆は「悪魔」を象徴する強力な存在があると信じ込まされている。その唯一の目的は、テレビの視聴者に、対テロ戦争のための、統一された国際的リーダーシップを受け入れさせることだ。このプロパガンダの黒幕はアメリカだ。

それから1カ月も経たないうちに、クックは心臓発作で死亡した。今も「アルカイダ」を自称する集団は存在する。彼らは、アメリカがアルカイダは存在すると言ったために、そんなものが実際にあると信じたのだ！　アルカイダは、いわゆる「テロとの戦い」（実はテロの戦い）を正当化するために〈9・11〉の濡《ぬ》れ衣《ぎぬ》を着せられ、これによってPNAC（アメリカ新世紀プロジェクト）の攻撃リストのトリガーが引かれた。この同じネットワークは、今ではISISないしISIL（イスラミック・ステート）、アル＝ヌスラ戦線、タハリール・アル＝シャーム、さらにアフリカ南部ではボコ・ハラムと呼ばれている。究極的には、アメリカ、イギリス、イスラエル（〈クモの巣〉）がすべて支配しているのだが、これについては次の章でさらに詳しく述べるつもりだ。

ナチのゲーリングの開戦テクと酷似!!
戦争犯罪人だらけ――ブッシュ・シニア、ブレア、パウエル、ラムズフェルド…
戦争の口実はいとも簡単に捏造!!

ジョージ・ブッシュ・ジュニアとトニー・ブレア、そしてその仲間の腐敗した連中は、イラクの大量破壊兵器について嘘《うそ》をついた。イラクが、アフガニスタンの次の標的だったからだ。イラク侵攻とサダム・フセイン排除の理由が見つからなかったために、彼らは理由をでっち上げたのだ。嘘つきブレアはイギリス下院で、フセインは45分以内にイギリスの標的を攻撃できると発言し、アメリカ合衆国のコリン・パウエル国務長官は国連で、フセインの（存在しない）化学兵器がもたらす致命的な危険性について、バカバカしい子どもじみたパフォーマンスを行った。

これは「わたしたちの暮らしへの脅威《きょうい》」というお馴染《なじ》みの詐欺で、ナチの軍事指導者ヘルマン・

ゲーリングが使ったテクニックだ。ゲーリングは、国民を戦争へ引きずり込むのは、民主主義国家であれ、ファシストや共産主義の独裁政権であれ、つねに簡単なことだと言った……。「国民に、自国が攻撃されていると伝え、平和主義者は愛国心に欠けている、彼らは国を危険にさらしていると非難するだけでいい。これはどの国でも同じように効く」

イギリスの国連武器査察官としてイラクで長い経験を持つデーヴィッド・ケリー博士には、〈エリート〉が捏造《ねつぞう》した戦争の口実を打破するだけの知識があった。博士はBBCに、ブレアとその側近であるアラステア・キャンベル、イギリス諜報機関が作成し、イラク侵攻の根拠とした調査書類は「脚色」されたものだと語った。その直後、博士は散歩に出かけ、誰が見ても殺害という状況で「自殺を図った」。では、フセインは善人だったのかといえば、それは違う。彼はCIAが煽動《せんどう》したクーデターによって政権に就《つ》いた独裁者で、1980年代にイランに侵攻したあとに、対イラン用にアメリカ企業から化学兵器を提供されていた。フセインへの化学兵器輸送を仲介したのはネオコンのドナルド・ラムズフェルドで、このことは、国防総省の何千件というイラン・イラク戦争関連文書が機密扱いを解除され、情報公開法によって公開される中で確認されている。このときの化学兵器には、炭疽菌《たんそきん》や腺《せん》ペスト菌も含まれていた。

その同じラムズフェルドは〈9・11〉とイラク侵攻の当時にアメリカ国防長官を務め、イラク侵攻はフセインによる化学兵器——自分が提供を手助けしたもの！——の使用を防ぐために必要な行動だと国民に売り込んだ（図477）。そのときまでにフセインは化学兵器を処分していたし、そのことはアメリカもイギリスも知っていた。フセインはたしかに卑劣な人間だったが、死と破壊という点で、彼の排除を計画した勢力と同列に並ぶほどのものではなかった。繰り返しになるが、フセインは彼らの足下にも及ばない。

わたしは、宗教的過激派の名の下でイランで起きているいくつかの凶悪な不正には——特に同性愛者に対するものに——強く反対するが、アメリカやイギリスをはじめとする西側の殺人機構と比較してみれば、フセインについての同じ疑問と答えが、イランについても当てはまる。フセインもイランも、何百万という死傷者を出した連中とは比べものにもならない。しかもその数は、何世紀、何世代の累積《るいせき》を考えれば数十億人にもなるのだ。

次の順番はリビアで、のちにシリアのアサド大統領に対して使われるものと同じストーリーが採用され、ムアンマル・カダフィ大佐が標的にされた。それは要するに「この男は自国民を殺害している」というものだ。主権を有する政府への攻撃と排除を正当化するためには、主権という言葉の定義を、国の政府から、その国の国民に変える必要があった。こうしておけば、憎悪に満ちた政府に直面している国民の主権を守らなければならない、という言い回しが可能になり、その国の主権に公的に介入することなしに、標的とする指導者を排除することができる。

では、ここで話をジョージ・ソロスに戻そう。ずいぶんご無沙汰《ぶさた》になってしまった。シオニストのソロスが主権の定義を変えるプロセスに着手したのは、２００４年の『フォーリン・ポリシー』誌の記事でのことだった。当時この雑誌を所有していたのは〈エリート〉のカーネギー国際平和基金だが、この組織は1950年代の下院委員会で、戦争を操作していたことを暴露されている（『世界覚醒原論――真実は人を自由にする』を参照）。『フォーリン・ポリシー』はその後、ジェフ・ベゾス所有の『ワシントンポスト』に売却された。ソロスの記事には「国民主権」というタイトルがついている。

……真の主権は国民に属すものであり、国民はそれを政府に委任する。政府が委託された権威を乱用し、国民がそのような乱用を是正する機会を持たない場合、外部からの干渉は正当化される。主権が国民に基づくことを明確化することによって、国際社会は、市民の権利を保護するために、国民国家の境界を越えることができる。

具体的に、国民主権の原理は近代の二つの難問を解決することができる。すなわち、主権国家に効果的に援助を送達する上での障害と、国際紛争を体験している国に対処するために世界的な集団行動を取る上での障害である……。

……主権国家の統治者は国民を保護する責任を負う。それができないとき、その責任は国際社会へ移される。国際的な関心は、往々にして、抑圧された人びとが利用できる唯一の生命線となる。

図477：最高の仲間――ドナルド・ラムズフェルドは1983年にレーガン大統領の特命使節としてフセインと会い、対イラン用の化学兵器の供給を仲介した。

図478：ケーガン家はそのままでテレビのリアリティ・ショーになりそうだ――あまりに暴力的な点を除けば。

何が「保護する責任」だ!!カラー革命・アラブの春…必ず英米NATOイスラエルとつるんで!!
詐欺の手口「市民革命」——極秘操作のジョージ・ソロス

ソロスが抑圧された人びとに関心を寄せるのは、そのような人びとをつくり出すため以外にはありえないし、実際にソロスは、まもなく訪れるとわかっていた偽の「アラブの春」に向けた下地づくりをしていた。ソロスが2004年に要求したことの基盤となる考えは、翌年に「保護する責任」という原理の下、国連安全保障理事会と国際連合総会で採択された。するとなんという偶然の一致か、ソロスのオープン・ソサエティ財団と結びついたネットワークが、ウクライナ、ジョージア、中東、およびその他の地域での「市民革命」を極秘に操作していたとして、誠実な研究者の間で一気に悪名を高めたのだ。

こうした「革命」はなぜか色に関連した名称が多く、オレンジ革命（ウクライナ）、ジャスミン革命（チュニジア）、ロータス革命（エジプト）、バラ革命（グルジア）、チューリップ革命（キルギスタン）、さらには失敗に終わったがグリーン革命（イラン）などがある。また未遂に終わったが、タイの「赤シャツ革命」でも、オープン・ソサエティ財団のネットワークが西側〈クモの巣〉の支配を広げようと画策していた。

「バラ」バージョンでは、アメリカの資産《アセット》で半ズボンの子どもにすぎないミハイル・サーカシュヴィリをグルジア「現ジョージア」の権力の座に押し上げた。サーカシュヴィリは大統領退任後の2

015年にウクライナ国籍を取得し、ペトロ・ポロシェンコ大統領からオデッサ州の知事に任命されて、ウクライナの政治家として再登場した。

そのポロシェンコは前年の2014年に、第二次ウクライナ「革命」（クーデター）で、アメリカとソロスによって大統領に据《す》えられていた。ウィキリークス文書によれば、ポロシェンコは権力を握るかなり以前から、ウクライナでのアメリカの資産《アセット》で、アメリカの国務次官補特別補佐官（ヨーロッパ・ユーラシア担当）でシオニストのヴィクトリア・ヌーランドのおかげで大統領職に就《つ》いたのだという。で、そのヌーランドの夫はロバート・ケーガンで……なんと、アメリカ新世紀プロジェクトの共同設立者だ（図478＝305頁）。ね、世間は狭いでしょ？　ヌーランドはリークされた通話記録から、駐ウクライナ大使に誰を政権に入れたいかを指示していたことを暴露されたほか、マケドニアの諜報機関からも、同国での政治操作を暴露されている。

ウクライナの偽の第二次「革命」は、2013年11月に首都キエフのマイダーン・ネザレージュノスチ（独立広場）で行われた抗議集会が引き金となった。この集会は、ヴィクトル・ヤヌコーヴィチ大統領の政府がEU加盟のための調印を拒否し、ロシアとユーラシア経済連合を頼ったのを受けたもので、抗議活動はマイダーン運動と呼ばれるようになった。漏洩《ろうえい》したさまざまな文書は、ジョージ・ソロスのネットワークが裏で操作していたこと、ヤヌコーヴィチがロシアへ逃れたあと、ソロスがウクライナをコントロールしていたことを裏付けた。ソロスの行くところ、必ずアメリカ国務省とイスラエルもついていく。「保護する責任」によって、〈エリート〉とその哀れなメディアはすべての準備を整えた。

アメリカとイギリスによるチュニジア、エジプト、リビア、シリアへの攻撃やクーデターは「アラブの春」と呼ばれ、2000年9月にシオニストのアメリカ新世紀プロジェクトがリストアップした国々に、体制転換《レジーム・チェンジ》が要求されるようになった。この「アラブの春」では、アラブの人びとが自由を手にすると思われたが、（a）宗教に精神を支配されているかぎりは決して自由にはなれないし、（b）「アラブの春」は自由とはまったく無関係だった。今でも憶《おぼ》えているが、わたしは2011年にウクライナのキエフで講演したあと、ホテルの部屋で、エジプトのカイロで何千人もの人びとがホスニー・ムバラク大統領の辞任を祝っている様子を生中継で観ていた。

ムバラク大統領はソロスが動かした抗議行動によって失脚した。だが、そのあとにやって来たのは自由ではなく、アブドルファッターフ・アッ＝シーシーが率いる凶暴《きょうぼう》な軍事政権だった。エジプトは、イスラエルに次いで2番目に多い軍事資金援助をアメリカから受け取っていて、この2国だけで、アメリカの対外軍事援助予算の約4分の3を占めている。アメリカが飛べと言ったら、シーシーは「どれくらい高くですか」と尋ねる。そう、「アラブの春」は実にうまく行った——アラブ人以外にとっては。「市民革命」という詐欺の仕組みはこうだ。
（1）煽動者を訓練し、市民の動揺を通じて政府を転覆《てんぷく》させるテクニックを身につけさせる（エジプトなど多くの国）、またはテロリストや傭兵《ようへい》を訓練し、資金援助し、武装させ、いわゆる「内戦」

を通じて同じことをさせる（リビア、シリアなど）。

（2）プロパガンダを使い、倒したい指導者や体制を悪者扱いすることで、本当の主人が誰かわかっていない人びとに「戦いへの参加」を呼びかける。世界の主流メディアは口から泡を吹いてこれをやる――ビン・ラディン、フセイン、カダフィ、アサド、プーチンを見よ。

（3）代理である「反逆者」の軍が政府の標的を攻撃しはじめる――市民に犠牲者が出たり、象徴的な場所（広場や政府庁舎の外など）で暴動が起きたり群集が集まったりすることも多い。政府が軍や警察でこれに対応したら、標的とする指導者は自国民を抑圧していると主張する。また、武装した「反逆者」が暴力の応酬《おうしゅう》に関わった場合には、標的とする指導者が「自国民を殺している」と主張する。

（4）世界に向けて、無辜《むこ》の市民が殺されているから「国際社会」（すなわちイギリス、アメリカ、NATO）が干渉して暴力から保護しなければならないと呼びかける。あとはリビア、シリアなど、世界各地で行われたように、空から容赦なく爆撃する。イギリス出身のアメリカ人活動家・哲学者で、アメリカ独立戦争時の『コモン・センス』で知られるトマス・ペインはこう言っている。「最も偉大な独裁者は、つねに最も崇高《すうこう》な大義の下に名を残している」

これは繰り返し目撃される手順であって、わたしが改めて、すべては冷酷に計画されていた、などと言う必要すらない。この方針は「アメリカ特殊部隊不正規戦戦略」というアメリカ軍の文書で明らかになった。文書の公開は2010年11月30日だから、チュニジアで「アラブの春」が始まるわずか1カ月前だ。その冒頭には次のように書かれていた[文中のUWとIWは事実上、同じものだ]。

アメリカがUW[不正規戦]を行う意図は、抵抗勢力を育成、維持することにより、敵対勢力の政治的、軍事的、経済的、心理的脆弱性《ぜいじゃくせい》を利用して、アメリカの戦略目標を達成することである……予測できる未来に向けて、アメリカ軍は非正規戦(IW)作戦に携わることが主になっていくだろう。

文書は続いて、この戦略では、まずは標的とする国の国民の知覚を「仕込んで」武装反乱を受け入れるようにすることが必要で、そのためには「政府に不信を抱くようなプロパガンダや政治的、心理的努力」を使い……地方および全国的な「動揺」をつくり出して……「ボイコットやストライキなど、国民の不満を示す行動」を組織させ……その上で「外国の組織者やアドバイザー、外国のプロパガンダ、物資、金、武器、装備の浸透」を開始する、と述べている。

標的とする政府からの報復があったときのことも文書には述べられている。すなわちマイナスの結果を利用して、抵抗勢力が「国民のために」耐えている犠牲者の数や苦難を強調し、それによって国民からさらに同情と支持を獲得するのだ。当時のリビアは1人当たり国民所得がアフリカで最も高く、教育や医療、さらには電気まで無償の国だったのに、あっという間に石器時代のような国に変えられて、それまでカダフィ大佐が抑えていた部族間闘争が再開し、大量殺人が続く国になってしまった。リビアは現在、ISISなど、狂った過激主義者の安全な避難所となり――これも計画通りだ――今や、ヨーロッパへ向かう大量移民の一大供給源となっている（図479）。

イギリスを拠点とするリビアの戦闘員は、リビア・イスラム戦闘集団（LIFG）のようなテロリスト・ネットワークのメンバーであるにもかかわらず、イギリスとリビアを自由に行き来することを許されている（LIFGはアルカイダと連携していて、2004年に外国テロ組織に指定されている）。

MI5元工作員だったデーヴィッド・シャイラーによれば、MI6は1996年に、リビア・イスラム戦闘集団と協力してカダフィ暗殺を企てたそうだ。イギリス特殊空挺《くうてい》部隊（SAS）で訓練を受けた反カダフィ工作員は、多くがイギリス北部のマンチェスターの出身だったので「マンチェスター・ファイター」と名乗っていた。そのうちのひとりは、2011年の紛争開始時には、反カダフィ「反乱軍」の4分の3がマンチェスター出身で、それ以外はロンドン、シェフィールド、あるいは中国や日本など外国出身者だったと言った。

リビア

前にもやったこと！

図479：欧米が暴力から一般市民を守るとこうなる。

その中に空港警備員のラマダン・アベディがいた。彼はMI6の資産《アセット》としてイギリスを離れ、イギリスの支援を受けてカダフィと戦ったあとは、自由に両国を行き来することを許されていた。5年後、息子のサルマン・アベディはリビアからマンチェスターへ戻り、自爆テロの実行犯となった。この事件では22人が死亡し、119人が重軽傷を負った。その多くは子どもで、マンチェスター・アリーナでのアリアナ・グランデのコンサートが終わって帰りはじめたところだった。

イギリスのテリーザ・メイ首相は攻撃を非難し、街中に兵士を配置して民衆を保護するよう命じた。しかし、デーヴィッド・キャメロンの政府で内務大臣として国境管理を担当し、サルマン・アベディの父親をはじめ、イギリス人テロリストが自由にイギリスとリビアを行き来できるようにしていたのは……当のテリーザ・メイだった。その偽善は驚くべきものだ。

MI5の元工作員デーヴィッド・シャイラーは、父親のラマダン・アベディは「タンワース」という暗号名でMI6のために働き、1996年のカダフィ暗殺未遂事件では4万ポンドの報酬を得たと言っている。息子のサルマン・アベディもやはり「治安当局に知られた工作員」で、テロリスト殺人者に指定されていた。

イギリスの「テロ対策」機関は、アベディが自爆テロに意欲的なことも含めて、その危険に関して少なくとも5回警告を受けていたが、まったく何もしなかった。MI5はFBIからも、攻撃の数カ月前に、アベディがイギリス北西部にある北アフリカ・イスラム国の細胞の一員として攻撃を計画していると警告を受けていたが、やはり何もしなかった。

アベディは、アメリカの2016年度テロリスト監視リストに載っていたことが報道されているが、それでもマンチェスターの攻撃の直前まで、リビア、シリア、トルコ、イギリスを、まったく尋問されずに移動していたし、攻撃の数カ月前には、マンチェスターから近いリバプールまで、有罪判決を受けて拘置されているリビア人ジハード戦士を訪ねている。

マンチェスター事件の直後に発生し、8人が死亡したロンドンブリッジでのテロ攻撃の実行犯とされたテロリストについても、相変わらず同じテーマが続いている。報道によると、警察、MI5、イギリスの国境当局は、少なくとも18回、テロ関与者を取り調べて尋問する機会を逃した。そのうちのひとりであるラシド・レドゥアンは、アメリカ・イギリス・NATOがカダフィに対して起こしたクーデターの際、カタールが訓練した部隊で（イギリスやアメリカの「連絡」将校とともに）戦っていた。「カタールの旗」と呼ばれるこの部隊は、リビアが崩壊すると「自由シリア軍」に統合されて、そのままシリアへ移動した――そう、何度も聞かされた、アメリカ・イギリス・NATOが支援するシリアの「穏健な反政府武装勢力」のことだ。

ISISが「穏健な反逆者」だって!!

「道徳的な西側」湾岸諸国はカダフィ、アサド排除のため!!

自分自身の言葉で――武器・資金を与え「テロリスト集団」を創造!!

アメリカ国防情報局（DIA）は、2012年8月12日付の文書でテロリスト支援政策を認めた。行政監視団体ジュディシャル・ウォッチが起こした訴訟によって明るみに出たもので、この文書で、西側諸国（アメリカ、イギリス、フランス、イスラエルを含む）、トルコ、ペルシア湾岸諸国（サウジアラビア、カタール、アラブ首長国連邦）が、アサド大統領排除に動く中で、のちにＩＳＩＳとなるテロリスト集団の「支援勢力」となっていたことが確認された。彼らは、この「代理戦争」がシリアにおける「サラフィスト公国［ＩＳＩＳ］」につながる可能性が高いことを承知していた。

……シリア東部に、独立宣言の有無を問わず、サラフィスト公国が創設される可能性はある。これはまさに反政府軍の支援勢力が望んでいることで、シリア政権を孤立させるためには、これはシーア派拡大（イラクとイラン）の戦略的深まりと考えられている。

イスラム教のスンニ派とシーア派は、預言者ムハンマドの血統の解釈で意見が異なり、そのため１４００年にわたって争いが続いている。わからないではないが、ここは惑星地球号だ。シーア派の中心はイランだが、ＩＳＩＳと湾岸諸国はスンニ派が支配している。このＤＩＡ文書はメディアにとっては爆弾情報になるはずだったが、一部の例外を除いてそうはなっていない。シーッ！　イギリス陸軍とロンドン警視庁でテロ対策情報将校を務めたチャールズ・シューブリッジが言っている。

シリア危機の初期の数年間を通して、アメリカとイギリス政府、それにほとんど世界中の西側の主流メディアは、シリアの反乱軍を穏健で、リベラルで、世俗的で、民主的で、それゆえ西側の支援を受けるに値すると宣伝した。これらの文書がこの評価を完全に覆すものであることを考えると、極めて重要なものであるにもかかわらず、西側メディアがここまで文書をほぼ完全に無視していることには重要な意味がある。

ペンタゴン《アメリカ国防総省》が資金提供しているシンクタンクのランド研究所は2008年、アメリカ陸軍がスポンサーとなっている報告書「長期戦争の将来を明らかにする」で同様の方針を提示した。提案された計画は、スンニ派（サウジアラビア）をシーア派（イラン）との紛争状態にしてアラブ世界を分断支配し、アメリカは、それぞれと戦っていると思われるテロ集団に武器と現金を与えて支援するというものだった。

多くの情報源から、ＩＳＩＳはアメリカやイギリスをはじめとする西側政府がトルコや湾岸諸国と結束して、意図的につくったものだということが明らかとなっている。イスラエルもいつものようにその中心にいる。だからＩＳＩＳは、まっすぐにイスラエルへ進軍して「異教徒」と戦うという予測に反して、イスラム教徒を殺し、モスクを破壊しているのだ。どこかの時点で、イスラエルの直接的な関与を正当化するためにイスラエル人が標的にされる可能性を無視するつもりはないが、今のところ、イスラム教徒がイスラム教徒を殺害するというパターンは誰の目にも明らかだ。

イスラエルの元国防相モーシェ・ヤアロンは２０１７年に、ＩＳＩＳと提携した戦闘員が占領地のゴラン高原でイスラエル軍と交戦したときには、ＩＳＩＳが謝罪してきたと語っている。イスラム教徒を斬首《ざんしゅ》しておいてイスラエルに謝罪しただって？　ＩＳＩＳは本当にイスラム教徒の集団なのか？　いや違う。彼らはサウジアラビアのドンメ派であるワッハーブ派の集団なのだ。『ウォール・ストリート・ジャーナル』によると、ヤアロンが国防相だった２０１３年に、イスラエルは反アサド「反乱軍」（テロリスト）に資金、食料、燃料、薬品の供給を始めたということで、これは現在も継続している。

シリアで起きたことは、リビアで使われたテクニックの再利用だ。あのときには、西側の支援するテロリストが「穏健な反逆者」として宣伝され、カダフィの排除に使われた。

ここで強調すべき重要なポイントは、ブッシュ（共和党）とブレア（労働党）は先頭に立って嘘をつき、イラク侵攻を売り込んだが、２０１１年にリビアの無辜《むこ》の国民を暴力から救うためにアメリカ、イギリス、フランス、ＮＡＴＯが空爆する頃には、アメリカでもイギリスでも、政治指導者は「反対側」――アメリカは「民主党」のバラク・オバマと国務長官ヒラリー・クリントン、イギリスは保守党のデーヴィッド・キャメロン――だったことである。

そのあとに「アウトサイダー」のトランプがやって来ると、やはり攻撃リストに挙げられていたイランと北朝鮮への動きが始まった（図４８０、４８１、４８２、４８３）。「異なる」指導者と「異なる」党になっていたが、同じＰＮＡＣのリストに挙げられた国々が標的にされ続けている。これが一党独裁国家の仕組みであって、公的には誰が政権の座にあろうと、方針はすべて〈隠れた

図480：フセインの「大量破壊兵器」は、アメリカとイギリスが、ネオコンのリストのイラクの欄にチェックマークを入れるための嘘だった。

図481：アメリカでもイギリスでも指導者が替わったが、やはり同じリストに従っている――今度はリビアだ。

図482：すべては昔から計画されていた――次はシリアだ。

図483：政権を握るとすぐにトランプは――というより彼の軍事面での調教師は――北朝鮮、イラン、中国に狙《ねら》いを定めた。

手〉が指示しているのである。
リビアからカダフィがいなくなる頃には、シリアでも同じ手法が進行中で、多くの「リビア反乱軍」（テロリストと傭兵《ようへい》）は、アサドに同じことをするためにシリアを目指した。武器と資金はアメリカとイギリス、そして中東のその衛星国、サウジアラビア、カタール、アラブ首長国連邦から与えられていた。カダフィに対して使われた武器も、一緒にリビアからシリアへ移送された。ウィキリークスは、２０１２年にクリントンの国務省が送信したメールを公表した。

ワシントンは、トルコ、サウジアラビア、カタールなど、地域の同盟国と連携する意思を表明して、シリアの反乱軍を組織し、訓練し、武装化を始めるべきである。このような決意表明はそれ自体、シリア軍からかなりの離脱行為を引き起こす可能性がある。その上で、トルコとおそらくヨルダンの領土を使用して、アメリカの外交官とペンタゴンの関係者は反政府勢力の強化を始めることができる……シリアの反乱軍に武装させ、西側の空軍力を使ってシリアのヘリコプターと飛行機を地上に釘付けにしておくのが、低コストで見返りの多い作戦である。

以来、トルコ、サウジアラビア、カタールが中心となって、現在のＩＳＩＳ（イスラム国）と呼ばれる集団に資金と武器が提供されてきた（アルカイダ、ムジャヒディーンなどを見よ）。さらにトルコとヨルダンは、ＩＳＩＳと「反乱軍」が国境を越えてシリアへ入るのを許してきている。また、ＩＳＩＳが西側とその衛星国である湾岸諸国の創造物だということを重ねて確認するように、２０１３年までカタール首相を務めたハマド・ビン・ジャーシム・ビン・ジャブル・アール＝サーニーが、アメリカと湾岸の同盟国がイスラム教徒のテロリストを支援していたことを認めている（図４８４）。

彼は２０１７年６月にＰＢＳテレビのチャーリー・ローズからインタビューを受け、ＣＩＡがヨルダンとトルコに訓練施設を運営して、アサド政権打倒のためにテロリスト戦闘員を育成していると語った。

さらに、ＮＳＡの内部告発者《インサイダー》エドワード・スノーデンがリークした文書によって、年間最大10億ドルが、このアメリカ代理軍の訓練と武装に費やされていることも明らかになっている。ヒラリー・クリントンは宣誓証言で嘘をつき、リビアからトルコ経由でアルカイダとイスラム国へ武器を輸送したことは知らないとしたが、アメリカがリビアの反カダフィ「反乱軍」を武装させたことは知っていた。当然だ――自分がやったことなのだから。

アメリカの武器商人マルク・トゥーリはリビアの「反乱軍」に武器を流していたとして起訴されていたが、２０１６年に突然アメリカ司法省は起訴を取り下げた。裁判沙汰《ざた》になれば、ヒラリー・クリントン、バラク・オバマ、ＣＩＡが、トゥーリが告発された事件に関与していたことが明らかになる恐れがあるからだ。

アメリカとイギリスは、当初は「穏健な反乱軍」という言葉に隠れてテロ集団に資金と武器を提供し、アサドとシリアに対抗させていたが――「穏健」なテロリストというのもあるらしい――彼らに供給された武器は、最終的にISISのものになった。それはアメリカもイギリスも承知していたことで、アメリカ軍はISISのために、軍用車両と最新鋭の武器をイラクに残していっている。

ロンドンに本拠を置く武器暴力の調査団体AOAV（武装した暴力に対する行動）による研究では、2001年から2015年までにアメリカがアフガニスタンとイラクで提供した銃145万丁のうち、行方《ゆくえ》がわかっているのはわずか3パーセントだということだ。

イギリスのピーター・フォード元駐シリア大使は、アメリカはシリア政府を崩壊させるために「アルカイダの一部門を効果的に支援した」と語っている。アメリカは「アサドとシリアの世俗政府を排除することに執着」し、そのために「あらゆる倫理的、実践的能力」を失っていたという。それほど「執着」したのは、シリアがシオニスト・ネオコンの体制転換《レジーム・チェンジ》リストに載っていたためで、それを達成するためには手段は選ばないのだ。

ネオコンに煽動されたシリアの紛争によって、2011年以後に40万人の国民が犠牲になり（これは過小評価だという人もいる）、550万人が国を離れ、630万人が国内で住む場所を追われた（国連統計より）。

その犯人は、サイコパスというだけではとても足りない。彼らは生粋の、混じりけのない悪魔であり、歪《ゆが》んだアルコーン的破壊の過激派だ。西側代理軍としてのISISの直接の生みの親はサウ

図484：ああ……今になれば、すべて辻褄《つじつま》が合う。

図485：中身が同じだから行動も同じ。

図486：「ISIS のために戦う」狂信的な殺人者や消耗品扱いの兵士でさえ知らないが、ほんのわずかな調査で、知るべきことはすべてわかる。

ジアラビアなので、ISISはサウジアラビアと同じように、斬首や大量殺戮を通して、暴力的なワッハーブ主義とサラフィ主義を強要している（図485）。

唯一の違いは、イスラム国は西側からテロリストで「敵」だとして宣伝されたが、サウジアラビアは西側の同盟国として完全武装して、イエメンで大虐殺を行っていることだ。サウジの偽「王族」は、国連の人権組織や女性の権利に関する組織を操作する一方で、自国では国民の最も基本的な権利を踏みにじり、宗教で脅《おど》して服従させている。人権を求めて運動をする活動家は拷問で自白を強要され、その自白を理由に斬首される。障害者にも容赦なく同じ仕打ちがなされている。しかし、アメリカ、イギリス、イスラエル、フランス、NATOの命令に従っているかぎり、サウジに対して「道徳的な西側」から非難の声は上がらない（図486）。

一家の嘘と腐敗に嫌気！ 離脱した王子――ご主人様はアメリカ（実はイギリス！）とイスラエル!! 見えた!! 裸のサウジアラビア

サウジのハーリド・ビン・ファルハン・アル・サウド王子は、一家の嘘と腐敗に嫌気が差して、2013年に王家を離れ、今はドイツで暮らしている。彼はアメリカとイスラエルがサウジの「王族」を支配していることを認め、一族の内部からだという情報を投稿した。それは、現在のサウジ国王サルマーン・ビン・アブドゥルアズィーズ・アル・サウドへの「援助」の見返りとして、アメリカとイスラエルが出した「条件」に関するものだった。サルマーンには王位継承順位で上位になる「法定推定相続人」が二人いたのだが、それが２０１１年と２０１２年に相次いで死亡した。サルマーンは２０１５年に父親から王位を継承するのだが、離脱した王子のファルハン・アル・サウドによれば、この「援助」への見返りとしてサルマーンは、アメリカとイスラエルに「絶対服従」すること、ガザ地区のパレスティナ人全員をシナイ半島北部に定住させるよう努力すること（費用はサウジアラビア国民とＵＡＥが負担）、パレスティナのイスラム原理主義集団ハマスを殲滅《せんめつ》すること、そしてエジプトからシナーフィル島を譲り受けることに同意したのだという。この最後の条件は、シナイ半島のアカバ湾をエジプトの領海から国際海域に変更するためのもので、エリアートの港から船舶輸送しているイスラエルの利益を考えたものだった。

２０１７年６月、エジプト大統領でアメリカの操り人形アブドルファッターフ・アッ＝シーシーは、民衆の抗議にもかかわらず、シナーフィル島と近隣のティラン島の所有権をサウジアラビアに譲渡した。この二つの島はアカバ湾の入り口にあり、イスラエルの輸送船はここを通って紅海に出ることができる。これが、メディアの見出しと偽りのストーリーの裏で進んでいることだ。こうしたイスラエルとサウジのつながりは、ジョン・マケインやリンゼイ・グラハムのようなイスラエルへのゴマすり上院議員が、なぜサウジアラビアのための斡旋《あっせん》も行うのかの説明にもなる。

〈９・11〉の攻撃にサウジアラビア人がつながっているとき、アメリカの深部国家《ディープ・ステート》、イスラエル、イギリス、サウジアラビアがひとつのユニット《単体組織》となって動いているとすれば、９月11日に起こったことを、この見地からもう一度よく考えてみることには価値がある。一連のテロ攻撃にはあれほどのサウジアラビア・コネクションがあったのだから。

サウジで実権を握っているのは、国王サルマーンが指名した後継者でアメリカの操り人形王子のモハマド・ビン・サルマーンだ。彼は軍、石油、経済、娯楽、ビジネス、そしてほぼすべての外交問題のかじ取りを任されてきた。今は「ミスター・エブリシング」と呼ばれている。

イギリスは、ほかのどの国に対するよりも多くの武器をサウジアラビアに売っている。この二つの国は同じ目的で動いているからだ。イギリスのアンバー・ラッド内務大臣は、サウジがイギリスの武器を使ってイエメンで子どもを殺しているのは「イギリスの産業にとってよいことだ」と正当化する一方で、マンチェスターの自爆テロについては「社会で最も弱い存在である若者と子どもを故意に標的にした野蛮な攻撃」と非難した。

イギリスの『ガーディアン』紙は同じ時期の内務省報道官の発言を引用し、イギリスで活動するテロ集団への資金提供に関してイギリス政府が進めている調査はサウジアラビアに特別な焦点を当てたものだが、まだ終了していないため公表しないと伝えた。理由は「内容が極めて慎重を要する」ためだということだが、それはそうだろう。政府はのちに「セキュリティ上の問題」を理由に公表自体をやめてしまった。きっとサウジアラビアとテロとのつながりに関するセキュリティに問題があったのだと思う。

2017年5月にトランプがサウジアラビアを訪問した際に「アラブ版NATO」構想が発表され、アメリカとペルシア湾岸諸国は、テロリストへの資金提供の流れを止めることで合意した。しかし協力などいらない。この国々がテロリズムへの資金提供を止めるためにするべきことは、ただテロリズムへの資金提供をやめることだ。この構想の共同議長はアメリカとサウジアラビア、すなわち世界でテロリズムに資金提供しているビッグ2だ。テロ国家でありテロ支援国家でもあるサウジアラビア、クウェート、カタール、バーレーン、オマーン、アラブ首長国連邦（UAE）は、協力して「テロ資金対策組織」を設立した。もちろん、テロリストへの資金提供をさらに改善するためのものだ。「反テロリスト」のUAEは、イエメンで「秘密軍事施設」を運営していることがAP通信によって暴露された。収容者の虐待と拷問には、アメリカのスタッフが少なからず関与しているという。

2017年6月、このジョークはさらなる深みに到達し、サウジアラビア、UAE、バーレーン、エジプトが、カタールとの外交関係を断絶し、陸海空での往き来もすべて絶ってしまった。理由は、カタールがテロリズムを支援し、国内問題に介入しているというものだったが、本当は、カタールがイランに対する強硬路線を支持しなかったためだった。

またアメリカとイギリスの観点から見れば、この対立によってイスラム世界の細分化がさらに進むことも理由だった（これはイスラエルの要求で、当然のことながら、イスラエルはカタールに対するサウジの行動を支持している）。サウジの離脱した王子が、サウジアラビアのサルマーン国王はアメリカとイスラエルに完全に支配されていると語っていたことを考えれば、こうしてカタールを標的にしているのも、この両国の差し金に違いない。

アメリカとイスラエルは、いつか時が来れば、最終的にサウジ王家も転覆させるだろう。トランプはカタールを非難するが、あとの国については何も言わない。サウジアラビアとUAEが、テロ支援を理由にカタールを攻撃するのを見ると、わたしたちは「トワイライトゾーン《不可思議地帯》」の奥深くへ入っていく。本物のベテランジャーナリストであるジョン・ピルガーはISISについてこう語っている。

彼らは単なる子どもではない。十分に成人した、熱狂的な、青年期の生き物で、パリ、ロンドン、アメリカに居住している。この3国の支援がなければ、ISISに供与された武器がなければ……。武器は直接アル=ヌスラ戦線に供与され、そこからISISに流れたかもしれないし、その逆の流れになったかもしれない、あるいはサウジアラビアやカタールのワッハーブ派に流れたかもしれないが、いずれにせよフランス人、イギリス人、アメリカ人、トルコ人は、ISISを維持するためのすべてを供給した。

おわかりのように、デーヴィッド・キャメロンが数年前にイギリス下院での投票に勝って「アサド政権を直接爆撃して」いたら、今頃ISISはシリアを掌握していただろう……中東で最も多民族的で多文化的な国家は終わりを迎え、これらの狂信者が政権を握っていただろう。そしてそれは、すべて西側の行動の結果なのだ。

これはまさに、２０００年９月にシオニストのアメリカ新世紀プロジェクト（ＰＮＡＣ）が要求していた行動だ。そこでもうひとつ疑問が浮かんでくる――なぜ斬首《ざんしゅ》のシーンを含む「ＩＳＩＳ」のプロパガンダ動画は、イスラエル諜報機関のフロント組織を通じて公表されたのだろう。なぜＩＳＩＳのテロ攻撃の犯行声明は同じ情報源から広まるのだろう。

そうしたイスラエル組織の中でも卓越しているのが、わたしが別の本で暴露した、メリーランド州ベセスダにあるＳＩＴＥ（国際テロ組織調査）という諜報集団で、運営しているのはイスラエルの狂信者リタ・カッツという人物だ（図４８７）。なぜ「ＩＳＩＳ」の動画は、カッツを経て一般大衆とメディアに届くのだろう。

アメリカのジャーナリストで研究者のクリストファー・ボーリンは、ＳＩＴＥの「ＩＳＩＳ」動画はJihadology.netによって供給されていることを立証した。これはアーロン・ヨーゼフ・ゼリンが運営するウェブサイトで、ゼリンはワシントン近東政策研究所をはじめとするシオニストのシンクタンクとつながりがある（本人ももちろんシオニストだ）。ボーリンは、ゼリンがイスラエルのヘルズリヤで開催された国際テロリズム対策研究所の会議など、イスラエル諜報機関のイベントに出席していたことを指摘する。この会議で基調講演を行ったのは超シオニストのマイケル・チャートフで、チャートフは〈９・11〉後に重要な証拠がすべて破棄されたときの司法次官補だった。しかも〈９・11〉を機に設立された国土安全保障省でも長官を務めている。

図487：ISIS――何と大胆な詐欺だろう。SITE はかつて「ビン・ラディン」動画を公にし、今は ISIS で同じことをしている。

ＩＳＩＳのものらしい動画と以前の「ビン・ラディン」の動画は、現在のテクノロジーを使えば簡単に偽造して、何でもしゃべらせたり、させたりすることができる。ユーチューブに'Nothing is real: How German scientists control Putin's face'（何ごとも真実ではない。ドイツ人科学者がプーチンの顔をコントロールする）と入力したら、わたしが何を言いたいかわかるだろう。ほかにも'Synthesizing Obama: Learning Lip Sync From Audio'（オバマを合成する：オーディオから学ぶリップシンク《音声・映像調整》）というのもある。ただし、こうした例は、諜報機関が使う技術の足下にも及ばない。

彼らは公共の場で見られるレベルをはるかに超えた技術を使って活動している。ワシントン大学のチームが開発したアルゴリズムを使えば、オーディオや動画を写実的にリップシンクして、誰にでも、何でも言わせることができる。しかしこれでも、まだ見ることを許された範囲にすぎない。すべてを疑うことだ。特にＳＨＩＴ――おっと失礼！　ＳＩＴＥだった、キーボードの配列を覚え直さないといけない――が公表する「テロリスト」の動画は疑ってかかるべきだ。

また、この入念に計画された世界的大量殺戮の狂乱状態を生み出すに当たって、イスラエルとイギリスが中心的役割を果たしていることを、一瞬たりとも過小評価すべきではない。イギリスは、暴力的な植民地化で「大」英帝国を築いた頃から同じことをやっていたし、〈クモの巣〉の見えない領域においても、主要な拠点として、つねに最前線で搾取と戦争と大量殺戮を生み出してきた。彼らはそれを、ビッグ・ダディ《巨漢親父》のアメリカに対する少年のふりをすることで隠そうとしているが、政治家や政府の領域ではそのような関係に見えても、見えない領域ではまったく違った関係なのだ。

フランスのローラン・デュマ元外務大臣がフランスのテレビで言っている。

言っておきたいことがある。わたしはシリアでの暴力が発生する2年前に、別の仕事でイギリスにいた。イギリス政府の幹部と会ったところ、彼らはシリアで何かを準備していると打ち明けた。そこはイギリスであって、アメリカではなかった。イギリスが、反乱軍によるシリア侵攻を企てていたのだ。わたしはすでに外務大臣ではなかったにもかかわらず、彼らはわたしに、関与する気はあるかと尋《たず》ねた。当然、わたしは拒否した……この作戦はずっと昔からあるものだ。入念に準備され、考慮され、計画されていたのだ……。

公文書からは、1957年にも英米の政府が同じようなことを計画していたことが明らかになっている。当時のハロルド・マクミラン首相とドワイト・アイゼンハワー大統領が同意したもので、CIAとMI6による計画では、偽の攻撃を演出して口実をつくり、隣接する親欧米のイラクとヨルダンを使ってシリアへ侵攻させ、ダマスカス政府の主要人物を「排除」することになっていた。『ガーディアン』の記事はその計画をこう説明している。

報告書には、必要量の恐怖が生み出されたところで辺境での事件なり国境紛争なりを演出すれば、イラクやヨルダンが軍事介入する口実になると書かれていた。シリアを「近隣の政府に対する謀略、妨害工作、破壊の首謀者に見せかける」ことが必要だ。「CIAとSIS［MI6］は心理面と行動面の両方において能力を発揮して、緊張を増大させるべきである」。これはヨルダン、イラク、レバノンでの活動を意味していて、ダマスカスに責任をなすりつけるために「妨害工作、国家的陰謀、さまざまな高圧的な行動」を行うということだ。

計画は「シリア解放委員会」への資金提供と併せて、シリア国内の「民兵その他の活動能力を有する政治上の党派」への武器供与を求めていた。CIAとMI6は国内暴動――たとえば南部のドルーズ派によるもの――を煽動し、メゼ刑務所に収容されている政治犯の釈放を支援し、ダマスカスのムスリム同胞団を刺激するとされていた。

つまり、60年前から何も変わっていないということだ。

シオニスト・テロ集団の申し子だから「大イスラエル」捏造のため邪魔者（イラク、シリア、イラン）は断乎消す!!
イスラエル、戦争、テロ――中東をバルカン化するぞ！

これ以外にも、フランスのデュマ元外務大臣はテレビのインタビューで、あの地域でアサドのシリア政府が極めて反イスラエルの姿勢をとっていることを強調した。「その結果……そして、わたしは前イスラエル首相からこう聞かされた――近隣諸国とは協力するつもりだが、わが国に同意しない国は破壊されるだろう、と」。同じテーマは、ヒラリー・クリントン時代の国務省メールでも確認できる。

イランがイスラエルの安全保障を弱体化できるとすれば、それは直接攻撃によってではなく、イランとシリアのバッシャール・アサド政権との戦略的関係によってである。直接攻撃は、イランとイスラエルの30年にわたる敵対関係においては起こらなかったが、レバノンにある代理組織を通しての攻撃は行われていて、たとえばヒズボラは、シリア経由でイランが維持し、武器供与し、訓練している。アサド政権が終われば、この危険な同盟関係も終わるだろう。イスラエル指導部は、今アサド政権を打倒することが自国の利益になる理由をよく理解している。

シリアに「サラフィスト公国《ISIS》」を樹立するというアメリカの野望は、以前ユーゴスラビアを小さな地域に分裂させたのと同じ方法でシリアと中東を「バルカン化」し、イスラエルがその地域を支配するという長期計画を支持するものだ。これは１００年来の「大イスラエル」構想で、修正主義シオニズムの聖書に書かれている、エジプトのナイル川からイラクのユーフラテス川にまでおよぶ「エレツ・イスラエル《我がイスラエルの地》」を実現しようという企てにほかならない（図４８８）。

ＩＳＩＳと戦っているクルド人はシリアの一部を確保することを望んでいるし、戦いが終わった時点でトルコとアメリカがシリアの土地を支配していれば（それが計画だ）、その土地がダマスカ

「エレツ・イスラエル（我がイスラエルの地!!）」

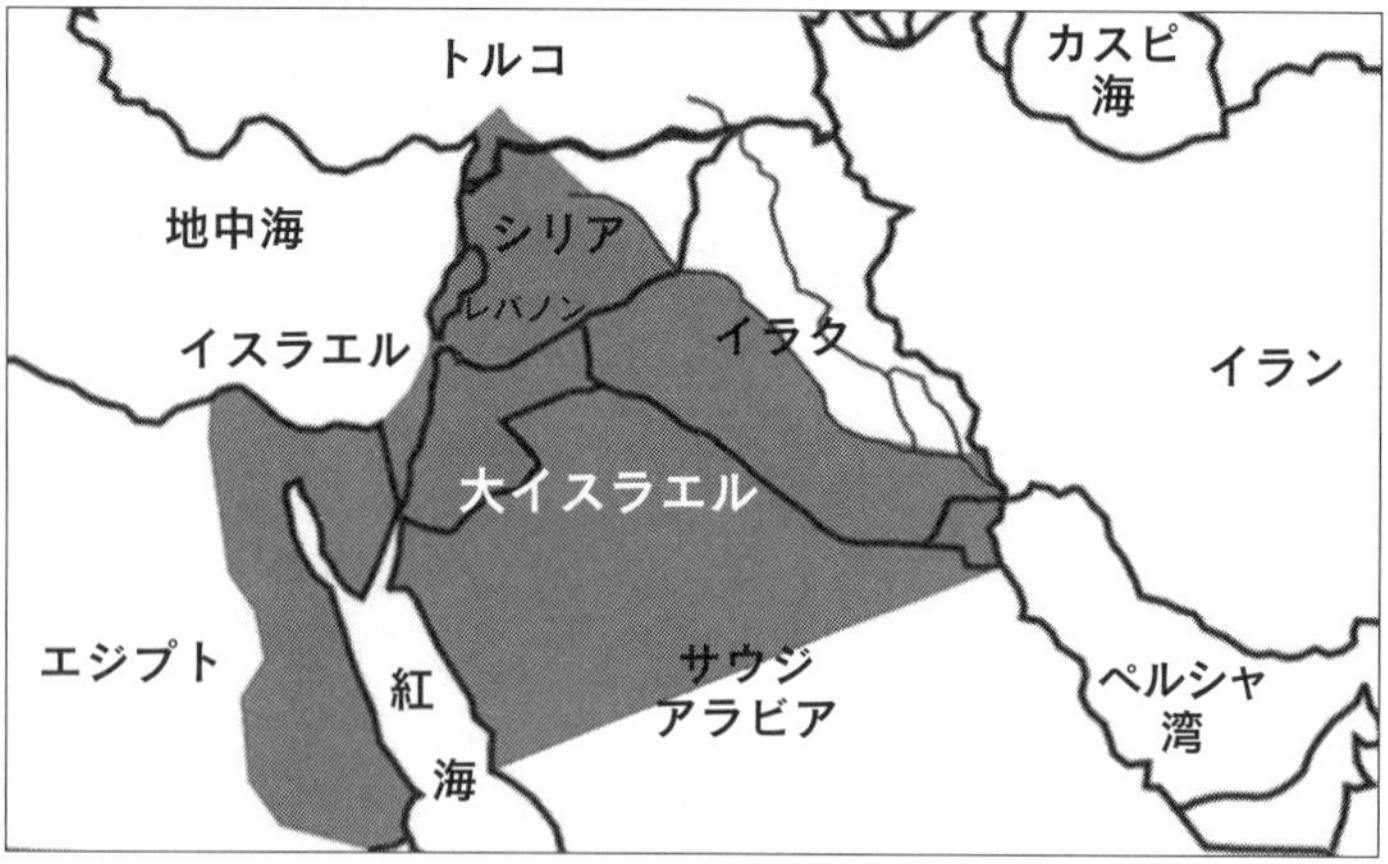

図488：大イスラエルを実現するための長期計画を知れば、中東の出来事の大半は理解できる。

ス政府に返還されることは絶対にないだろう。クルド人将校のヘディア・ヨセフはイギリスの『オブザーバー』紙に、シリアの都市ラッカおよびシリア北部から地中海にかけての土地をアメリカの支援の下で併合する意図があると語っている。

この大イスラエル計画には、エルサレムの神殿の丘にあるアル＝アクサー・モスクを破壊して、そこにユダヤ人が3000年前に建っていたと信じる「ソロモン神殿」を再建するということも含まれている。神殿の丘――イスラム教にとってはハラム・アッシャリーフ（高貴なる聖所）――に関する出来事を注視していれば、彼らがどこへ向かうつもりかわかるだろう。アメリカ国務省の「テロリズムに関する国別報告書2016年」でさえ、パレスティナ人はイスラエル政府の行動とユダヤ人過激派またはパレスティナ人の土地を不法占拠している「入植者」による暴力によって、暴力的行動を取らざるをえない状況に追いこまれているとしている。

パレスティナ人国家樹立の希望の喪失、ヨルダン川西岸でのイスラエル入植地の建設、西岸入植者によるパレスティナ人への暴力、イスラエル政府が神殿の丘（ハラム・アッシャリーフ）の現状を変えようとしているという受け取り、およびパレスティナ人から見て過剰に攻撃的な（アラブ人を暴力的な過激主義へ追いこんでいる）イスラエル国防軍（IDF）の戦術……入植者も含めたイスラエルの過激派は、暴力行為とともに「値札」攻撃も継続している。

「値札」とは、違法な入植活動だと主張する者を対象とした、ユダヤ教原理主義者による暴力を指す。イスラエルはパレスティナ人に対するテロリズムにどっぷりはまりこんでいる（秘密裏にあらゆる場所で行っているものも同様だ）。イスラエル政府にとっては暴力がすべてに対する答えであり、イスラエル国自体、シオニストのテロ集団による爆弾が産み落とした国だ。

1946年にイルグン（ユダヤ民族軍事機構）がエルサレムにあるキング・デーヴィッド・ホテルを爆破し、1948年にはアラブの村デイル・ヤシーンでパレスティナ人が虐殺されるなど、一連の攻撃があったために、パレスティナ人は恐怖にさらされて国を逃げ出した。この二つの攻撃だけでも100人近くの男女、子どもが殺されたが、それでもイスラエルは虫も殺さぬ顔をして、美徳の範疇《はんちゅう》だと主張している。とんでもないことだ！　イスラエルはイルグンやレヒ（別名シュテルン・ギャング）といった情け容赦ない集団によるテロで築かれ、維持されている国で、それは今日も、イスラエル国防軍（IDF）とその世界規模の大ダコ（＝軍事情報機関モサド）に引き継がれている。

これは、修正主義シオニストのイデオロギーであるシャブタイ派フランキズムが根本から暴力的であることを考えれば、当然だといえる。レヒのシオニスト・テロ集団は、一時はナチス・ドイツやファシスト政権下のイタリアとの同盟も模索していた。これは事実だ。その時点では、ファシズムは修正主義シオニズムの精神的拠《よ》り所だったのだ。イスラエルの首相を務めたイツハク・シャミルとマナヘム・ベギンは、それぞれレヒとイルグンの指導者でありながら、のちにはテロリズムを非難するほどの神経の持ち主だった。アルベルト・アインシュタインをはじめとする著名なユダヤ人は、1948年に『ニューヨーク・タイムズ』に宛てた手紙で、修正主義シオニズムを拒否する者はユダヤ人でもテロリストから標的にされると語っている。それが今日も続いているのだ。

……［イルグン］とシュテルン・グループは、パレスティナのユダヤ人コミュニティで恐怖政治を開始した。彼らに反対する話をした教師は殴り倒され、子どもを参加させない親は銃殺された。ギャング紛《まが》いのやり方、殴打、窓ガラスを割ること、強盗の横行によって、テロリストは住民を脅《おび》えさせ、重い税金を取り立てた。

国際刑事裁判所ICC——西側の大量殺戮犯は全員不起訴
トニー・ブレア、ブッシュ父子、オバマ、キャメロン、オランド、キッシンジャー…

イスラエルのナザレスを拠点に活動しているジャーナリストのジョナサン・クックは、2008年に評価の高い著書 *Israel and the Clash of Civilisations: Iraq, Iran and the Plan to Remake the Middle East*（イスラエルと文明の対立——イラク、イラン、そして中東再生計画・未訳）を発表し、イスラエルの計画を暴いている。それは「地域の大部分に混乱を招き、主要な敵対国……イラン、イラク、シリアを不安定化する」というもので、そこには中東をバルカン化するという意図があった。それから10年、この方針の結果は明らかだ。クックはイスラエルとアメリカのネオコンとのつながりにも光を当てていて、その点でも正しかった。イスラエルとネオコンのアジェンダ《実現目標》は同じだ。両者は同じものだからだ。クックは２０１７年に「シリアは流血の混沌《こんとん》を防ぐダム」と題する記事を書いている。

わたしの著書が出版されたのは、バルカン化作戦をイラン、シリア、レバノンへと推し進めようとするイスラエルとネオコンの努力が行き詰まっていた時期で、ＩＳＩＳなどの新たなプレーヤーが破壊の中から姿を現してくる前だった。だがわたしは、イスラエルとネオコンがバルカン化をさらに推進し、シリアを次の標的にして、悲惨な結果を招くと予測していた。そしてそれは正しかった。

今日、そこの地域をめぐるイスラエルの構想は、サウジアラビア、湾岸諸国、トルコといった他の主要なアクター《当事国》と共有されている。現在の不安定化の対象は、わたしが警告したように、シリアだ。だが、もしこれが成功すれば、バルカン化のプロセスは間違いなく継続され、さらに強化されてレバノンやイランに向かうだろう。

そして、そうなるだろう――レバノンとイランが２０００年９月のネオコンの最初の攻撃リストに挙がっているという事実がその証拠だ。ネオコンはイランと戦争がしたくてたまらないのだ。アメリカのレックス・ティラーソン国務長官は2016年6月の米下院外交委員会で、イランでリビアやシリアを再現する計画があることを明らかにし、イランに対する方針は「この覇権を押し戻すこと、明らかな核兵器開発能力を封じ込めること、イラン国内の要素を支援して、あの政府の平和な移行につなぐこと」だと述べた。「反乱軍」を武装させ、資金を提供し、訓練し……あとはわかるだろう。

わたしは宗教的プログラミングに深く根付いたイラン政権をまったく支持していないが、それでも、イランが戦争を起こした歴史と比べてみると、アメリカは1776年以来ほとんど恒常的に戦争をしてきている。そのすべては戦争犯罪なのだが、その責任者は誰ひとりとして、オランダのハーグにある国際刑事裁判所（ICC）に出廷していない。というよりも、個人を国際的な虐殺、人道に反する犯罪、戦争犯罪で起訴するはずのICCが、誰のことも起訴していない。もし起訴が実現したら、ブッシュ親子、ブレア、オバマ、キャメロン、オランド、キッシンジャー、チェイニー、ラムズフェルド、ウォルフォウィッツなどのほか、アラビア半島や湾岸諸国の偽の王家も間違いなく鉄格子の中にいるはずだ。

しかしICCは、そうする代わりにセルビアのスロボダン・ミロシェビチのほかは、アフリカや南アメリカの人間ばかり起訴してきた。西側の大量殺戮《さつりく》犯の姿はどこにも見えない。ICCは茶番劇で、恥知らずで、起訴すべき連中の道具にすぎない（図489）。トニー・ブレアは嘘に基づいたイラク人の大量殺戮で重要な役割を果たし、中東を崩壊させたにもかかわらず、逮捕されるどこ

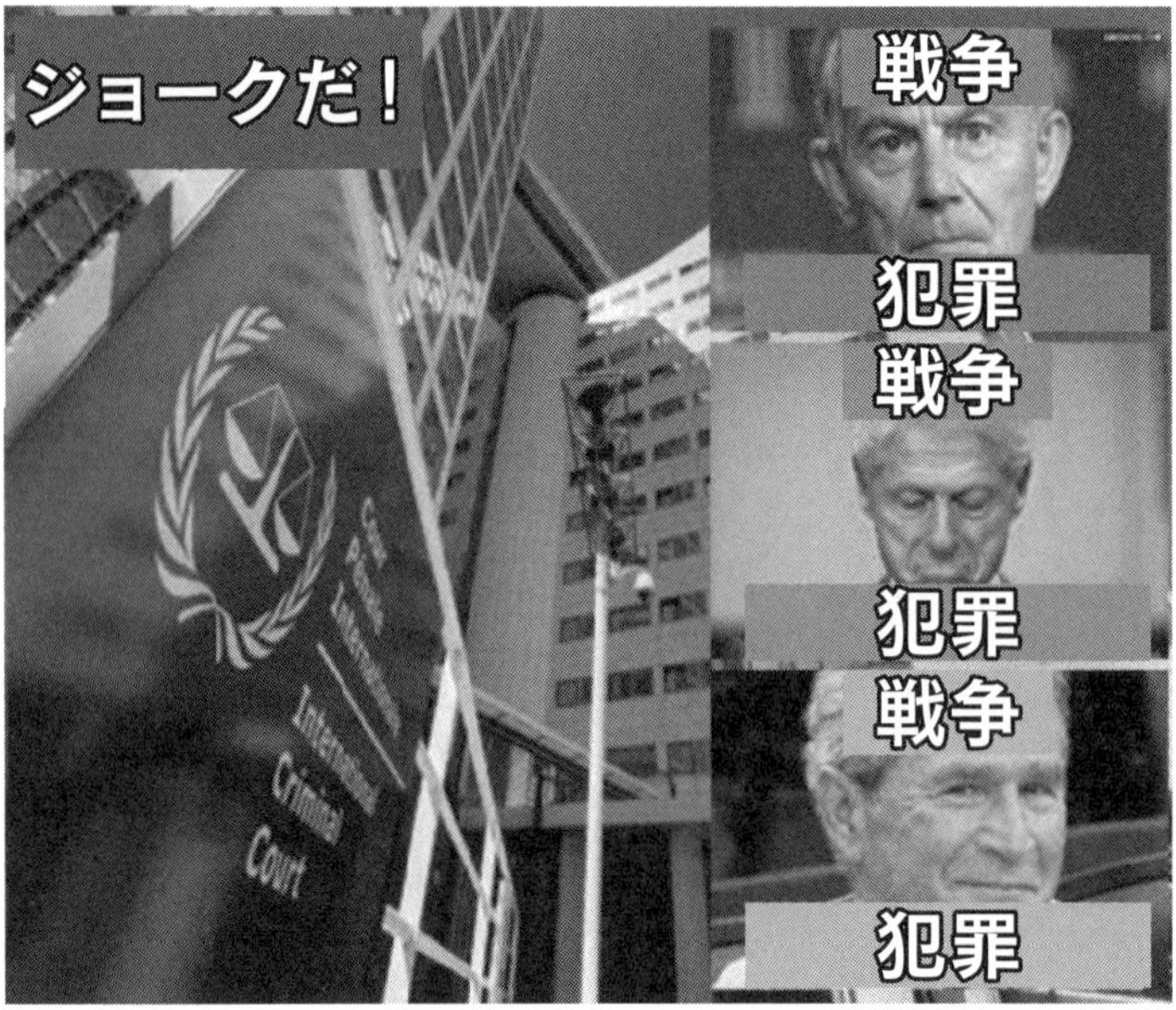

図489：国際刑事裁判所（ICC）は西側の道具だ。そうではないと主張するのは諜報《ちょうほう》機関への侮辱になる。

ろか、アメリカ、EU《欧州連合》、国連、ロシアという「カルテット」を代表して（本当はイスラエルを代表して）中東の「和平特使」に任命されている。

ロシアという障害物――ばれた市民解放は西側という嘘

酷たらしい市民大量殺戮は米英軍、湾岸諸国、ISIS同盟軍で、シリア侵攻口実は危うく！

アサドとシリア軍は、ISIS、アルカイダ、それに米英がサウジアラビア、アラブ首長国連邦、カタールなどの湾岸諸国を通して支援する「穏健な反政府勢力」を相手に、予想以上に長く持ちこたえている。アメリカは空軍で現地に入って「テロリストと戦う」はずだったのだが、ISISの進軍はやむことなく、また何の歯止めもないままに、首都ダマスカスにあるアサドの牙城《がじょう》へと向かった。空軍にあれほどの火力があったにもかかわらず、アメリカはISISを止められなかった。いったい何が起こったのだ。この砂漠の戦士は信じられないほど優秀で無敵だったのか。どうやら、アメリカによる空爆の45分前にビラを投下してこれから何が起こるかを知らせても、大義の助けにはならなかったようだ。新しい村、町、都市がISISに占領されるたびに、さらなる斬首《ざんしゅ》、大量殺戮《さつりく》、女性や子どもの虐待が行われた。

西側のアルコーン・レプティリアンのサイコパスは、こうした残忍な行為を行ったアルコーンISISのサイコパスと同じくらい、情け容赦がなかったのだ。だが、そこへゲーム・チェンジャーが現れた。ロシアのプーチン大統領には、何もしなければアサドが間違いなく倒れること、そうなれば地中海に面したシリア領タルトゥースにある自国の海軍基地が危険にさらされることがわかっていた。そしてアサドがロシア空軍の支援を歓迎すると突然、なんとまあ、ＩＳＩＳとその同盟軍は退却を始めたのだ。実際にそうさせる意思のある相手が現れた途端に、である（図４９０）。

ＩＳＩＳは主要都市アレッポから排除され、主流メディアと政治家は、ロシアが無辜《むこ》の民を殺しているというヒステリックな攻撃を繰りひろげた。アメリカがシリアのラッカとイラクのモスルを爆撃したときは、主流メディアはイギリス軍が市民を解放していると報じたが、イギリスに本拠を置く監視集団エアウォーズによれば、２０１７年6月の空爆だけで、イラクとシリアで少なくとも７４４人の市民が死亡したと報じた。

またイギリスの『インディペンデント』紙は、モスルの民間人の死亡者数を4万人以上とする諜報機関の報告書を暴露した。だが、それでもロシアとシリアは市民を殺害する側、アメリカとイギリスは解放する側だと報じられた。これで主流メディアの記者は穏やかに眠れるのだろうか。それはわたしの理解を超えているが、彼らは意に介さないらしく、進歩主義者は注文通り、「プーチンは赤ん坊への空爆をやめろ！」などと書かれたプラカードを掲げて街路にあふれた（図４９１）。

ロンドンに拠点を置くニュースサイト『ミドル・イースト・アイ』は「アメリカ同盟」のイラク人将軍の発言として、モスルで民間人や子どもを含めた全員を――「人も物も動くものはすべて」――殺害するよう命令を受けたことを伝えている。「われわれはダーイシュ（ＩＳＩＳ）も、男も女性も子どもも、すべて殺した。すべての人間を殺害した」

国連「シリアに関する独立国際調査委員会」のパウロ・セルジオ・ピネイロ委員長は、地上のクルド人民兵（この連中も多くは頭がおかしい）を支援するためにアメリカ「同盟」が行った空爆によって、ラッカで「驚くべき」数の民間人の命が奪われたと語った。その一方で、ＩＳＩＳの狂人が車列を組んでラッカから出ていく映像が現れたが、こちらは、同じアメリカ「同盟」からは何の抵抗も受けていなかった。

アメリカ軍は死と破壊のマシン《機構》だ。アメリカ軍（と同盟するイギリス軍、ＮＡＴＯ軍）の行くところでは必ず民間人の死者が出るが、その代理であるテロリスト軍はたいてい脱出に成功して再編成される。しかし、アメリカ軍は文字通り死のカルト集団を代表する悪魔崇拝者によって支配されている。そのことを念頭に置くと、多数の民間人が標的にされていることも、新しい意味を帯びてくる。この悪魔のようなサイコパス連中にとっての戦争は、同じく「解放」の名の下に行われる大量殺戮とともに、見えない領域にいる主人を養い、共同の周波数を維持するための血と火の死の儀式だ。だから「人も物も動くものはすべて殺す」のだ。

アメリカ「同盟」――いつものようにイギリスが含まれている――がラッカとモスルで使用した白リン弾は、骨まで焼ける酷《むご》たらしいものだ。この武器は民間人の居住地域では使用が禁止されているが、このサイコパスは意に介さなかった。ベトナムやファルージャ《イラク中部都市》――「狂犬」を見よ――それにイラクとシリアでの今次の紛争でも白リン弾を使用したし、イスラエルはこの唾棄《だき》すべき兵器をガザの強制収容所にいる民間人の上に落としている（図４９２）。

図490：いや、西側は本気ではなかった。ISISは、アサドを排除してシリアを支配するために英米がつくり出した西側の産物だからだ。

図491：また反体制派の体制奉仕者が増える。

図492：アメリカ「同盟」とイスラエルが民間人に対して使った白リン弾は多くの犠牲者を出す破壊的なものだ。

プーチンは悪魔のようなアサドを支援したことで非難されているが、彼はインタビューでその理由をこう説明している。

わが国が保護しているのはアサド大統領ではない。わが国が保護しているのはシリア国家だ。わが国は、シリア国内がリビアやソマリア、アフガニスタンのような状態になることを望まない。アフガニスタンにはＮＡＴＯが長期にわたって駐留しているが、状況は好転していない。

わが国はシリア国家の保全を望んでいる。この根本的課題の解決に基づいて、わが国は、シリアが自国の問題を政治的手段によって解決する方向へ進むことを願っている。そう、おそらく、だれもが何かしらの責めを負うべきだが、このことは忘れないようにしよう――もし外からの積極的な介入がなかったら、おそらくこの内戦は始まらなかっただろう。

この二つの段落《パラグラフ》は、アメリカ政府が50年にわたって集団として示してきた以上に政治家らしい発言だ。英米をはじめとする西側全体が本気で「テロとの戦い」をしているなら、シリアとロシアがＩＳＩＳを一掃するのを歓迎するはずだ。しかし、自分たちでこのテロ集団をつくり出したのだから、歓迎などするはずがない。

イギリスの間抜けの国防大臣――というのも恐ろしいフレーズだが――のマイケル・ファロンは、

アサドとアサドへのロシアの支援を強く非難したが、２０１２年にダマスカスで開かれたアサドの再選祝賀パーティでは、ちゃんとアサドと握手をしている。アジェンダが次の局面へ移れば行動も変わる。ファロンのような雑用係は言われたことは何でもやるのだ。

ファロンについては「わたしはアメリカに賛同する」と発言しているビデオがあるから、メディアは何かあればこれを流しておけばいい。どうせファロンの反応はいつも同じだ。そして世界が高潔で知性にあふれた政治家を必要としているときに、マイケル・ファロンがイギリスの国防大臣になり、おどけ者の日和見《ひよりみ》主義者ボリス・ジョンソン［２０１９年７月にイギリス首相に］が外務大臣になり、ドナルド・トランプがアメリカ大統領に選出され、アメリカ軍は「狂犬」と呼ばれる男に率いられている。

今は西側の仕事にロシアという障害物ができたので、とうとうアメリカ政府まで、シリアの解決は必ずしもアサドの退陣に依存しないとまで言い出した。そしてその直後の２０１７年には、アサドは「自国民」をサリンガスで攻撃していると、何の証拠もなしに告発するようになった。しかしアサドがそんなことをするはずはない。彼はロシアの協力を得て内戦に勝利しつつあり、アメリカを背景に押しやろうとしていたのだ。そんなアサドがアメリカに、わざわざ自分への格好の攻撃材料を与えるだろうか。攻撃が行われたとされるカーン・シェイクンは、イスラム教徒のジハード戦士から「グラウンド・ゼロ」と呼ばれている。

西側諸国は２０１３年にもアサドの化学兵器攻撃という切り札を使おうとしていた。このときは、直前にオバマが、そのような民間人に対する攻撃は「越えてはならない一線《レッドライン》」となる、もし越えれば、アメリカ軍がシリア政府を標的にした攻撃に出るきっかけになると発言したのを受けてのことだった。だが、退役軍人で調査報道記者のシーモア・ハーシュは、オバマ政権はアサドの関与について嘘をついた、シリア侵攻の口実を探していたのだと報道した。

ハーシュは、２０１２年にオバマ政権（シャブタイ派フランキズムが支配）とトルコ（同）、サウジアラビア（同）、カタール（同）との間でサリン攻撃を引き起こし、その責任をアサドになすりつけるという合意が取り交わされたと書いている。「合意の条件によって、トルコとサウジアラビア、カタールから資金が提供された。ＣＩＡが、ＭＩ６の支援を受けて、カダフィの兵器庫からシリアへの武器移送を担当した」

シーモア・ハーシュによる合意の暴露を受けて、２０１３年１月には大衆向けニュースサイト『ロンドン・メール・オンライン』が漏洩《ろうえい》メールに関する記事を掲載し、シリアの「反乱軍」拠点に化学兵器を運ぶ計画をワシントンが認可したと伝えた。この記事はすぐにウェブサイトから削除されたが、わたしのところに静止動画が送られてきている（図４９３）。これは典型的なＰＲＳだ。

イギリスとドバイに拠点を置く防衛関連企業ブリタム・ディフェンス社からハッキングされたというＥメールで詳細に確認できることだが、この計画では「ワシントンが認可」し、アメリカの顧客国家カタールを通じて化学兵器（ＣＷ）をシリアへ輸送することになっていて、アサド排除の意図が明確だ。アサドによる化学兵器攻撃が「レッドライン」になるというオバマの発言は、軍事介

12:27

www.dailymail.co.uk/news/article-22702 Reader Google

FREE Tarot Readings Clarity's...ing reading Blooming...ic Network Llewellyn's Web Tarot

Gumtr... Apple... Scribo... LEMB... Enligh... Links... Google+ Tarot... × U.S...

U.S. 'backed plan to launch chemical weapon attack on Syria and blame it on Assad's regime'

- **Leaked emails from defense contractor refers to chemical weapons saying 'the idea is approved by Washington'**
- **Obama issued warning to Syrian president Bashar al-Assad last month that use of chemical warfare was 'totally unacceptable'**

By LOUISE BOYLE

PUBLISHED: 19:16, 29 January 2013 | **UPDATED:** 23:17, 29 January 2013

Comments (200) | Share +1 33 Tweet 734 Like 11k

Leaked emails have allegedly proved that the White House gave the green light to a chemical weapons attack in Syria that could be blamed on Assad's regime and in turn, spur international military action in the devastated country.

A report released on Monday contains an email exchange between two senior officials at British-based contractor Britam Defence where a scheme 'approved by Washington' is outlined explaining that Qatar would fund rebel forces in Syria to use chemical weapons.

Barack Obama made it clear to Syrian president Bashar al-Assad last month that the U.S. would not tolerate Syria using chemical weapons against its own people.

Scroll down for video

図493：速やかに削除された『ロンドン・メール・オンライン』の記事。アメリカが、シリアで化学兵器を使用してアサド政権に責任をなすりつける計画を指示したと伝えている。

入を意味したものだった。
仲間のフランス大統領フランソワ・オランドもあとに続き、化学兵器の使用があれば「直接介入の正当な理由」になるとした。イスラエルも当然のことながら、同趣旨の発言をした。問題のメールはドイツ人ハッカーが公開したもので、ブリタム・ディフェンスの事業開発責任者デーヴィッド・ゴールディングと同社創立者のフィリップ・ダウティとのやりとりだという。

フィル、
新しいオファーがありました。またシリア関連です。カタールが魅力的な取引を提案してきて、ワシントンもその考えを承認したと断言しています。
CW《化学兵器》をシリアのホムスへ輸送しなければならなくなるでしょう――ソビエト製のG炸裂弾《さくれつだん》で、アサドが持っているのと似たタイプの物をリビアから。ロシア語を話すウクライナ人を配備して、ビデオ録画を望んでいます。
率直に言っていい考えだとは思いませんが、かなりの金額を提示されています。あなたはどう思いますか。

敬具

当時のカタール首長だったハマド・ビン・ハリーファ・アール＝サーニーはアメリカの操り人形で偽王家だし、カタール政府は、シリアやリビアのテロリスト「反乱軍」に資金と武器を供給するための導管だ。同じことはアラブ首長国連邦を管理している偽王家にも当てはまる。そのうちのひとりで副首相のシャイフ・マンスールは、マンチェスター・シティ・フットボールクラブのオーナーでもある。そう、リビアのテロリスト集団とつながりのあるイスラム教テロリストによる自爆テロで22名の死者を出した、あのマンチェスターだ。マンスールはクラブを売却して、恥じ入って立ち去ってはどうだろう。だがそのカタールを、アメリカやサウジアラビア、バーレーンは、テロリストに資金提供しているとして非難しているのだから、どうやら彼らには恥じ入る能力などないのだろう。なぜカタールは「アサドが持っているのと似たタイプ」の化学兵器をシリアへ輸送するのに「かなりの」額を提示したのだろう。この問いに答えられなければよほどの間抜けだ。

スイスの元法務長官で、２００３年にアサドによる化学兵器攻撃に関する国際調査団の主要メンバーだったカルラ・デル・ポンテは、調査についてこう述べている。「最初に出た指摘を見て少々驚きました……それは［テロリストの］反政府勢力による神経ガス使用に関するものだったのです」。２０１３年と２０１７年の化学兵器攻撃はＰＲＳによるシナリオで、攻撃ないしその幻想を演出することで、アサドとシリアに対する行動を正当化するためのものだったのだ。

テロ協賛性悪ペテン師！

ホワイト・ヘルメット――インチキ画像で〝残忍〟シリアを告発

あまりにもオソマツ！それでも西側は称賛喧伝！

２０１７年の化学兵器による爆撃の「証拠」は「ホワイト・ヘルメット」と呼ばれる「人道主義」組織からのものだが、この組織はアメリカ、イギリス、ＥＵからの資金提供を受け、シリアのテロリスト支配地域のみで活動している。タハリール・アル＝シャーム（シリアのアルカイダ）のリーダーであるアビュー・ジェイバーは２０１７年３月のビデオで、ホワイト・ヘルメットは「革命の隠れた兵士」だと語っている（図４９４）。

ホワイト・ヘルメットは２０１３年に、サンドハーストにある陸軍士官学校の卒業生で元イギリス軍情報部員のジェームズ・ル・メスリエールによって設立された。報道によると、メスリエールはほかにもイラク、ボスニア、コソボなどの紛争地帯で同様の人道支援団体に参加した経験があり、ＣＩＡをはじめアメリカの諜報機関全般の仕事を請け負う民間軍事会社ブラックウォーターＵＳＡ（現アカデミ）にもコネがあるという。ホワイト・ヘルメットは、ありもしない民間人への攻撃を演出してシリアやロシアに責任をなすりつけたことが何度も露見している。

こうした「攻撃」のフィルム映像は彼らから提供され、メディアに流される。作業は決してうまくないのだが、人びとは――特に「ジャーナリスト」は――騙されやすい。「死体」が目を開けたり、ちょうど「犠牲者」を運び込むところが映り込んだりしたこともある。あるビデオでは、少女が岩のかたまりの後ろの瓦礫《がれき》から「引っ張り出される」場面が映し出される。何が起こっているのかわからず見ていると、少女はまっさらのぬいぐるみ人形を抱えて、汚れひとつない姿で現れるのだ（図495）。

スウェーデンの医師らが、子どもを救出しているところだというホワイト・ヘルメットの映像を調べてみたところ、小児科が専門のレイフ・エリンダーの反応はこうだった。「ビデオ資料を調査したところ、これらの子どもたち――すでに死亡していた者もあった――に施《ほどこ》された処置は奇怪なものだった。それは医療でも救命でもなく、子どもの命を救うという目的からは逆効果のものさえあった」

ユーチューブ（グーグル）は、このようなホワイト・ヘルメットを称賛するインチキ画像の投稿は何の問題もなく受け入れる一方で、彼らの本当の姿を暴露するビデオは「諸条件に違反する」として削除される（これには真実を語ることも含まれているようだ）。ホワイト・ヘルメットのメンバーが最も残忍《ざんにん》なテロリストとともに行動しているところも映像に残っていて、2017年の夏には、反政府軍兵士が斬首《ざんしゅ》したシリア兵の遺体を処分するのをホワイト・ヘルメットが手伝っている映像が流された。

アサドの発言は正しかった。「西側は――主にアメリカは――テロリストとグルのような印象を受ける。彼らは攻撃の口実をつくるためにすべてをでっち上げたのだ」。アサドのサリン攻撃を受けたとされる子どもの手当に当たる英雄的なホワイト・ヘルメットの写真が公開されたが、彼らは

図494：ホワイト・ヘルメットというでっち上げ。

図495：もっとマシな監督と小道具係が必要だ。

防護服を身に着けていない。もし写真が本物なら、今頃は全員死んでいるはずだ。サリンを扱う場合の安全手順を読むと「ごくわずかな量でも、サリンへの曝露《ばくろ》は致死的なものとなりうる。[また]障害は曝露から1分以内に起こりうる」と書いてあるから、写真のようなことは不可能だとわかる（図496）。

マサチューセッツ工科大学のセオドア・ポストル教授は、アメリカ政府の「アサドが責められるべき」とする主張に対する予備審査を執筆し、ホワイト・ヘルメットについて次のように述べている。

この写真が撮られたとき、この場所にサリンがあったとしたら、写っている人びと全員が、死亡または衰弱するだけの量のサリンを受容しているはずである。これらの人びとが不適切な服装をしていることから、サリン中毒から身を守る上で必要な基本的手段をまったく知らないか、そうでなければ、この地域には深刻な汚染がないと知っていたことが示唆される。

これはホワイト・ヘルメットのでっち上げによくあることで、テロリストのワリド・ヘンディがシリアのテレビで主張したことを裏付けている。ヘンディは、ホワイト・ヘルメットと一緒に働いていたときに、彼らがアレッポ市街での化学兵器攻撃をでっち上げ、それをトルコのテレビ局に撮影させて、アサド軍に責任をなすりつけるのに協力したと語っている。ヘンディによれば、資金を出したのはアラブ湾岸諸国だったという。ヘンディは撮影の様子を説明し（ふたりの人物の名前を挙げている）、ホワイト・ヘルメットが担架で負傷者らしい（しかし負傷などしていない）人を運び出したと語っている。

アメリカと西側諸国は、嘘がばれないように、自分たちの主張に対するあらゆる調査を統制している。こうした統制は化学兵器攻撃についてだけでなく、２０１４年にマレーシア航空ＭＨ17便がウクライナ東部で撃墜された事件でも行われ、西側諸国は親ロシア派分離主義者による犯行だと主張した。ＭＨ17便の「調査」に当たったのはオランダに拠点を置くチームだったが、公式ストーリーと合わない調査結果は決して提示されなかった。

ロシア国防省イーゴリ・コナシェンコフ報道官は、これもオランダを拠点とする化学兵器禁止機関（ＯＰＣＷ）に、サリンらしきものを取り扱ったのになぜホワイト・ヘルメットが被害を受けなかったのかの説明を求めた（図４９７）。「カーン・シェイクンでサリンが使われたのが事実なら、ホワイト・ヘルメットのいかさま師どもがサリンの煙の中で防護服もなしに慌《あわ》ただしく立ち働いていたという事実を、ＯＰＣＷはどう説明するのだろう」

どんなバカバカしい欠陥があろうとも、西側に統制されたＯＰＣＷは定められた通りに、攻撃でサリンが使用されたと発表した（ただし誰によってとは言わなかった）。サリンに関するＯＰＣＷの結論は、西側に統制されたホワイト・ヘルメットをはじめとするテロリスト支援集団が提出したサンプルから引き出されている。しかし、イギリス外相でホワイト・ヘルメットに資金提供してい

図496：奇跡の男たち――ホワイト・ヘルメットは適切な防護措置なしに「サリン攻撃」に対応したが、なぜかまったく悪影響は受けなかった。驚くべき連中だ。

化学兵器による「アサド」の攻撃に対する西側の「調査」（上）

おとぎ話の大きな本（中央）

WEST 'INVESTIGATION'
Big Book of Fairy Tales
INTO 'ASSAD' CHEMICAL ATTACK

図497：公式ストーリーを台無しにするような事実を暴露したり、質問をしたりしてはいけない。

るボリス・〝ザ・おどけ物〟・ジョンソンには、これだけで「アサドに対する国際的行動」を要求するには十分だった。これが「アサドを悪者にすれば爆撃できる」戦略で、もう哀れなほど見え透いている。

1）西側はサリン攻撃に対してアサドを非難している。
2）西側は証拠を提出していない。
3）調査は西側の組織が行っている。
4）組織は現場を訪れず、西側が統制するテロリストおよびアサド憎悪《ヘイト》集団から「サンプル」を受け取っている。
5）「調査官」はサリンが使用されたと言っているが、誰によってとは言っていない。
6）西側の政治家とメディアは、これによってアサドの責任が証明されたと言っている。

ホワイト・ヘルメットを称《たた》える短編映画は、予想通り2017年にアカデミー賞を受賞し、さらなる反アサド感情を生み出した。アカデミー賞はしばしば〈エリート〉のアジェンダ推進に利用されていて、アル・ゴアのバカげた地球温暖化宣伝映画『不都合な真実』が受賞したりもしている。ノーベル賞も同様に利用されている。アル・ゴアも受賞したし、大量爆撃と大量殺人のバラク・オバマ、ヘンリー・キッシンジャーをはじめとする多くの戦争犯罪人も受賞している。まあ、ノーベル賞の創設者アルフレッド・ノーベルはダイナマイトの発明と兵器の製造で財産を築いたのだから、何ともふさわしいことだ。

カタールの偽「王家」のプロパガンダ部門を担当しているアルジャジーラはこう報じている。「主人公となる組織名をそのままタイトルにした『ホワイト・ヘルメット』はネットフリックスで配信される40分の映画で、この組織のボランティアの生活を垣間見せて《かいまみ》くれている。彼らは爆撃の現場へ急行し、つぶれた建物の瓦礫の中から人びとを救い出す」。まるで何かの歌の文句のようで、当然ながらまったくの戯言《ざれごと》だ。

シリアとロシアが西側の支援するテロリストからアレッポの町を解放して救出された民間人も、ホワイト・ヘルメットの活動の詐欺的な性質を確認している。

ホワイト・ヘルメットのプロパガンダで最も不愉快な例のひとつは、２０１７年６月にロンドンで起きたグレンフェルタワーの恐ろしい火災をイギリスの民放テレビ局「チャンネル４」が報道した映像だ。ホワイト・ヘルメットは死亡者との「連帯」を主張し、命と四肢を危険にさらしてひとりでも多くの人を救おうとした消防隊員を、自分たちのようだと評していた。ホワイト・ヘルメットと比べられるとは、消防隊員にとって何という侮辱《ぶじょく》だろう。死傷者にとっても、西側が資金提供するテロを推進するための見えすいたプロパガンダに利用されたのだから、もうとんでもない侮辱だ。

もうひとつ、反アサド・反シリアの主要「情報」源として主流メディアがつねに引用しているのが、ワンマン経営のシリア人権監視団だ。運営しているのはアサド嫌いのラミ・アブデル・ラーマンで、なんと彼は、イングランド・ミッドランズ地方のコヴェントリーにある、有名なシリア人居留地に住んでいる（図４９８）。いやいや笑ってはいられない。先へ進もう。

ネオコン溺愛の大人子どもちゃん！ マンチャイルド大統領——シリア、アフガニスタンへの爆撃、セイドナヤの囚人大量処刑!! アメリカのヤバ過ぎ発狂!!

今のところトランプ大統領は、フロリダ州パームビーチのゴルフリゾート、マー・ア・ラゴにいないときは、ホワイトハウスにいる（図４９９）。これは選挙期間中、他国の問題に介入したり体制転換《レジームチェンジ》に関わったりするのをやめると言い続けていたのと同じトランプであり、ロシアとの関係改善を訴えていたのと同じトランプだ。だが、発言と行動がつねに違うのもトランプだった。体制転換アジェンダの中止もロシアとの関係改善も、ネオコンが許すはずはなかった。彼らはロシアとの戦争を望んでいるし、少なくとも中国ともども服従させて、世界支配を完了させようと考えている。

トランプから国家安全保障問題担当の大統領補佐官に任命されたマイケル・フリン元陸軍中将は、ロシアとの不自然な敵対意識を終わらせたいと考えていたのだが、すぐにでっち上げの「ロシア疑惑」で辞任に追い込まれた。あれはネオコンに支配された「諜報コミュニティ」が煽《あお》り立て、ヒステリックなメディアが、トランプ陣営とロシアが共謀して選挙を不正操作したと主張したものだ。

それからほどなく、重要なポストはすべてネオコンの思い通りに決まった。

「トランプはロシアと共謀している」というプロパガンダの中、被害防止策が実践されて、「ロシ

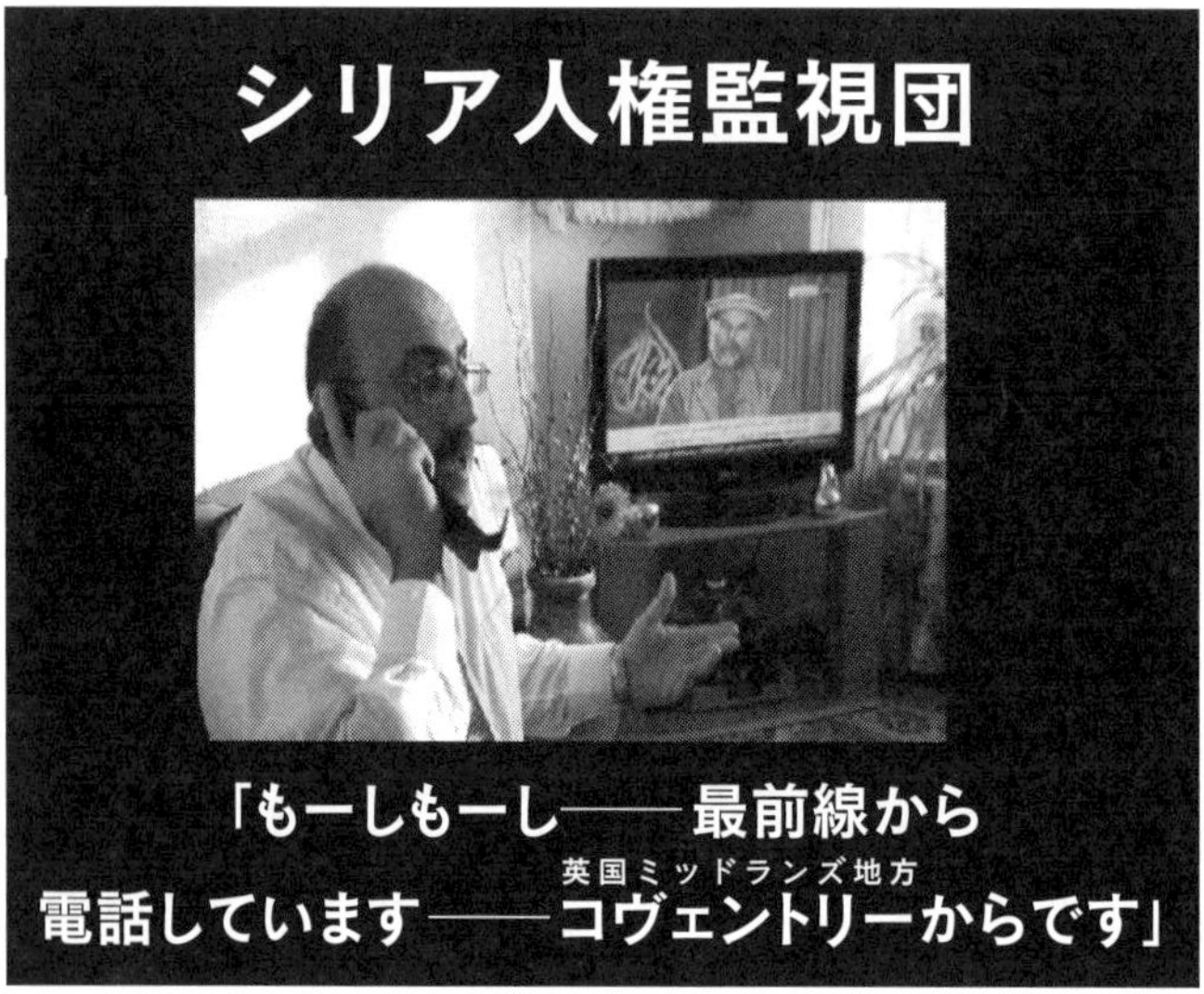
シリア人権監視団
「もーしもーし——最前線から
電話しています——コヴェントリー《英国ミッドランズ地方》からです」

図498：最前線からのニュース。

コメディークラブ
われわれはジョークなど言わない
——彼らを選挙で勝たせたのはあなたたちだ！

図499：リアリティーテレビ番組のスター、ドナルド・トランプは幻想の家にぴったりの住人だ。

アと仲良くやっていこう」というレトリック《言い回し》は姿を消した。アメリカとロシアの和解と連携が議題に上るたびに、ネオコンとその売春婦のようなメディアがトランプ関連の「ロシア疑惑」をでっち上げて、その実現を阻んでしまう。トランプがロシアの極めて不穏当なマフィア的存在とつながっていることは事実だし（それはアメリカでも同様だ）、最終的に〈隠れた手〉が望めば、彼は金融取引で失脚するとわたしは確信している。しかし、ロシアがトランプを大統領選で勝たせたという考えには、それを示唆《しさ》するものがあるだけで、何の裏付けもない。

泥池の住人であるトランプもまたネオコンの玩具《おもちゃ》で（トランプは必ずしもそれを望んでいないかもしれないが）、多くの軍関係者を要職に就けている。たとえば国土安全保障長官、その後は大統領首席補佐官にジョン・ケリー［2018年12月に退任］、国防長官にジェームズ・〝ザ・狂犬〟・マティス［2019年1月に辞任］、マイケル・フリンの後任となる国家安全保障問題担当大統領補佐官にはハーバート・マクマスター［2018年3月に辞任］を充てたほか、国家安全保障会議事務局長にはキース・ケロッグ、連邦刑務局長官にはマーク・S・インチを据えた。これらのポストには、戦争マニアの制服組とバランスをとるために民間人を起用すべきなのだが、ここはネオコンの世界であり、アメリカは戦争の上に築かれた国なのだ。アメリカ合衆国は1776年の建国以来、21年間を除いてつねに戦争をしていて、その社会構造には軍がしっかり織り込まれている。

2001年に施行された法律は、ペンタゴンの採用担当者が直接家庭にいる生徒と連絡が取れるように、学校に全生徒のデータを提出するよう要求するものだ。従わなければ学校には資金が提供されなくなる。可哀想《かわいそう》な子どもたちを明日の兵士とするべく、ペンタゴンはアメリカ中の教室に――小学校にまで――兵士を送り込んで軍事課程を教えている。そこにはすでに洗脳された者、洗脳中の者、これから洗脳可能な者がいて、ある幼い男子生徒はアメリカ軍について「世界を救い、人びとを助けるために世界各地へ派遣されています」とまで言ったという。さもありなん、だ。50万人の生徒がペンタゴンの現行課程に登録していて、高校の最終学年でまだ受講している者の40パーセントが軍に入っていく。

アメリカは軍社会であり、愚かなトランプはマティスやマクマスターに――つまりは彼らを支配するネオコンに――軍事行動の指揮権を預けてしまっている。今や無血革命を経て、軍事政権が〈隠れた手〉のためにアメリカの外交政策を運営しているのだ。マティスは防衛に関する上院歳出小委員会で、大統領はシリアやイラクのときと同様に、アフガニスタンに駐留する兵員数について、完全な権限を自分に委譲したと証言した。

トランプとマティスは、早速イラン（PNACの攻撃リスト）の悪口を触れ回り、テロリストへの出資者で世界にとって危険な存在だとした上で、北朝鮮（PNACの攻撃リスト）も非難している。ブッシュ、オバマ、トランプ――誰に投票したかは問題ではない。ネオコンないしデモコンと〈隠れた手〉の支配者はつねに介入して、従来通りビジネスを続けていく（図500）。しかし、焦点を当てるべきなのは、見習い工ではなくエンジニアだ。トランプは飽きっぽく、細部にとらわれることで知られているので、かなり操りやすいだろう。

「不干渉主義者」のトランプは2017年4月初旬、アサドの「化学兵器攻撃」に関する嘘に反応して（反応するよう命じられて）、シリアの空軍基地に59基のトマホーク巡航ミサイルを発射した。このときは兵士用の食堂に大きな被害が出たが、戦略的にはたいしたものではなかった。そうそう、7人ほど死者が出たが心配しなくていい。これは巻き添え被害にすぎない。発射ボタンを押すのにもう証拠は必要ない。ブッシュとブレアでさえ、少なくとも何かをでっち上げることが必要だと感じていたのに……。

ノーベル平和賞受賞者のオバマは、遠い国での無人機攻撃を前任者ブッシュの10倍多く認可した。それが「不干渉主義者」トランプになると、最初の45日間だけで無人機攻撃は432パーセント増加した。1・25日に1回の割合だ。報道によるとトランプは、CIAが自ら選択して無人機攻撃をする権限を与えたということだ（図501）。

シリアへのトマホーク攻撃は明らかな国際法違反であり、戦争犯罪だ。だが〈クモの巣〉の常連容疑者どもは、争ってマイクに駆けよってアメリカの言う嘘を繰り返した。イギリスのマイケル・ファロン国防相の「わたしはアメリカに賛同する」という発言を繰り返す者も少なからずいた。〈エリート〉の雑用係でイエスマンのNATO事務総長イェンス・ストルテンベルグは、アサドが「この展開に対して全責任を負う」と言い、ドイツ首相アンゲラ・メルケルと当時のフランス大統領フランソワ・オランドは「繰り返し化学兵器を使用したことと自国民への犯罪」に対して「アサド大統領はこの展開の全責任を負う」とする共同声明を――つまりはドイツによる声明を――出し

図500：幻の「選択」。

図501：テレビゲームの大量殺戮《さつりく》。

た。こいつらは全員嘘つきだ。
ロシアのプーチン大統領は「彼らは首振り人形のようにうなずいている」と非難した。ピューリッツァ賞を受賞したアメリカの調査報道記者シーモア・ハーシュは、アメリカには化学兵器攻撃をアサドに結びつける情報がなかったが、それでもトランプはミサイル攻撃を命じたと報じた（どのみちトランプがひとりで決めたわけではない）。
CIA長官［当時］のマイク・ポンペオも後に、証拠はないがアサドは化学兵器攻撃の背後にいるとトランプに話した、と語っている。ハーシュは何人かのアメリカ人顧問へのインタビューと、攻撃直後のリアルタイムの通信記録からこの報告をまとめた。アメリカのある将校がトランプの決断を受けて語った言葉が引用されている。

これはまったく理不尽だ。化学兵器攻撃がなかったことはわかっている……ロシア人は激怒している。わが国には本物の情報があって真実を知っていると主張しているが……クリントンを選ぼうとトランプを選ぼうと、たいした違いはなかったと思う。

そう、たいした違いはなかった。つねにそうなのだという理由は、わたしが30年近くも説明してきた。ハーシュは、アメリカの有力新聞１００紙のうち『ニューヨーク・タイムズ』『ワシントンポスト』『ウォール・ストリート・ジャーナル』を含めた39紙が、シリアへの攻撃を支持する社説を掲載したと伝えている。〈システム〉に仕えるCNNのホスト、ファリード・ザカリアはその翌朝こう言った。「ドナルド・トランプは昨夜、アメリカ合衆国大統領になったのだと思います。これは大きな瞬間だと思います」。この愚か者はこうも言った。「彼は大統領として、本当に初めて、国際基準、国際ルールについて、そして世界で正義を行使する上でのアメリカの役割について語ったのです」。間抜けなザカリアは、トランプは過去のアメリカの指導者たちと同じ資質があることを示したとも言った。なるほどその言葉は正しいのだろうが、たとえそうだとしても、それは彼が主張している理由からではない。

ニュース専門チャンネルMSNBCのアンカー、ブライアン・ウィリアムズもザカリアと同じ知的不毛地帯の出身だが、彼はミサイルの発射をうっとりと見つめ、その眺めを「美しい」と表現した。ザカリアもウィリアムズも、名前だけのジャーナリストだ。しかし、それでもフェイスブックやグーグルは、彼らとそのフェイクニュースにまったく異存はなく、ただ真実を語ろうとしているのだと受け取っているようだ。というわけで、アメリカの大統領が攻撃を命じ、NATOのトップと世界の指導者どもが主流メディアと一緒になって攻撃を支持したが、根拠となるものは何もなかった。これほどのペテンが、来る日も来る日も来る日も、世界中で行われているのだ（図502）。

ハーシュの暴露から間もなく、トランプ一味は図々しくも、2017年6月後半にアサドがまた化学兵器攻撃を計画している証拠がある（と言いつつ、例によってそれが提供されることはない）、実行すればアサドは重い代償を払うことになるだろうと主張した。「また」というのは、アメリカ

図502：アメリカが嘘《うそ》をつき、イギリスがそれを支持する。

が証拠を提示できない最初の二つに加えて、という意味だ。マイケル・ファロンの動画は「わたしはアメリカに賛同する」と言い、ロスチャイルドの操り人形であるマクロンはフランスの支持を約束した。

さらなるバカバカしさの深みを味わわせてくれたのは、例の「狂犬」の声明だった。なんと、重い代償を払うことになるとアサドに警告したことで攻撃（これも何の証拠も提示できていない）を阻止できたというのだ。「彼らは警告を深刻に受け止めたのだろう」と人殺しが大好きな男は言った。「実際にはやらなかったのだから」

アメリカの国連大使「2018年12月まで」でミス・ヴァキュアス《間抜け》のニッキー・ヘイリーは「大統領の行動のおかげで、わたしたちは事件を見ずに済んだ。大統領は多くの無辜《むこ》の男性、女性、子どもを救ったのだと思う」と発言した。これはもう笑うしかない――さもないと泣きだしてしまいそうだ。

シリアの攻撃に対抗するトマホーク攻撃は、トランプがフロリダの避暑地で中国の習近平主席と過ごしている間に起こるよう計画された。そしてこの幼稚な男は、ふたりで「最高に美しいチョコレートケーキ」を食べているタイミングでシリアの攻撃のことを披露したのだと、メディアに向かって大喜びで話した。

トランプのロスチャイルド商務長官でウォールストリートの秘密結社の重要人物でもあるウィルバー・ロスは、攻撃は夕食後の余興だったと言った。「デザートが供されたちょうどそのとき、大統領は「中国の主席に」お話ししたいことがあると言った。それは59基のミサイルがシリアに向けて発射されたということで、食後の余興に代わるものだった」。わたしたちが相手にしているのは、これほどまでに病んだ精神なのだ。

トマホーク攻撃と、それに続くアフガニスタンへの人類史上最大の非核爆弾の投下は、中国とロシアの両国に対して、アメリカが親分なのだから余計なことはするなというネオコンのメッセージだった。アサドの化学兵器攻撃の嘘のあとには、シリアのダマスカスからさほど離れていないセイドナヤ刑務所で「大量の絞首刑や虐殺が行われ、遺体を処理するための焼却炉になっている」という主張が浮上してきた。しかし、遺体焼却所の部分以外はアムネスティ・インターナショナルによる申し立てですでに表面化していたものだ。たしかに誠実な人も多いことはわかっているのだが、わたしはまだこの組織を信用する気になれない。この組織はジョージ・ソロスから資金提供を受けているからだ。

さて、そのアムネスティは、セイドナヤでは2013年以来5000人から1万3000人の囚人が処刑されたと主張している。この人数の幅だけでも、この情報の根拠に疑問を抱いて当然だ。セイドナヤがこの上なく不愉快な場所であることに疑いはないが、アムネスティも認めているように、この申し立てには何の物的証拠もなく、主張の大部分は、セイドナヤに行ったことのないクリエイターがコンピュータモデルを使って説明したものなのだ。「アムネスティ・インターナショナルはロンドン大学ゴールドスミス・カレッジのフォレンジック・アーキテクチャ研究所とチームを組み、ユニークな共同作業を進める中で、セイドナヤ刑務所の音と構造を再構築し、最先端のデジタル技術を使ってモデルを作成した」

エヤル・ワイツマンが所長を務めるフォレンジック・アーキテクチャ研究所は「世界中の国際検察団、政治団体、NGO、国連にさまざまなプロセスにおいて証拠」を提供している。アメリカのトマホーク攻撃から間もなく、アメリカ国務省はセイドナヤの疑惑を、遺体焼却炉の話を付け加えて繰り返した。

国務省近東局のスチュアート・ジョーンズ次官補代行は、アサドによる「十分に立証された」化学兵器攻撃についていつもの嘘を述べ立て、セイドナヤに関する文書を読みあげ、そこにアムネスティ・インターナショナルからの引用を含めた。あるジャーナリストがジョーンズに、遺体焼却炉だと主張する建物がそれ以外の用途で使用されていないとどうしてわかるのかと質問した。屋根の雪が周囲の建物より早く溶けているからだというが、それは単にこの建物がほかの建物より温度が高いからではないのか、と。「屋根の上の雪の溶け方を見て遺体焼却炉だと判断した」とジョーンズは答えた。「あるいは、ただ建物のその部分だけ温度が高かったのではないですか」「その可能性はあります」

このバカげた「証拠」に基づいて、イスラエルのヨアフ・ガラント副参謀長はアサドを暗殺すべきときがきたと発言した。「ヘビの尻尾《しっぽ》を片付ければヘビの頭にたどり着く。頭はおそらくテヘランで見つかるだろう。そうしたらそれも片付けるだけだ」。ああ、シリアとイランね――どちらもシオニストでネオコンのシャブタイ派フランキストが攻撃リストに挙げていた名前じゃないか。イスラエル政権にとって、暴力で解決できないことは何もない。何ひとつとしてない。そしてそれは、ネタニヤフの英雄で修正主義シオニズムの創設者ゼエヴ・ジャボチンスキーの邪悪な「思想」と完全に一致するのである。

侵略軍の言うことか！米国のすることなすこと2歳児！
飛行禁止だ！ あぁ、もちろんわが国を除いて——シリアのバルカン化へ！
トランプとネタニヤフ幼稚迷コンビ！

ネオコンにとっての問題は、ロシアの指導者が西側の指導者よりはるかに知的でしたたかだということで（これは誰でもわかると思う）、ロシアのセルゲイ・ラブロフ外務大臣とエクソンモービル社のCEOでアメリカの国務長官を務めているレックス・ティラーソンとの記者会見を見ると、父親が子どもをしつけているかのようだった（図503）。ロシアがシリア領内に「飛行禁止区域」ないし「安全地帯」を設定することでイラン、トルコの合意を取り付けたのは適切な判断で、西側を凌《しの》いでいた。これはISISないしISとそのテロリスト同盟軍を孤立させるとともに、包囲された地域に食糧その他の必需品を届けるためのルートを確保するためのものだ。

アメリカは違った種類の「飛行禁止区域」を望んでいた。すなわちその地域の空には誰も入れないが、、、、、、、、アメリカとその同盟国は別というものだ。これはリビアで実施したやり方で、このときはNATOが「飛行禁止」区域の監視に当たった。NATO軍は飛行可能だがリビア軍は飛行できないようにすることで、NATOは自分たちが武器と資金を提供して訓練した「反乱軍」をカダフィの報復から守ったのだった。

ロシアはシリアではこれを受け入れず、シリア、イラン、トルコと交渉して、文字通り誰も飛行できない区域にした。これにはイスラエルも含まれていたが、イスラエルはその伝説的な尊大さで、イランがレバノン経由でシリアへ武器提供するのを阻止するという名目でシリアを爆撃した。注目すべきは、レバノンが標的にされたのは、2000年のもともとのPNAC（アメリカ新世紀プロジェクト）の攻撃リストに掲載されていたからだということだ。

またトランプは、同じくリストにあったスーダンとソマリアに関して、民間人の犠牲を防ぐために実施する空爆についての制限を緩和した。この男は、彼を支配している者どもと同じくらいサイコパスだ。アメリカは、ロシアが取り決めた飛行禁止区域に対し、シリアに独自の「衝突回避区域」を設けることで対応した。この区域へは誰も立ち入ることはできず、主権を有する政府であるシリア軍でさえ、入れば攻撃を受けた。これは違法行為であり、国連安全保障理事会の合意もなければ当事国のシリアの承認もない、あからさまな戦争行為だった。シリアが領内へ招いたのはロシアからの直接の軍事支援のみだから、その他の国はすべて侵略軍だ。アメリカはこの地域に入ってくるものや、アメリカが国際法に照らして不法に占拠している地域に接近したものは、シリア空軍の飛行機であろうとアサドを支援する集団であろうと、すべて攻撃した。国連や国際刑事裁判所はどこへ行った、と思ったら、彼らはただ沈黙していた。

アメリカは自己防衛というお粗末な言い訳を使ってシリアの主権に対する攻撃を正当化したが、こうした衝突回避区域を設定した本当の理由は、テロリストに避難場所を提供してさらに訓練を施し、武装させて、アサドと悲惨なシリア国民に新たな攻撃を加えるためであり、イスラエルの青写真通りにシリアのバルカン化の下準備をするためだ。シリアが主権を持つ土地を不法占拠しておいてシリア軍機を撃墜するのが自己防衛なのか？

アメリカの国防長官である「狂犬」マティスは、シリア軍機を撃墜することでさらに賭《か》け金を上げようとしていた。シリアかロシアが報復すれば、彼とネオコンの支配者が切望している全面戦争へ突入できると考えてのことだ。

ロシア国防省は、アメリカが複数のロケット発射装置をシリア南部の「衝突回避区域」にあるアル・タリフ軍事基地へ移動させ、シリアかロシアが報復するのを待ち構えている、それをきっかけに広範囲な紛争を引き起こすためだというのは明らかだ、と語った（図504）。

イスラエルもこれに加わり、シリアのミサイルがイスラエルの支配するゴラン高原――イスラエルが1967年から不法占拠している土地――を「侵犯」したと主張した上で、シリア政府の標的を攻撃した。

ロシアはネオコンの不快なアジェンダを阻止した。今のアメリカとイスラエルは、政府も軍も、自分の思い通りにならないからと癇癪《かんしやく》を起こす2歳児のようだ。幼稚なドナルド・トランプがホワイトハウスにいて、幼稚なネタニヤフがエルサレムにいるとは、なんともぴったりの取り合わせ

図503：大人と子ども。

図504：「狂犬」をひと言で説明するならこうだ。

だ。

ロシアとシリア、アメリカとヨルダンは２０１７年6月に、シリアの一部の地域で休戦に合意したが、これはアメリカ（ネオコン）がほかの手段で望みのものを手に入れようとする新たな試みにすぎない。彼らの目標はアサドの排除であり、シリアを分割してバルカン化することだ。ロシアはわかっているに違いないが、アメリカ政府は絶対に信用してはいけない。疑う人はアメリカ先住民に尋ねてみるといい。イスラエルのネタニヤフは休戦に反対し、いかなる合意にも縛られることを拒絶したが、それも無理はない——君は何に対しても怒りと暴力でしか反応できないのだからね。

さあ、〈クモの巣〉の決断は？

それで、今はどこに？——第三次世界大戦に焦がれて

何がなんでもロシアを悪魔にしなくちゃ！

わたしはずいぶん前から——冷戦が終結して以降、そんなことが起こる兆候などまったくなかった時代から——西側が中国やロシア、およびその同盟国と対峙《たいじ》する第三次世界大戦に向けた計画があると警告してきた。今日では主流メディアでさえこの可能性を語るようになり、絶え間なくロシアを悪者扱いすることで、涙ぐましいほど露骨な取り組みを進めている。これは大衆に、紛争に向けた心の準備をさせようとしているのだ。ロシアへの非難は、アメリカ大統領選でトランプが有利になるよう操作したという言いがかりに始まり、イギリスのEU離脱《ブレグジット》やフランス大統領選挙に介入しようとしたなど、次々と新しいものが出てくる（図５０５、５０６）。

繰り返しの力はやはり大きくて（「ロシアが選挙を不正操作した」）、ある世論調査によると、ロシア政府が選挙結果を操作するために自動投票機に不正侵入したという、当局者も言わないようなことを、民主党員の59パーセントが信じているという（図507＝379頁）。どんな状況でも、ロシアという名前が付けば、よってたかってモグラ塚を富士山ほどの大きさにしてしまう。しかし、世界中の選挙結果を誰よりも不正操作したがっているのは合衆国なのだ。

主流メディアによる生きるための嘘は、トランプとロシアとのつながりを売り込む話のあらゆるところにちりばめられているが、2017年6月にはCNNのプロデューサー、ジョン・ボニフィールドが、プロジェクト・ヴェリタスという組織の隠しカメラの前で、いわゆるロシア疑惑は「でたらめ」で、CNNは視聴率のためにあの話をプッシュしたのだと漏らしてしまった。わたしはそれだけではないと考えるが、当たりではある。

偽のロシア疑惑は、米ロのあらゆる連帯を阻止するためにつくり出された。〈隠れた手〉が望んでいるのは紛争と戦争であって、協調ではないからだ。証拠なくロシアに科された制裁は、各国を分断するための新たな楔《くさび》なのだ。同時に、CNNの記者1名とディレクター2名が辞職した（解雇された）が、これはトランプ陣営とロシア系投資ファンドとのつながりを調査するよう議会に求めるストーリーに関わったためで、CNNはこのストーリーを撤回せざるをえなくなった。

プーチン大統領は、ロシアの西側で国境を接する国々への侵攻を準備しているとして非難されているが、これについても証拠は提示されていない。わたしは、プーチンが日曜学校の牧師のように

図505：ああ、このトースターからわたしたちを救ってくれ。

図506：奴《やつ》らは信用できない。

清廉潔白《せいれんけっぱく》だと言っているのではない。わたしの言いたいのは、プーチンがヨシフ・スターリンの再来で西側との戦争を求めているという考えが、言語に絶するほどバカげたことだということで、むしろ西側のプロパガンダこそバカげている。

自分であんなものを生み出し、それを信じる精神構造は幼稚園児レベルだ。もちろん、秘密結社のネットワークという視点で考えればロシアも〈クモの巣〉の一部だし、ロシアとアメリカの深部国家《ディープ・ステート》は、公の舞台のはるか向こうではひとつにつながって、世界規模での深部国家《ディープ・ステート》を形成している。わたしは別の本で、アメリカ合衆国と旧ソ連について、目に見える領域では双方の政府が罵《ののし》り合いを展開しているが、深部国家《ディープ・ステート》のレベルでは、テクノロジーやその他の問題に関してしっかり協調していることを、例を挙げて示した。見える通りのことなど何もない。

ロシアの深部国家《ディープ・ステート》がプーチンにどれほどの影響を与えているかは、彼とその政府の行動から判断するしかない。忘れてならないのは、どの国でも、たとえ公的な指導者にどれほどの権力があるように見えても、その向こうにはいくつものレベルがあるということだ。北朝鮮がそのいい例で、これも幼稚な男の金 正恩《キム・ジョンウン》は、いつもアメリカの政治目的に都合がいいときにミサイルを発射しているように見える。ガザも同様で、イスラエルが大量殺戮の口実を必要としているときに限って、ほとんど無意味なミサイルをイスラエルに向けて発射する。

NATOはロシアによる西側への攻撃行為を非難するが、状況はまるで逆だ。NATOは、エストニア、リトアニア、ラトビアがロシアとの国境を接する地域で一貫して軍備と軍事資源を増強し

図507：同じ嘘を繰り返していれば、ほとんどの人が信じるようになる。

図508：卑しむべきプロパガンダ。

ていて、いわゆる「画期的な協定」を通じて、こうした旧ソ連構成国でほとんど占領軍として活動している（図５０８）。今では、これらの国々の国家軍がＮＡＴＯの承認なしに行動できるとは誰も思わないだろう。

わたしたちが目撃しているのは、ロシアを標的とした、西側による冷戦以後で最大規模の軍備増強であり、これにはポーランドを含め、西側と国境を接しているすべての国が関与している。これは実在しない「ロシアの侵略」に反応したものであり、ネオコンの「悪魔化して侵略する」というテクニックを露呈するものだ。リトアニアはロシアがもたらす危険についての報告書を提出したが、その危険には、ソーシャルメディアや従来のメディアを利用して「ロシアの肯定的なイメージを推進すること」も含まれていた。ああ、それなら奴らを爆撃した方がいいだろう。

プーチンが今ロシアで起こっていることをわかっているのは明白だ。ロシアでも「人民革命」の潜入者が活動している。やり口はいつもと同じで、ソロスとつながった「反対派リーダー」のアレクセイ・ナワリヌイが当面のフロントマンだ。しかし、詐欺のような選挙では何も変わらなかった。トランプが選挙運動中にＮＡＴＯを攻撃し、アメリカは殺人マシン《機構》の「同盟国」から撤退すると言っていたのは、もう昔のことになってしまった。オバマ政権の国防長官アシュトン・カーターは２０１６年初頭、ヨーロッパでのアメリカの軍事費を4倍に増やして「ロシアの脅威に備える」と発表した。原稿棒読みのカーターは、ロシアと中国が世界の平和に対する最大の脅威であり、北朝鮮とイランがそれに続くと語った。残忍なイスラム国は、当時すでに中東全域で斬首《ざんしゅ》を行っていたにもかかわらず、5番目の脅威としてしか考えられていなかった。

動かすのは〈クモの巣〉
盤上の駒——中身なしの「歩」と戦争屋
米英国連大使——ニッキー・ヘイリーとマシュー・ライクロフト

彼らの計画は、アメリカを通して〈クモの巣〉が世界を軍事的に支配する、そのためには核ミサイル迎撃テクノロジーをロシアと中国の近辺に配備して、核による先制攻撃能力を提供しつつ、あらゆる報復を迎撃、排除できるようにしておくというものだった。あるいは、少なくとも理論はそうだった。

ここで強調しておかねばならないのは、彼らが「迎撃」と言うときは、報復のための大陸間弾道ミサイルがアメリカを攻撃する前に、という意味だということだ。したがって、実際に破壊されるのは、アメリカよりずっとロシアに近いところにあるヨーロッパや日本だ。もしロシアと中国がこれに基づいて両手を挙げてアメリカに降参すれば、ワシントンの狂人どもが理論を検証することはなくなるだろうが、もしそうしなかったら、何が起こってもおかしくない。

相互確証破壊（MAD）という考え方は、すべての国が核兵器を箱の中にしまい込むことを目指したインセンティブ《動機付け》だ。アメリカの迎撃システムは、意図的にそれを変えようとしている。ロシア軍のある報道官は、アラスカ、ルーマニア、ポーランドに配備されたアメリカの長距離防衛システムは、ロシアからのミサイルを迎撃する潜在能力を増大させ、支配地域を国のほぼ全域へと広げるものだと述べた。

この報道官によれば、世界的な防衛システムによる潜在的な先制攻撃能力は、ロシアと中国にとっての戦略的脅威を増すことにしかならない。アメリカは「イランの脅威」を口実に、ヨーロッパに迎撃拠点を設置したが、その真の標的は核を持つロシアであって、核を持たないイランではない。同じことが中国に対しても行われていて、終末高高度防衛（THAAD《サード》）ミサイル迎撃システムを韓国に配備したのも、真の標的は中国であって、北朝鮮が「危険」だというのは口実にすぎなかった。アメリカは、韓国大統領にさえ告げずに複数のTHAAD発射装置を配備したが、それ以上の配備は、民衆の抗議行動によって（この本を執筆している時点で）阻止されている。

イランがアメリカの標的になっているのは、この国がイスラエルの標的だからで、それはすなわち〈クモの巣〉の標的だから、ということだ。〈9・11〉当時の国務長官コリン・パウエルによる膨大なEメールがハッキング集団によってリークされ、その中に、ベンヤミン・ネタニヤフの主張――このアンガー・マネジメント・セラピー《怒り予防制御心理療法》の永遠の広告塔のような男が、イランは核の脅威であるとした主張――への対応を、ビジネスパートナーで民主党の資金供与者でもあるジェフリー・リーズと話し合っているものがあった。パウエルは2015年にこう書いている。


いずれにせよイラン人は、たとえ［核兵器を］1発製造したとしても使うことはできない。テヘランのガキどもは、イスラエルに200発の核兵器があって、そのすべてがテヘランを標的にしていることを知っているし、わが国には数千発ある。アクムディニジャド［前イラン大統領マフムード・アフマディネジャドのスペルミス］」も「1発だけで何をするというのか。磨くのか」と言っている。わたしは北朝鮮とイランについては公式に発言している。わが国は、何かあれば、奴らが気にかけている唯一のものを吹き飛ばすだろう。それは体制の存続ということだ。そう考えれば、実験すらできないはずだろう。

こうした連中が、公の場では話さないが非公式には話している内容には驚くばかりだ。リークされた非公式発言でヒラリー・クリントンが言ったように「公式の立場と非公式の立場の両方が必要」なわけで、言い換えれば、公式の立場は嘘だということだ。イスラエルはイランに向けた200発の核ミサイルを保持している。イスラエルもアメリカもイスラエルが核保有国だとは認めていないが、これは公然の秘密だ。イスラエルの人口はたかだか800万人だ。しかし、イスラエルと世界におけるその役割を知り、そのわずかな国土を守るために数百発もの核弾頭が必要な理由を知れば、本当はもう少し多いような気がしてこないか？

アメリカは、イランと北朝鮮が脅威ではないと知っているが、この2国は脅威だと人びとに思わせておくことが〈隠れた手〉の計画には適しているのだ。〈主流派エブリシング〉は決して言及しないからアメリカ人は知らないが、1950年代の朝鮮戦争でアメリカ軍が北朝鮮でしたことが、今もあの国で、あれほど多くの人びとがアメリカ政府を恐れ、軽蔑《けいべつ》している理由になっている。

1950年から1953年にかけて北朝鮮への空爆作戦の調整役を担当したカーチス・ルメイ将軍はこう言っている。「わが軍は、なんと人口の20パーセントを殺した。北朝鮮のすべての都市を焼き尽くした」

約155万人の民間人が殺されたにもかかわらず、北朝鮮はつねに脅威とされ、世界で最も多くの人間を殺してきた国は脅威だとは言われない。北朝鮮の指導者である金正恩は幼稚な男で国民を苦しめている。アメリカ大統領ドナルド・トランプは幼稚な男でグアンタナモ湾拷問収容所を維持している。殺害した無辜《むこ》の民の数からいえば、アメリカは北朝鮮をはるかに上回る。だが、一方は邪悪な独裁者と非難され、もう一方は自由で道徳的な世界の輝ける光として売り込まれている。真実を隠すことはなんとたやすいことだろう。

ある調査によれば、北朝鮮の位置を知っているアメリカ人はわずか36パーセント、別の世論調査では、30パーセントが『アラジン』に出てくる架空の都市アグラバーへの爆撃を支持している。人びとは、メディアと政治家と米英の国連代表（中身のない子どものようなニッキー・ヘイリーと、戦争屋でトニー・ブレアとつながってイラク侵攻を操作したマシュー・ライクロフト）によって、次から次へと嘘の餌《えさ》を与えられている。イギリスの傑出した政治ジャーナリスト、ピーター・オーボーンは次のように述べている。

……ライクロフトはタカ派の格好をしている。彼はイラク戦争の前夜に、イギリスの政府高官として舞台裏で重要な役割を演じた。悪名高き「ダウニング・ストリート・メモ《極秘会議議事録》」の作成者はライクロフトだ。このメモによって、イラク侵攻の始まる8カ月前にはブレアがフセインとの戦争を「不可避だ」と考えていたこと、この労働党の首相が、イラクの「体制転換《レジーム・チェンジ》」に向けたアメリカの計画を支持すると確約していたことが明らかになった。

このメモの最も皮肉なところは、ライクロフトが「機密情報と事実は政策によって修正された」と記録していることだ。この恥ずべき文書が、のちの大量破壊兵器に関する捏造《ねつぞう》文書のトーンを決定づけ、イラクとの戦争へ進む嘘の根拠を設定することになったのである。

残念なことに、この不快なエピソードはライクロフトの経歴に何のダメージも与えなかったようで、彼は現在のポスト——国際舞台におけるイギリスの最も重要な外交ポスト——に上っている。したがって、イギリスをイラクとの戦争へ導いた最悪の謀略で中心的役割を果たした男が、また同じことをしようとしたとしても、決して驚きではない。ライクロフトは、こんどは鳴り物入りで、シリアでの軍事行動を要求している。

ライクロフトとヘイリーは、ともに国連の場へと押し出され、嘘に嘘を重ねて、ネオコンの攻撃リストに載《の》ったアメリカの標的国を非難した——ライクロフトはその冷たく計算された悪意を剝《む》き

英米の〝カラッポ〟国連代表、ヨッ、迷コンビ！

図509：生きるための嘘《うそ》。

出しに、ヘイリーは大人ぶって同級生に居丈高に振る舞う（が失敗する）風紀委員長のように（図509）。もしヘイリーの脳みそが火薬でできていたら、さすがにからかったりはしないのだろうが、彼女を任命したのは冗談でしかない。

イスラエル崇拝者のヘイリーは2017年5月、北朝鮮は「世界にとって真の脅威」だと言った。これがフセイン、カダフィ、アサドでも同じ話をしていただろう。同じ台本で、名前とスクリプト《台本》の読み手が代わるだけだ。ヘイリーの、国際社会は北朝鮮を支持するかワシントンの激怒に直面するか、どちらか選ばなくてはならないというセリフは、ジョージ・ブッシュ・ジュニアが14年前に言った「われわれの側につくか、さもなければテロリストの側につくか」と同じセリフだ。

注目すべきは、中国（および中国と国境を接している国々）へのプロパガンダ攻撃と、ロシア、中国、イランの同盟を崩そうとする努力だ。すべてを一度にまとめてより、ひとつずつ片付ける方が簡単なのだから。

その計画は1871年に 戦争・暴力・混沌で民衆が熱狂・希求する!! 第三次世界大戦——万歳三唱!! 世界政府独裁樹立

ウィリアム・ジェームズ・ガイ・カーはイギリス生まれのカナダ人海軍情報将校で、1959年の著書 *Satan, Prince of this World*（サタン——この世界の王子・未訳）で、三つの世界大戦の計画を詳述した手紙が存在すると主張した。手紙は1871年に、国際フリーメイソン協会の教皇と呼ばれ、クー・クルックス・クランの設立にも影響を与えた悪名高きアルバート・パイクが書いたものだという。これはマフィア設立者で〈クモの巣〉の資産《アセット》でもあるジュゼッペ・マッツィーニに宛てたもので、最初の二つの世界大戦については正確に述べられていた。といっても、二つの大戦はカーの著書が出る前に起こったことだから、内容の信憑性《しんぴょうせい》は、パイクが第三次世界大戦について語っている中身次第だ。

三度目の世界大戦ではイルミナティの工作員を使い、政治的シオニストとイスラム諸国の指導者との差違を煽《あお》ることになる。この戦争は、イスラム教（＝アラブ世界）と政治的シオニズム（イスラエル国家）が破壊し合うというかたちで行われるに違いない。一方ほかの国々は、再びこの問題に引き裂かれて戦い続け、物質的・精神的・経済的に疲弊《ひへい》しつくすことになるだろう。われわれは虚無主義者《ニヒリスト》と無神論者を解き放ち、恐るべき社会の大変革を誘発することになる。そしてその恐怖のうちに、世界の国々は絶対的無神論の影響を目の当たりにするだろう。これこそが残忍さの、そして血生臭い大混乱の元凶なのだ、と。

虚無主義《ニヒリズム》の定義は「認識可能な建設的目標なしに暴力やテロリズムを提唱し、実行する政治理念」だ。これはＩＳＩＳ（イスラム国）とその仲間に完璧《かんぺき》に当てはまる。ＩＳＩＳは中東に展開するだけでなく、テロリズムを通してヨーロッパで、あるいはフィリピン（中国に接近したためにアメリカを怒らせた）などで広まっている。虚無主義者はたしかに解き放たれ、恐るべき社会の大変革を誘発しようとしている。〈エリート〉は、中東、アフリカ、フィリピンと同じような市街戦をヨーロッパでも望んでいるのだ。パイクの手紙は続く、

そして各地の市民は、少数の革命主義者から身を守る必要に迫られて、そうした文明社会の破壊者を根絶やしにするだろう。大衆はキリスト教に幻滅し、神の現世への関与を信じられなくなり、その瞬間から指針を失う。理想を切望するが、どこに崇拝の対象を求めてよいかわからない。そして最後に、ルシファー［デミウルゴスの力］の純粋教義の宇宙的顕現を通して、真実の光が公衆の目の前にもたらされるのを受け入れるのだ。この顕現は広範な反動の結果なのであり、そのためには、事前にキリスト教と無神論が破壊され、同時に征服され根絶されていなければならない。

1871年にはシオニズムもイスラエルも存在しなかったことを指摘する人もいるだろうが、その作成時点において、この計画がいかに時代に先駆けたものだったかについては、どれだけ強調しても足りないほどだ。デミウルゴスの〈クモ〉とそのアルコーン・レプティリアンの資産《アセット》はわたしたちの現実や見かけ上のタイムライン《時系列》を超越している。彼らはこれほど昔から――彼らの目的を達成するのに必要な武器やテクノロジーが五感の世界に知られるずっと前から――計画を練っていた

のだ。

彼らには初めからそうした武器やテクノロジーがあった。それを、時間をかけて、計画が要求する通りにハイブリッド血族の〈エリート〉が利用できるように――言い替えれば、人類のテクノロジー理解と能力がそれを構築し、使えるように――してきたのである。

シオニズムとその拠点であるイスラエルは、地球の人びとの前に姿を現すずっと前に、すでに内部で計画されていたはずだ。この考え方の本質は、世界規模の戦争、暴力、混乱をつくり出せば、民衆は、世界政府と軍が介入して戦争と暴力と混乱を阻止することに同意するか、場合によっては要求するだろうということだ。そしてそのときには、ほかの多くの口実も――たとえば地球を温暖化から救うために、すべての人に強制的な法律を押しつける世界政府が必要だといったことも含めて――すべて混ぜ合わされる。

こうしたすべての分野で、進歩主義者は最前線に立っている。彼らは〈クモの巣〉が望んでいるものを、〈クモの巣〉が存在することすら知らぬままに、実現するよう要求するだろう。彼らは、今こそ目を覚まして箱の外の調査を始めなければならない。そうしなければ、あれほど多くの時間を費やして非難してきたファシズムそのものの導管に、自分たちがなってしまうだろう。

黙認あるいは第三次世界大戦を通したアルコーン・ネットワークの世界支配という計画が、今わたしたちの目の前で展開されようとしている。だが、幸いにも時代は変化している。多くの人びとがゲームの駆け引きを覚えてきているから、専制政治を売り込むのは昔ほど簡単ではなくなっている。〈エリート〉はそれに気づいているからこそ、本物のオルタナティブメディアを沈黙させようとしているのだ。自由の大切さを信じるすべての人には、それを防止する義務がある。

追記：政治的・軍事的な狂気をいっそう狂わせているのは、各国とその政府が民間企業として設立されていることで、その点は、世界中の法廷や〈システム〉もほぼすべて同様だ。彼らはわたしたちにこのことを教えない。なぜなら、わたしたちを騙《だま》して契約を結ばせなければ、彼らは権威が保てないからだ。わたしたちはこの契約を破棄しなければならないし、破棄できる。たとえば、アメリカ合衆国と「合衆国」は同じではない。これは軍服の国旗に黄色い房飾りがついている理由と関連がある。あの縞《しま》模様は、合衆国軍がアメリカという国ではなく、合衆国という企業のために戦っていることを示しているのだ。この問題については、ほかの本で詳しく述べているし、ユーチューブにも素晴らしい説明がある。タイトルは*'InPower Episode #1: A Mass Action of Liability'*（インパワー　エピソード1——負債の大衆行動）だ。

デーヴィッド・アイク
1952年4月29日、英国のレスター生まれ。1970年前後の数年をサッカーの選手として過ごす。そののちキャスターとしてテレビの世界でも活躍。エコロジー運動に強い関心を持ち、80年代に英国みどりの党に入党、全国スポークスマンに任命される。また、この一方で精神的・霊的な世界にも目覚めてゆく。90年代初頭、女性霊媒師ベティ・シャインと出会い、のちの彼の生涯を決定づける「精神の覚醒」を体験する。真実を求め続ける彼の精神は、エコロジー運動を裏で操る国際金融寡頭権力の存在を発見し、この権力が世界の人々を操作・支配している事実に直面する。膨大な量の情報収集と精緻な調査・研究により、国際金融寡頭権力の背後にうごめく「爬虫類人・爬虫類型異星人」の存在と「彼らのアジェンダ」に辿りつく。そして彼は、世界の真理を希求する人々に、自らの身の危険を冒して「この世の真相」を訴え続けている。著作は『大いなる秘密』『究極の大陰謀』(三交社)『超陰謀［粉砕篇］』『竜であり蛇であるわれらが神々（上）（下）』(徳間書店)のほかに『ロボットの反乱』『……そして真実があなたを自由にする』など多数。

本多繁邦　ほんだ しげくに
日本の歴史的陰謀都市・京都に生まれ、早くから社会の裏面の真実を独自に研究、ジョン・コールマンの著作をきっかけに国際陰謀論との関わりを深める。アイク関連では『ハイジャックされた地球を99%の人が知らない』(ヒカルランド)に続き5作目。関わる仲間も増え、現在の「本多繁邦」は戦闘集団の名称である。

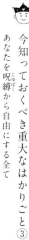

今知っておくべき重大なはかりごと③
あなたを呪縛《じゅばく》から自由にする全て

第一刷　2020年3月31日

著者　デーヴィッド・アイク

訳者　本多繁邦

発行人　石井健資

発行所　株式会社ヒカルランド
〒162-0821　東京都新宿区津久戸町3-11　TH1ビル6F
電話　03-6265-0852　ファックス　03-6265-0853
http://www.hikaruland.co.jp　info@hikaruland.co.jp

振替　00180-8-496587

本文・カバー・製本　中央精版印刷株式会社

DTP　株式会社キャップス

編集担当　小暮周吾

ISBN978-4-86471-833-2

は三次元であり、「生命の樹」を三次元化した「３Ｄカバラ」が正しい姿・形なのです。

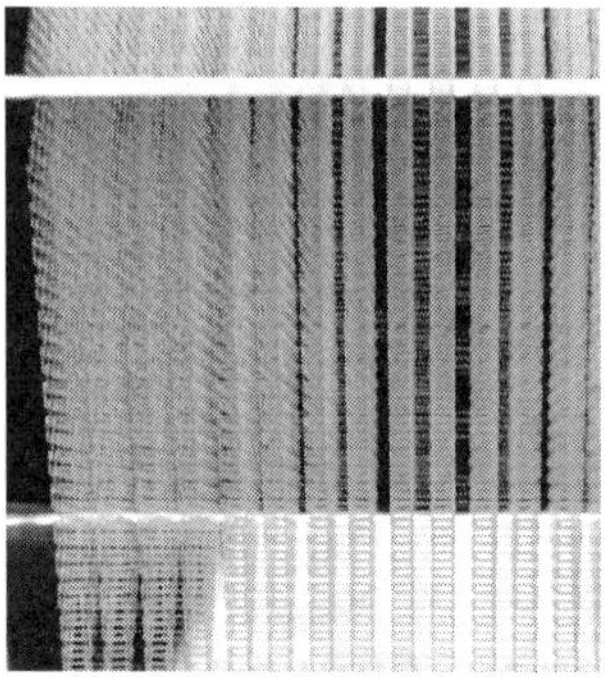

「ダ・ヴィンチキューブ メサイア」は、立体である生命の樹「３Ｄカバラ」をクリスタルガラスの中で完全に再現しました。ゆがみのない正しい状態の３Ｄカバラを身にまとったり、空間を共にしたりすることで、私たちが持つグリッドは正常な状態に調整されます。つまり、「気」「プラーナ」を十分に受け取ることが可能になるのです。
不調の改善や活力アップなど肉体面の向上はもちろんのこと、「３Ｄカバラ」には経済、思想、創造など人間活動のすべての面を司る力さえあると言われますので、直感力や想像力のアップなど精神面の向上、さらには運気の引き寄せまで期待できます。

開発者 丸山修寛医師

1958年兵庫県生まれ。医学博士。医師として活動し、独立後は東洋医学・西洋医学に加え、電磁波除去療法、波動療法などに貪欲に取り組む。その成果はサプリメントから電磁波グッズなど、様々なグッズの開発に及ぶ。さらに、カタカムナ文字をはじめとした神代文字の存在を知り、ミスマルノタマと呼ばれる余剰次元から開いた見えざるエネルギー球体が、宇宙からの素粒子を一瞬で集めて体の不調などに働くことを発見。自身の治療にカタカムナを積極的に取り入れ、様々なカタカムナグッズの開発も行う。「自分だけの喜びは、どんなにがんばってもたかが一人分。他人も幸せにすれば、喜びも自分の分もプラス人数分になる。そうすれば無限大まで喜べる」をモットーに日々の治療や研究に余念がない。

＊ご案内の価格、その他情報は発行日時点のものとなります。

生命エネルギーを強化し、身体の中にある扉を開く 極上のスピリチュアルアイテム

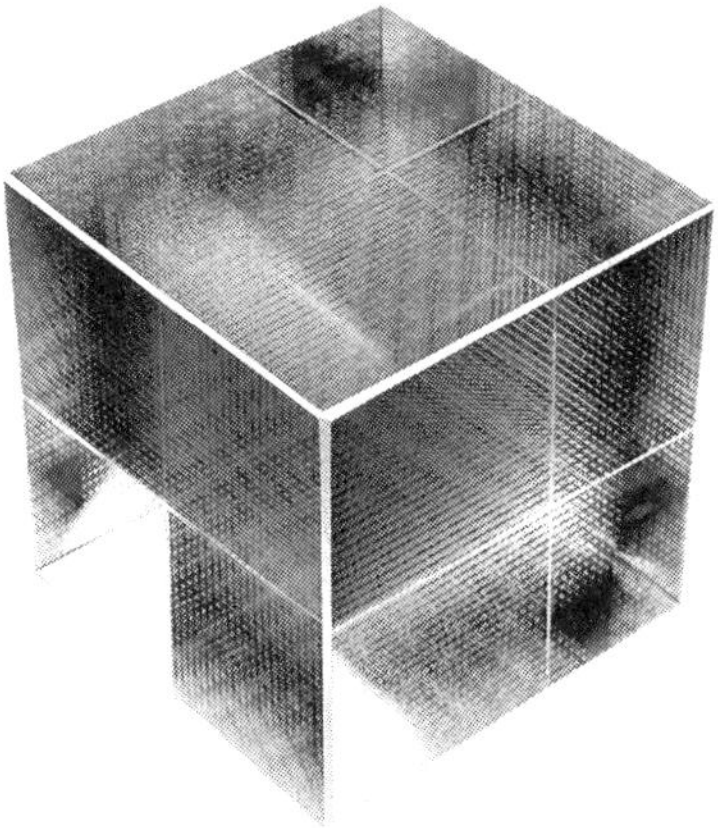

ダ・ヴィンチキューブ メサイア
■ 52,800円（税込）

●サイズ：約50㎜×50㎜×50㎜
●素材：クリスタルガラス

基本的な使い方
★体の気になる部位にあてて使う
★お部屋に飾ってエネルギーアップ

救世主の名を冠したエネルギー装置

「メサイア」とはキリストなど救世主のことを指します。「ダ・ヴィンチキューブ メサイア」はその名の通り、持つものに高いエネルギーを与え、救世主のごとく心身に抱える様々な問題を解決してくれるよう後押ししてくれる装置です。その強力さはアメリカのサイキックも驚愕するほど。

「気」「プラーナ」を整える三次元幾何学模様「３Ｄカバラ」

私たちの身体の周囲は、生命エネルギーである「気」や「プラーナ」が取り囲んでおり、健康で活力に満ちた状態を維持するためには、これらをいかに効率よく取り込んでいくかが鍵となります。

「気」や「プラーナ」が存在する人体の周囲70～100㎝の空間は生命場とも称され、数千年の歴史を持つ学問であるカバラ神秘学では「生命の樹」と呼ばれる、幾何学模様（グリッド）の形態をしております。「生命の樹」はこれまで二次元として伝えられてきましたが、私たちの周囲のグリッドは実際に

ともはつよし社　好評既刊！

ユダヤのタルムード
著者：デ・グラッベ
譯編：久保田榮吉
監修：中丸薫・池田整治
本体 3,333円+税

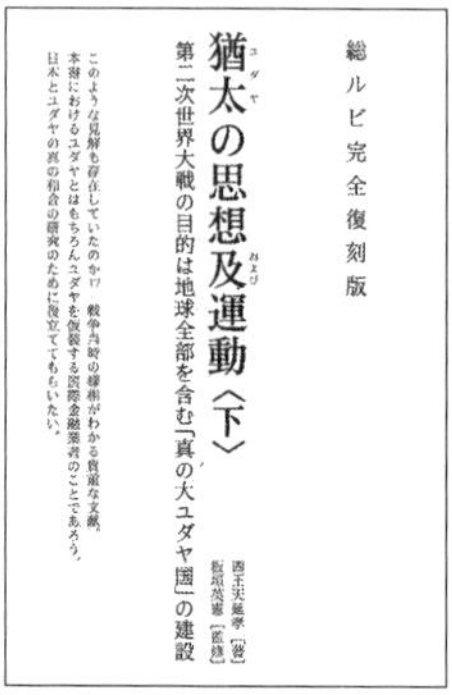

総ルビ完全復刻版
猶太《ユダヤ》の思想及《および》運動〈下〉
著者：四王天延孝
監修：板垣英憲
本体 3,333円+税

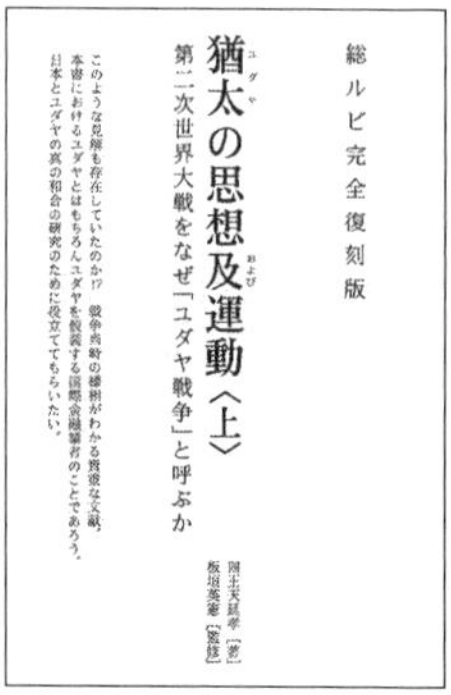

総ルビ完全復刻版
猶太《ユダヤ》の思想及《および》運動〈上〉
著者：四王天延孝
監修：板垣英憲
本体 3,333円+税

新聞とユダヤ人
著者：武田誠吾
監修：船瀬俊介＋ベンジャミン・フルフォード
本体 3,333円+税

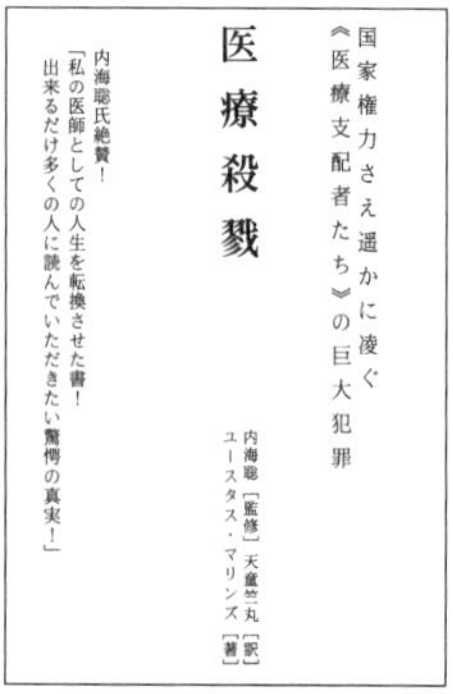

医療殺戮
著者：ユースタス・マリンズ
監修：内海　聡
訳者：天童竺丸
本体 3,333円+税

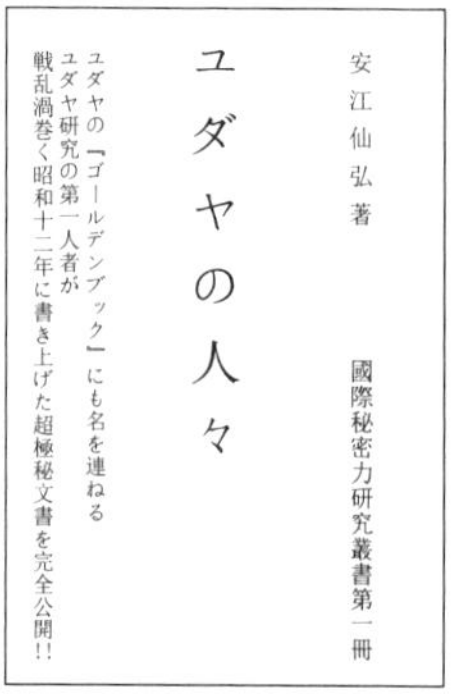

ユダヤの人々
著者：安江仙弘
本体 3,333円+税

ヒカルランド　　新装版として復刊！

地上の星☆ヒカルランド　銀河より届く愛と叡智の宅配便

【新装版】ムーンマトリックス①
ユダヤという創作・発明
著者：デーヴィッド・アイク
監修：内海 聡
訳者：為清勝彦
四六ソフト　本体 2,500円+税

【新装版】ムーンマトリックス②
イルミナティ（爬虫類人）の劇場
著者：デーヴィッド・アイク
監修：内海 聡
訳者：為清勝彦
四六ソフト　本体 2,500円+税

【新装版】ムーンマトリックス③
月は支配システムの要塞
著者：デーヴィッド・アイク
監修：内海 聡
訳者：為清勝彦
四六ソフト　本体 2,500円+税

【新装版】ムーンマトリックス④
因果関係のループ（時間の環）
著者：デーヴィッド・アイク
監修：内海 聡
訳者：為清勝彦
四六ソフト　本体 2,500円+税

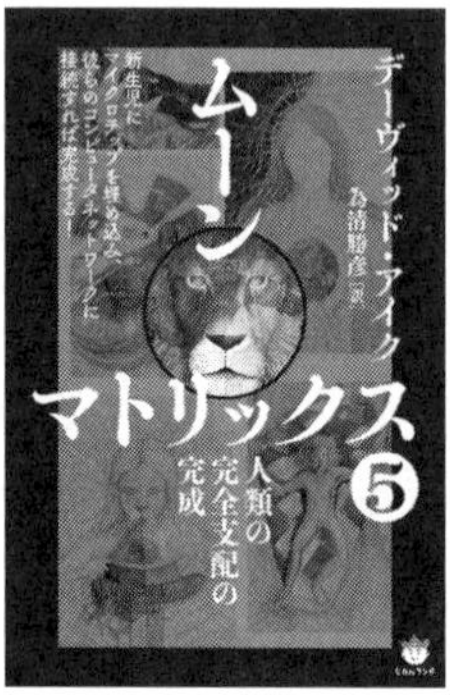

【新装版】ムーンマトリックス⑤
人類の完全支配の完成
著者：デーヴィッド・アイク
監修：内海 聡
訳者：為清勝彦
四六ソフト　本体 2,500円+税